**행동경제학
콘서트**

행동경제학 콘서트

소비와 투자의 심리학 이야기

개리 벨스키 & 토마스 길로비치 지음

미래경제연구소 옮김

프로제

차례

서문 우리는 왜 돈 앞에서 바보가 될까? · 007
프롤로그 경제학의 (다행히도) 짧은 역사 · 012
일러두기 · 029

제1장 **마음의 회계장부** · 037
왜 어떤 돈은 소중하고, 어떤 돈은 공돈 같을까?

제2장 **과연 오십보백보일까?** · 073
주식: 팔아야 할 것인가, 팔지 말아야 할 것인가?

제3장 **정체가 드러난 돈 안의 악마** · 124
사람들은 왜 변화를 싫어할까?

제4장 **숫자에 무관심한 당신** · 167
당신, 혹시 숫자 바보 아니야?

제5장 **절대 닻을 내리지 말라** · 209
부질없는 편애가 내 돈을 먹어 치운다

제6장 **자기 과신의 함정** · 247
돈을 잃는 것은 시간문제다

제7장 정보에도 등급이 있다 • 291
다른 사람들이 하니까 나도 한다?

제8장 감정의 부담 • 335

에필로그 부자 되기: 그래서 이제 어떻게 하란 말인가? • 371
부자가 되는 14가지 원칙 • 375
부를 쌓기 위해 취해야 할 8가지 행동 • 391
후기에 덧붙여 마음의 수입 • 398

서문
우리는 왜 돈 앞에서 바보가 될까?

이 책은 두 명의 현실주의자가 매우 낙관적인 시각으로 쓴 글이다. 그렇다. 낙관적이다. 왜냐하면 사람들이 돈을 다루는 방식을 이해하고 태도를 바꿀 수만 있다면, 반드시 더 즐거운 삶을 누릴 수 있다는 믿음으로 이 책을 썼기 때문이다. 그러나 우리는 누구보다 잘 알고 있다. 돈을 다루는 방식을 바꾸는 것이 골프 스윙 자세를 바로잡거나 좋은 고부 관계를 유지하는 것만큼 어려운 일이라는 것을. 이런 점에서 이 책은 동시에 현실적이다.

돈을 올바르게 다루기까지는 많은 시간이 들고, 완벽한 해결책처럼 보이는 것에도 언제든 새로운 문제점은 나타날 수 있다. 하지만 이 주제에 관한 우리의 목적은 명확하며 그 가치를 확신한다.

이는 초판이 나오고 10년이 지난 지금까지 변함이 없다. 지난 10년간 우리의 연구는 학계 곳곳에서 상당한 주목을 받았으며, 그 기간 동안 세계 금융시장은 물론 개개인의 재정 상황에도 엄청난 변화가 일어났다. 바로 그 점이 이 책이 쓰이고 개정되는 이유다. 우리는 금전적인 결정에 영향을 주는 심리적 요인이 무엇인지 알기만 하면 결과적으로 행동을 바꿀 수 있다고 믿는다. 그렇게 하여 불필요한 지출을 막고, 그렇게 절약한 돈이 점점 늘어나게 할 수 있다고 말이다. 10년의 세월이 흐른 지금, 더욱 많은 사람이 우리의 의견에 동의하며 재정적 의사결정에 도움이 될만한 지식과 조언을 구하고 있다. 그리고 우리는 그들의 길잡이가 되어줄 수 있다.

어떻게 하면 이런 변화를 이끌어 낼 수 있을까? 이 책에서 제시하는 새로운 통찰력과 전략은 심리학자와 개인 금융 전문 저널리스트로 활동해온 우리 두 사람의 경험을 토대로 수많은 자료를 더해 도출한 것이다. 우리도 다른 이들과 마찬가지로 소비와 저축을 하고, 대출을 받고, 투자를 하는 입장이기 때문에 결코 이에 관한 기본 지식이 부족하지 않다. 그러나 이 책의 진정한 바탕을 이루고 있는 것은 지난 40년 동안 학계에서 활발히 논의되어오다 최근 매우 유행을 타고 있는 '행동경제학(behavioral economics: 기존 주류 경제학의 합리적 인간에 대한 믿음을 부정하며 경제학과 심리학을 결합하여 인간의 경제적 행동과 그로 인한 결과를 규명하고자 하는 학문. 인간은 온전히 합리적이지 않으며 때론 감정적 선택도 한다는 사실을 전제로 함. 심리학자 대니얼 카너먼은 2002년 노벨 경제학상을 받기도 했다—옮긴이)'이다.

행동경제학은 심리학과 경제학이라는 두 가지 학문 분야를 결합하여 사람들이 돈을 쓰고, 투자하고, 저축하고, 빌릴 때 '왜' 그렇게 비이성적이고 '어떻게' 그런 어리석은 결정을 내리는지를 설명한다. 다시 말해, 행동경제학은 '왜 사람들이 돈 앞에서는 바보가 되는가?'라는 문제에 대한 답을 준다.

독자 여러분도 느끼겠지만 오늘날 돈을 둘러싼 상황(어떻게 벌고, 어떻게 소비하고, 어떻게 낭비하는지)은 점점 더 복잡해져 일상을 장악하고 있다. 특히 최근 금융권이 보여준 불안정성은 저축과 투자 전략의 지혜에 대한 사람들의 믿음을 흔들어 놓았다. 자신들의 보금자리를 지켜준다고 생각했던 기관들도 마찬가지다. IRA(개인 퇴직계좌)부터 CMO(모기지 담보증권)에 이르기까지 사람들은 지금 일상생활 속에서 넘쳐나고 있는 수많은 금융 정보와 전문 용어 그리고 선택의 늪에서 허우적거리고 있다.

자동차 딜러를 상대로, 혹은 백화점이나 은행 등에서 결정을 내려야 할 때 사람들은 언제나 머리 아픈 고민을 해왔다. 실제로 주식 시장이나 부동산 시장, 심지어 슈퍼마켓에서도 많은 사람이 매년 수백 달러에서 수천 달러나 되는 금융 손실을 보지만 대부분은 왜 그런 실수를 저지르는지 그 원인조차 파악하지 못하고 있는 것이 현실이다. 몇 가지 예를 들어보자.

- 왜 많은 투자자가 주가가 급등하기 직전에 주식을 팔아버리는 것일까? 반대로 주식이 완전히 폭락할 때까지 가망 없는 주식을 움켜쥐고 있는 이유는 무엇일까?

- 시간이 지나면 주식 시장이나 채권 시장에 뒤처지는 일이 항상 반복되는데도 매번 당장 인기 있는 뮤추얼펀드만 찾아 돈을 투자하는 사람은 왜 그런 것일까?

- 왜 사람들은 연간 수백 또는 수천 달러의 비용을 발생하게 하는 신용카드를 가지고 있으면서 동시에 이자도 거의 없는 예금계좌를 유지하는 것일까?

- 현금보다 신용카드로 물건을 살 때 훨씬 더 많은 돈을 쓰게 되는 이유는 무엇일까?

- 기업의 경영진이 판매되지 않는 제품 또는 적자를 내는

사업 부문에 계속 자금을 쏟아붓는 이유는 무엇일까?

- 대다수의 노동자가 인플레 상승률이 4%일 때 급여가 3% 인상되는 것보다, 인플레 상승률이 12%일 때 급여가 10% 인상되는 것을 더 선호하는 것은 왜일까? 또 그것이 잘못된 이유는 무엇일까?

'행동경제학'은 이처럼 흔히 접하는 모순적인 상황에 해답을 제시해줄 것이다. 이 놀라운 학문에 독자 여러분을 초대하기 전에 먼저 그 역사를 간단히 살펴보는 것이 좋겠다. 의사결정 연구에서 경제학이 심리학과 어떻게 연결되게 되었는지 알게 된다면 여러분의 재정 상황뿐만 아니라 더 나은 삶의 선택들에 행동경제학이 어떤 도움을 줄 수 있는지 쉽게 이해할 수 있을 것이다.

프롤로그
경제학의 (다행히도) 짧은 역사

"역사 속 경제학자들을 샅샅이 불러모아 일렬로 세워도 결론에 다다르지는 못할 것이다."라는 오래된 농담이 있다. 그만큼 경제 문제에 관한 한 명확한 답을 찾기란 쉽지 않다. 그러나 사실 경제학자들은 오래전부터 돈과 인류가 상호작용하는 방식에 종종(미심쩍기는 해도) 강한 확신을 가지고 설명해왔다. 예를 들어, 1848년에 영국의 경제학자이자 철학자였던 존 스튜어트 밀(John Stuart Mill)은 《정치경제학 원리(Principles of Political Economy)》에서 이렇게 말했다.

"다행히도 가격의 법칙에는 현재나 미래의 연구자가 정리해야 할 문제는 아무것도 남아 있지 않다. 이 주제에 관한 이론은 매우 완벽하다."

그러나 밀의 예측과는 달리 경제학 연구는 세계 최고의 지성들에 의해 계속되었다. 이들은 여러 가지 이론들을 발전시켰고, 사람들(그리고 사회나 국가와 같은 집단)이 바람직한 목표를 달성하려면 이용 가능한 자원을 어떻게 배분해야 좋을지를 설명하고자 노력해왔다. 유사한 사상가로는 기원전 4세기 그리스 철학자 플라톤(Plato; 사회생활의 기초가 경제에 있음을 최초로 인식)부터 18세기의 애덤 스미스(Adam Smith; 최초로 경제시장의 본성을 체계적으로 탐구), 20세기의 존 메이너드 케인스(John Maynard Keynes; 경제 전반을 바라보는 시각에 혁명을 일으킴)와 같은 인물들이 있다.

어떤 이론이 우세하든 전통적으로 경제학은 몇 가지 핵심 신념 또는 가정 위에 성립되었다. 그중 가장 중요한 것은 '인간은 근본적으로 합리적이며 특히 돈에 관한 한 효율적으로 행동한다.'라는 가정이다. 다시 말해, 우리는 자신이 무엇을 원하고, 진정 자신을 위한 것은 무엇이며, 또 그것을 쟁취하려면 어떻게 하는 것이 가장 좋은지를 이미 알고 있다(혹은 결국 생각해낸다). 요컨대, 사람들은 합리적이고, 일관적이며, 자신의 이익에 부합하는 결정을 내린다는 것이다.

하지만 한결같이 그런 태도를 유지하는 사람은 극히 드물고, 완벽히 합리적인 행동까지 하는 사람은 더욱 없다. 예를 들어, 5달러를 절약하기 위해 차로 20분이나 걸리는 할인매장까지 가는 것이 가치 있는 일이라고 생각하는 사람이 있다고 해 보자. 그곳으로 가는 데 연간 100달러의 기름값을 허비해야 한다면 과연 그 생각이 합리적일까? 좋아하는 가수의 CD를 이미 소장하고 있으면서도 그 앨범의 곡들을 인터넷에서 돈 주고 다운받는 사람의 행위는? 반면, 자선단체에 기부하거나 친구에게 밥을 사주는 것과 같은 행동도 자기 이익 추구에서 비롯된 것일까? 공정을 기하기 위해 말하자면 경제학자들은 자신의 이익을 추구하는 것과 이기심을 혼동하지 않는다.

대부분의 경제 이론은 사람들이 반드시 물질적인 풍요를 증대하는 것에서만 가치를 느끼는 것은 아니라는 점을 가정하고 있다. 그들은 인간이 사랑, 관용 또는 편의와 같은 비금전적인 것에 의해서도 동기부여가 될 수 있다는 것을 인정한다.

그럼에도 불구하고 인간이 모순 없이 합리적으로 자신의 이익을 추구한다는 개념에는 사람들이 유니세프에 기부하고, 테슬라를 구매하고, 아마존의 주식에 투자하는 등의 행동이 어떤 일관된 관점으로 가치를 계산하였기 때문이라는 믿음이 필요하다. 즉, 우리는 기부로 인해 상실되는 구매력이나 투자 능력을 평가할 뿐만 아니라 그러한 자기희생과 관대함을 통해 얻을 수 있는 만족감에 가치를 부여하고 비교해 그에 따라 결정을 내린다는 것이다.

물론 경제 이론에서도 이러한 계산이 항상 의식적으로 이루어진다고 하지는 않는다. 하지만 잠재적이고 경험적인 수준에서라도 이익과 비용은 이렇게 계산된다는 것이 경제학의 전통적인 기본 원리다. 전통적인 이론에 따르면, 그것이 어떤 수준이든 우리가 내리는 결정은 모순 없이 합리적으로 자신의 바람을 이루기 위함이며, 현재 및 미래의 재원(財源)으로부터 최대한의 이익을 얻기 위함인 것이다.

당연한 결과겠지만, 경제학자들은 경제적 결정이 항상 합리적이고 자신의 이익만을 추구하며, 시종일관 일관성을 지닌다는 주장에 얽매임으로써 종종 난처한 입장에 처해왔다. 합리적으로 자기 이익을 추구한 결과가 비이성적 행동과 연결되는 현상을 과연 어떻게 설명할 것인가?

한 가지 예로 팁을 건네는 습관을 들어보자. 생각해보면 팁만큼 어리석은 행위도 없다. 규정된 의무가 아님에도 불구하고 다시는 마주치지 않을 사람들에게, 다시는 방문할 일도 없을 법한 장소에서, 서비스에 대단히 만족하지도 않으면서 모두가 꼭 비용을 지불하는 것이다. 1996년, 일리노이주 앨링턴 하이츠(Arlington Heights)의 마켓 팩츠(Market Facts)가 실시한 한 조사에 따르면, 미국인의 94%가 항상 또는 일상적으로 종업원에게 팁을 건넨다고 한다.

그다지 놀랍지도 않다. 사람들은 그냥 팁을 주니까. 하지만 경제학자들에게는 이 행위를 규명하는 작업이 항상 골치 아픈 문젯거리였다. 팁을 주면 좋은 서비스를 받을 수 있다는 것은 이유가 되지 않는다. 보통 팁은 식사가 끝난 다음 주기 마련이며 그렇다면 사람들은 집이나 사무실 근처의 단골 음식점에서나 팁을 줘야 할 것이다. 즉, 두 번 다시 방문할 일이 없는 여행객이 여행지 식당에서 웨이터에게 팁을 주는 이유를 설명하지는 못한다. 팁을 주는 것이 자기 이익과 무슨 관련이 있다는 것일까?

또 단순히 선의의 표현이라는 설명도 충분치 않다. 대다수 미국인들은(다른 많은 나라에서는 팁을 주는 문화가 없다) 서비스업에 종사하는 사람들에게 총 요금의 15% 정도를 팁으로 주는 것이 적당하다고 생각하고 있다. 이런 산정법이라면 주유소의 종업원이나 캐셔, 은행 창구의 직원에게도 그만한 팁을 지불해야 한다.

도대체 미국인들은 왜 팁을 내는 것일까? 정확한 이유는 아무도 모른다. 그런데 세인트루이스 워싱턴 대학의 경제학자 러셀 로버츠(Russell Roberts)가 이 문제에 대해 흥미로운 생각을 내놓았다. 그는 사람들이 상호 관계를 맺을 때 더 원활한 관계를 위해 무의식적으로 사회적 경험 법칙을 따른다는 점에 주목했다.

　그의 논리는 다음과 같다. "사람들은 대개 세차장에서 차례대로 줄을 서는 것을 당연하게 여기며, 자기가 맨 앞에 서겠다고 범퍼를 들이받거나 하지 않는다." 그는 미국인들이 식당에서 식사하는 것에 대해 무언의 경험 법칙을 가지고 있다는 이론을 세웠다. 즉, 사람들은 누구나 이따금 외식을 즐기고 싶어 하고, 그 과정이 쾌적하고 기분 좋길 원한다는 것이다(퉁명스럽게 내놓는 식어 빠진 요리를 먹는 것이 목적이 아니라면 말이다). 그리고 서비스를 직접 겪는 것은 식당 경영자보다는 식사하는 손님이기 때문에 시간이 지나면서 종업원으로부터 받는 서비스를 팁으로 보상하고 종업원 역시 낮은 임금을 팁으로 보충하는 사회적 경험이 축적된 것이다. 이것으로 문제는 해결이다. 식당 매니저들은 '직원 관리'라는 번거로운 일을 손님들에게 맡긴다.—알려진 바에 의하면 팁(tip)이라는 말은 18세기 영국에서 커피숍 손님들에게 '신속 보장(To Insure Promptness)'이라고 쓰인 상자에 동전을 넣도록 한 데서 유래했다고 한다.—물론 오늘날의 문제는 사람들이 별생각 없이 팁을 준다는 데 있다. 한 조사에 따르면, 서비스의 질에 따라 팁을 준다고 응답한 사람은 전체의 54%에 불과했고 인정상 팁을 건넨다는 사람이 30%, 상대가 바라기 때문이라고 응답한 사람이 약 10%였다고 한다. 서비스의 질에 따라 팁을 주는 당신이 그 레스토랑에서 형편없는 서비스를 받은 것은 서비스의 질이라는 조건 없이 팁을 주는 나머지 46% 때문인 것이다. 이는 종업원을 비판하는 것이 아니다. 서비스가 나쁘면 팁을 주지 않는다는 사회적 계약을 따르지 않은 이전 손님들이 문제다.

로버츠의 이론에 찬성하든 그렇지 않든 '팁의 불가사의'라는 소소한 사례만 보더라도 경제학자에게 합리성, 자기 이익, 일관성이라는 가설과 돈과 연관된 결단을 내리면서 보이는 인간 행동의 여러 가지 측면을 통합하는 것이 얼마나 어려운 일인지 분명하게 알 수 있다.

많은 기업이 금전적 결정에 영향을 미치는 인간의 약점을 집요하게 이용한다는 점을 생각하면, 역사적으로 가장 위대한 경제학자들이 이러한 특성을 인식하지 못했다는 것은 참으로 아이러니한 일이다. 예를 들어, 현대 패션 산업은 깡마르고 창백한 모델들에게나 어울리는 아이템을 매력 있게 포장해, 대중의 비이성적 사고를 자극하여 필요 이상의 돈을 지불하게 만든다. 마찬가지로, 사람들이 왜 분명한 이유도 없이 어떤 기업의 주식을 사기 위해(또는 팔기 위해) 다른 투자자들을 따라 몰려드는지 설명하는 데 있어 경제 이론은 무력하기 짝이 없다(경제학자들은 인정하고 싶지 않겠지만).

어째서 전통적인 경제학으로는 사람들이 자기에게 이익이 되지 않는 불합리하고 일관성 없는 결정을 내리는지 설명하기 어려운 것일까? 자산을 보다 효율적으로 활용하기 위해서, 즉 사람들이 자신의 돈을 더 늘리도록 돕기 위해서는 이 문제에 대한 답을 반드시 찾아야 한다.

이에 대한 해결책, 아니 적어도 해결에 이르는 명확한 실마리가 잡히기 시작한 것은 지금으로부터 약 40년 전 새로운 유형의 연구자들이 이 임무에 착수하고 나면서부터다. 대부분 경제학자가 아닌 심리학자들로 이루어진 이들이 바로 행동경제학의 창시자들이다. 업적이 커지면 흔히 있는 일이지만, 행동경제학을 창시했다는 영예를 한두 명의 사람에게만 돌리기는 어렵다. 하지만 그 발단이 1960년대 말 이스라엘에서 시작되었다는 데에는 별다른 견해가 없을 것이다. 예루살렘 헤브라이 대학교의 심리학자인 아모스 트버스키(Amos Tversky)와 대니얼 카너먼(Daniel Kahneman)은 공군의 비행 훈련 중 전투기 조종사의 의욕을 고취시키려면 어떻게 지도해야 하는지를 둘러싸고 논의를 펼쳤다. 카너먼의 제자였던 항공 교관이 '벌보다 칭찬이 교육 효과가 높다'라는 판에 박힌 주장에 반론을 제기했다. 교관들이 경험한 바로는 전투기 조종사는 비행이 좋았다고 칭찬을 받으면 오히려 다음 비행은 나빠지고, 지적을 받은 다음에는 비행을 잘하는 경향이 있다는 것이다.

통계학에 친숙한 독자라면 교관들이 내린 이 같은 결론과 그 동기부여 이론의 결함을 이미 눈치챘을 것이다. 19세기 영국 과학자 프랜시스 갤턴(Francis Galton) 경은 '평균으로의 회귀(statistical regression)'라는 개념을 창안한 바 있다. 갤턴은 어떤 불확실한 일련의 사건 중 특이한 한 가지 사건이 발생하면, 그 후에는 결과적으로 평균이나 중간값에 가까운 일이 일어나는 경향이 있다고 설명했다. 예를 들어, 테니스공을 12번씩 두 세트 받아치는 것을 상상해보자. 아주 형편없는 포핸드 다음에는 좀 더 괜찮은 스윙이 이어지게 될 것이고, 정말 훌륭한 백핸드 다음엔 둔한 스윙이 나올 가능성이 크다. 이런 것이 확률적 사건의 본질이다. 그래서 유난히 키 큰 사람들의 자녀가 반드시 큰 키를 타고나는 것이 아니며 유난히 작은 사람의 자녀가 꼭 키가 작은 것만도 아니다.

마찬가지로 카너먼은 좋건 나쁘건 한 번의 비행 후 다음 비행은 그 전투기 조종사가 장기간에 쌓아온 평균 비행 능력에 가깝게 회귀할 것으로 생각했다. 따라서 좋지 못한 비행으로 혼쭐이 난 전투기 조종사는 교관이 어떻게 이야기하든 상관없이 다음번에는 좀 더 나은 비행을 하게 되고, 잘해서 칭찬을 받은 전투기 조종사는 통계적으로 다음 비행에서는 나빠지게 된다. 이런 이치를 몰랐던 교관들은 전투기 조종사가 비행을 잘 하기 위해서는 칭찬보다 혹평을 해야 한다는 결론을 내렸던 것이다.

카너먼은 이 이론으로 교관들의 잘못된 생각을 바로 잡았다(이는 이스라엘의 미래 전투기 조종사의 자존심을 구원한 것이리라). 하지만 이 일화가 갖는 진정한 의미는 따로 있다. 그와 트버스키로 하여금 일상생활의 여러 측면에서 인간이 내리는 판단과 의사결정에 대해 더 많은 고찰을 하는 계기를 마련해주었다는 것이다. 항공 교관들의 경험에서 주목해야 할 것은 칭찬 다음엔 평균 이하의 비행을 하고, 혹평 다음엔 평균 이상의 비행을 하는 것처럼 반대의 결과가 종종 나타난다는 점이다. 만약 교관들이 '평균으로의 회귀'를 알지 못했더라면 결국엔 칭찬보다는 징벌이 훈련에 효과적이라는 판단을 내리고 말았을 것이다.

이런 식으로 잘못된 직관이나 너무도 복잡한 정보 때문에 올바른 결론을 내리지 못하는 경우는 또 무엇이 있을까?

트버스키는 그러한 사례를 찾아 인간의 판단에 관한 고전적인 실험 중 하나에 적용해보았다.

다음의 테스트를 해보기 바란다.

CASE 두 개의 가방에 같은 수의 포커 칩이 담겨 있다고 가정해보자. 한쪽 가방에는 3분의 2가 빨간색이고 나머지는 흰색이다. 다른 가방에는 반대로 3분의 2가 흰색, 3분의 1은 빨간색 칩이 담겨 있다. 어느 쪽 가방에 빨간색 칩이 많고, 흰색 칩이 많은지를 추측해보라. 당신은 A 가방에서 한 줌의 칩을(5개라고 하자), B 가방에 몇 줌의 칩을(30개라고 하자) 꺼냈다. A 가방에서 꺼낸 5개의 칩 중 4개가 빨간색이었고, B 가방에서 꺼낸 30개의 칩 중 20개가 빨간색이었다. 자, 이제 어느 쪽 가방에 빨간색 칩이 많이 들어 있을 것이라고 생각하는가?

당신이 일반적인 사람이라면 A 가방에서 꺼낸 빨간색 칩의 비율이 5개 중 4개로 80%인데 반해 B 가방에는 빨간색 칩의 비율이 약 66%(30개 중 20개)니까 A 가방에 빨간색 칩이 더 많을 것이라고 생각할 것이다. 그러나 통계학적으로는 표본이 많을수록 결론이나 결과의 신뢰도가 높아지므로 B 가방에 빨간색 칩이 더 많으리라 추측하는 것이 옳다.

그렇다면 이것이 사람들이 돈을 다루는 방식, 또는 어떤 의미 있는 삶의 선택을 하는 것과 무슨 관계가 있다는 것일까? 실제로 매우 큰 상관관계가 있다. 사람들이 일상생활 속에서 통계학적으로 의미가 없는 작은 표본에 기초해 결정을 내리는 경우가 얼마나 많은지를 한번 생각해보기 바란다.

예를 들어, 보스턴의 새로운 패스트푸드 체인점에 늘어선 긴 행렬을 보고 그 회사의 주식을 사겠다고 결정한 투자자가 있다고 해보자. 주가가 하락하기 시작하고 나서야 그 기나긴 줄이 형편없는 서비스 때문에 생긴 것이고 결국 한 번 방문했던 사람들이 두 번 다시는 가지 않게 되었다는 것을 깨닫게 된다.

한편, 지난 일 년간 시장을 석권했던 뮤추얼펀드를 산 투자자가 있다고 하자. 그 후 그녀는 자신이 가지고 있는 뮤추얼펀드의 수익률이 계속 평균치를 밑도는 고충을 맛보게 된다. 또는 사람들이 끔찍한 테러 이후 비행기보다는 자동차를 선호하는 것도 한 예다. 알다시피 자동차가 비행기보다 더욱 위험한 이동 수단이다. 불행히도 2001년 세계무역센터가 비행기 테러로 붕괴된 후 사람들이 비행기보다 차로 이동하는 것을 더 선호하게 되었고, 이는 미국의 교통사고 사망률을 급상승시켰다.

트버스키와 카너먼의 실험은 경제학의 관점에서 볼 때 매우 중요하다. 이들의 실험으로 사람들의 판단이나 결정이 항상 합리적이지 않다는 것이 밝혀졌기 때문이다. 태양이 아침에 뜬다는 사실을 증명하는 것처럼 상식적인 문제를 과학적으로 입증하는 행위는 몇 가지 이유에서 상당히 중요하다. 그중 가장 중요한 것은 카너먼과 트버스키(또 그 뒤를 이은 많은 연구자들)의 생각으로부터 사람들이 판단과 선택의 어려움에 직면했을 때 그것을 단순화하고 해결하기 위해 사용하는 많은 방법이 설명되고 분류되기 시작했다는 점이다.

카너먼과 트버스키는 이 단순화의 절차를 '판단 휴리스틱˙ (judgemental heuristic)'이라고 명명했다. 이것은 곧 대부분의 사람들이 반사적으로 의지하는 '정신적인 지름길(또는 경험 법칙)'이라고 할 수 있다. 이것은 직감적인 것(긴 행렬이 늘어선 레스토랑은 유명한 곳이다)일수도 있고, 사회적 신념과 같은 것(예산을 무리하게 잡아서라도 집은 사는 것이 유리하다)일 수도 있다. 하지만 이 모두는 사람들을 잘못 인도할 우려가 있다. 레스토랑에 긴 행렬이 늘어선 것은 서툰 서비스 때문일 수도 있고, 경쟁 레스토랑이 문을 닫은 날이라서 그럴 수도 있다. 또 집값은 우리가 생각하는 것만큼 급속히 오르지도, 상승 폭이 크지 않을 수도 있다. 그렇다면 나중에 가격이 오를 것을 겨냥하여 굳이 무리해가며 집을 사둘 경제적인 이유는 전혀 없는 셈이다.

- 휴리스틱(heuristic): 시간이나 정보가 불충분하여 합리적인 판단을 할 수 없거나, 굳이 체계적이고 합리적인 판단을 할 필요가 없는 상황에서 신속하게 사용하는 어림짐작의 기술

우리는 휴리스틱이 인류 진화에 필수적이었음을 강조하고 싶다. 인간은 매일 수천 가지의 결정을 내린다. 이러한 결정 중 일부는 확실한 의식을 바탕으로 하고(아침에 어디로 갈 것인가), 일부는 완전히 무의식 상태의 결정이다(다음 걸음을 내딛기 위해 어떤 근육을 움직여야 하는가). 하지만 그 어떤 결정이든 간에 온종일 그와 같은 선택을 내리고 또 내려야 한다. 그래서 인간의 뇌는 결정을 더 쉽게 하는 지름길, 즉 휴리스틱을 발견한 것이다.

물론 대부분의 경우 휴리스틱은 매우 유용하게 작용한다. 인류가 자원 확보를 위해 동물과 경쟁하던 소수의 유목민에서 오늘날 먹이 사슬의 상층부를 차지하기까지의 과정이 이를 증명한다. 그러나 우리 휴리스틱의 99%가 지금도 잘 작동하고 있다면, 그중 일부는, 논리적으로 보아, 삶의 필요와 사회의 요구가 진화함에 따라 쓸모없어진 것이 분명하다. 어떤 면에서의 행동경제학은 한때 사바나 정글에서 살던 우리의 먼 조상들에게는 유용했지만, 지금은 우리의 앞길을 종종 가로막는 직감과 관련한 휴리스틱에 관한 연구라고 봐도 무방하다.

'대표성'이라고 부르는 기본적인 판단 휴리스틱 중 하나를 살펴보자. 카너먼과 트버스키에 의해 수십 년 전 증명된 대표성은 우리가 어떤 사물, 존재, 행동 패턴 또는 결과 집합을 바탕으로 그와 유사한 다른 사물, 존재, 행동 패턴 또는 결과 집합에 대한 많은 정보를 유추할 수 있다는 것을 말해주는 경험의 법칙이다. 옛날 우리 조상들은 반드시 피해야 한다고 인지하고 있는 사자에 대한 정보를 바탕으로 그와 유사한 고양잇과의 동물을 마주했을 때 열매를 계속 따야 할지 도망가야 할지 하는 긴박한 결정을 내렸을지도 모른다. 오늘날 이러한 대표성은 월스트리트 사상 최악의 폰지 사기범인 버나드 매도프(Bernard Madoff) 같은 사람이 투자 수익을 약속하면 피하라고(대부분의 사람에게 좋은 결과) 경고할 수도, 주식 시장을 완전히 멀리하라고(대부분의 사람에게 덜 좋은 결과) 말할 수도 있다.

트버스키와 카너먼은 다른 심리학, 경제학 연구자들과 함께 우리가 행동경제학이라고 부르는 학문적 영역의 대부분을 실질적으로 구축해나갔다. 이후, 이 두 이스라엘 연구자들은 미국으로 이주하여 행동경제학의 전도사가 된다. 카너먼은 뉴저지주의 프린스턴 대학교에, 트버스키는 캘리포니아주 팔로알토에 있는 스탠퍼드 대학교에 재직했다. 2002년, 카너먼은 1970년대 말 트버스키와 함께했던 연구(이 부분은 2장에서 자세히 다룰 것이다)로 노벨 경제학상을 수상했다. 반면 트버스키는 이스라엘에서 군에 재직할 당시 최고의 용맹 훈장을 수여 받기도 하는 모습에도 불구하고 1997년 59세의 나이에 암으로 세상을 뜨고 말았다. 그는 자신의 연구에 대해 이렇게 말한 바 있다. "내가 실제로 한 일은, 광고회사나 중고차 영업사원에게는 이미 상식 수준인 인간 행동의 여러 가지 측면을 과학적으로 탐구한 것에 불과하다."

현재 행동경제학은 학문과 비즈니스 세계의 양 측면에서, 나아가 국가의 경제 정책에까지 위력을 발휘하고 있다. 실제로 버락 오바마 대통령 행정부(대선 캠프를 포함하여)는 초기에 여러 행동경제학의 선도자들로부터 상당한 영향을 받았다. 그중 시카고 대학의 리처드 탈러(Richard Thaler) 교수는 상당 기간 국회의사당을 방문하여 의회를 대상으로 마음의 회계(mental accounting)라는 개념(이 책 제1장의 주제)과 행동경제 편향에 대한 설명을 통해 그것이 미국인의 저축 습관에 어떤 영향을 미치는지를 강의하기도 했다. 한편 그는 법학 교수 캐스 선스타인(Cass Sunstein)과 함께 《넛지(Nudge)》를 펴내기도 하였다.

그러나 아직 행동경제학이 침투하지 못한 영역이 한 곳 남아 있다. 바로 일반 소비자, 예금자, 대출자 그리고 투자자의 '마음속'이다. 그리고 어쩌면 이것이 가장 중요한 영역인지도 모른다. 우리는 카너먼, 트버스키 그리고 이 책의 저자를 포함하여 그 밖의 많은 연구자들이 약 40년 동안 이뤄온 업적의 핵심만을 모아, 돈을 다루는 데 있어 우리 마음이 어떻게 작용하는지에 대한 간단한 안내서를 만들어 보기로 했다. 이 책은 그렇게 탄생한 결과물이다.

일러두기

이 책을 집필하면서 생긴 사소한 문제들을 어떻게 바로 잡았는지 정리해두겠다. 우선 우리는 이 책이 마치 칵테일 바에서 대화를 나누는 것처럼 읽히길 원했다. 그래서 서로의 호칭을 정하는 데도 고민을 했다. 둘 다 같은 입장일 때는 '우리'라고 칭하는 것이 아무 문제가 없지만, 어느 한쪽의 생각이나 발언일 경우에는 '우리'라는 호칭은 모호해지기 때문이다. 일단 "코넬 대학의 심리학 교수다."라고 말하면 토마스(이하 톰이라 칭함)고, "《머니(money)》지(誌)의 기자였다."라고 말하면 개리다.

이 책에서는 독자의 이해를 돕기 위해 개인적인 경험들을 주로 언급하고 있고, 실생활에서 겪고 들은 에피소드를 통해 잘못된 의사결정 사례를 조명하는 경우도 많은 편이다. 따라서 호칭을 정하는 것은 중요한 문제였다. 둘 중 어느 한쪽만이 알고 있는 인물을 '우리의 친구' 또는 '우리가 알고 있는 사람'이라고 표현한다면 자칫 오해를 불러일으킬 수 있기 때문이다. 그래서 해결책으로 '이것은 개리의 아이디어'와 같이 자신을 지칭할 때도 3인칭으로 부르기로 했다. 자아도취에 빠져 그런 것은 아니니 오해하지 마시라.

우리는 독자의 기대치에 대해서도 걱정이 된다. 특히 자기계발서 홍수의 시대에 그와 유사한 내용을 기대하는 독자들이 있을지도 모르기 때문이다. 그래서 분명히 언급해두지만, 이 책은 대중적인 심리학 도서와는 다르다. 물론 톰이 심리학자이긴 해도 이 책에서 독자의 정신을 분석하려는 시도는 일절 하고 있지 않다. 예를 들어 신용카드가 오래 연체된 사람은 유아기에 모유에 의존한 기간이 너무 길어서, 혹은 너무 짧아서 그렇다든지, 아니면 그러한 충동적 성향이 유전적 기질에 내포되어 있다든지 하는 식으로 이론화하지 않는다. 또 내면의 아이, 내면의 투자자 등, 그 어떤 내면의 존재를 감정(鑑定)하려는 시도도 없다. 그렇다고 해서 우리가 그러한 종류의 책들에 정면으로 반대하고 나서는 것은 아니다.

단지 돈에 관한 개인의 심리적 성향을 프로이트(Sigmund Freud)식 분석으로 밝혀내려고 한다면, '상담용 소파'에 누워 한탄하는 것만으로는 원인을 밝혀내는 것이 충분치 않다는 사실을 깨닫게 될 것이라는 점을 말하는 것이다. 우리는 사람들이 신용카드를 쓰기 시작하면서 돈을 가볍게 여기게 되었다는 사실을 알려주고 독자들이 카드를 막 그어대는 습관을 없애는 데 도움이 되고자 할 뿐이다. 그러므로 특정 독자가 어떤 심리적 경향에 시달리는지에 대한 이유를 해명할 생각은 없다. 이 책의 초점은 보통 사람들이 당연히 손에 쥐어야 할 돈을 놓치는 원인이 되는 사고와 행동 패턴을 살펴보는 데 있다.

하지만 그 초점을 항상 유지하는 게 쉬운 일은 아니다. 그 이유 중 하나는 행동경제학의 기본 개념 속에 서로 모순되는 부분이 공존해 있기 때문이다. 인간 마음이 원래 이랬다저랬다 한다는 점을 고려하면 그다지 놀랄 일도 아니다. 그러니 미리 당부하지만, 앞뒤 장의 내용이 서로 모순된다고 하더라도 중간에 책을 덮어버리는 일이 일어나지 않기를 빈다.

예를 들어, 제7장에서는 군중심리를 설명하면서 많은 사람이 다른 사람의 의견이나 행동에 지나치게 의존하는 경향이 있다는 점을 지적했다. 증권회사 직원이 추천해서라든지, 주변 사람들이 다 샀기 때문이라든지 등의 이유로 주식을 사는 경우가 이에 해당한다.

이와는 반대로 제6장에서는 사람들이 자칫 '자기 과신'에 빠져 자신의 판단이나 경험만 옳다고 고집하는 경향이 있다는 데 초점을 맞췄다. 그렇다면 서로 모순되는 듯한 이 두 가지 내용을 어떻게 조화시킬 수 있을 것인가? 사실상 불가능하다. 문제는 사람이다. 때로는 다른 사람의 말을 순순히 받아들여 화를 입고, 또 어떤 때는 고집불통처럼 남의 말을 듣지 않다가 실패하기도 하는 것이 사람이기 때문이다. 중요한 것은 상황에 따라 처신을 달리해 해로운 결과를 초래할 행동을 멀리하도록 노력해야 한다는 것이다. 사람들은 예측 가능한 맥락에서 예측 가능한 방식으로 과신하고, 예측 가능한 방식으로 서로를 따라 한다. 그리고 이러한 예측 가능성은 우리가 언제 실수를 경계하고 어떻게 대처해야 하는지 알 수 있게 해준다는 점에서 유용하다.

혹시 책을 읽기만 해도 고민이 그냥 해결되기를 바라는 독자들이 있는가? 유감스럽게도 그런 일은 일어나지 않는다. 그러나 이 솔직한 고백이 여러분에게 실망을 안겨주는 것이 아니라 오히려 신뢰를 얻을 수 있기를 바란다.

돈과 관련한 마음의 병을 낫게 하는 마법의 특효약 같은 건 없다. 하지만 우리가 약속할 수 있는 것은 여러분이 겪고 있을 골치 아픈 행동을 바로잡는 데 훨씬 유용하고 실용적인 방법을 제시할 수 있다는 것이다. 이 치료법에는 실천적인 것도 있다. 기록하는 습관을 들이거나 마감일을 설정하거나 인덱스펀드에 투자하는 등의 간단한 것들이다.

　보다 개념적인 해결책도 있다. 돈에 관한 한 더욱 현명한 선택을 할 수 있도록 돈과 관련된 문제를 바라보는 방식을 바꾸는 것이다. 그리고 두 가지 접근방식을 결합하여 미래를 대비해 저축하는 능력에 상당한 영향을 미칠 수 있을 것으로 보이는 방법이 있다. 이는 제2장을 통해 더욱 상세히 공개할 것이다. 또한, 각 장의 마지막에는 '부자가 되려면 어떻게 생각하고 행동해야 할까'라는 제목으로 문제의 해결책을 제시하고 에필로그에서 그것들을 요약해 정리해둘 것이다.

　가장 중요한 것은 '지식이 최고의 약'이라는 확고한 신념을 우리가 함께 공유하고 있다는 사실이다. 이 책의 목적이 달성된다면, 독자 여러분은 지금까지 여러분을 괴롭히던 돈의 함정(누구나 그 덫에 걸려 허우적거렸을)을 인정하고 미소짓거나 인상을 찌푸릴 횟수가 많아질 것이다. 그때가 바로 자신의 정신적 맹점을 확인하는 순간이며 그 어떤 조언자에게서 얻을 수 있는 충고보다 값진 지혜를 터득하게 될 것이다.

자기 계발 혹은 자기 파괴

　자기계발서에 관해 이야기하기에 앞서 심리학자 조앤 우

드(Joanne Wood)의 연구를 꼭 언급하고 싶다. 그녀는 스스로를 긍정적으로 표현하는 것이 얼마나 유용한지를 확인하고 싶었다. 다시 말해, '긍정적인 생각의 힘(The Power of Positive Thinking-노만 빈센트 필의 유명한 자기 계발서의 제목이기도 함)'이라는 게 정말 존재하는 것인지 궁금했다. 그녀의 연구에 참여한 사람들은 신뢰할 수 있는 수준의 자존감 테스트를 받았다. 그런 다음, 떠오르는 생각이나 느낌을 자유롭게 적어보는 시간을 갖게 했다. 참가자들의 절반에게는 종소리가 들릴 때마다 "나는 사랑스러운 사람이야."라고 말하도록 했다. 그리고 나서 모든 참가자의 기분과 낙관성을 보기 위한 설문 조사를 했다.

"30세가 행복하고 로맨틱한 사랑에 빠질 확률은 얼마나 될까요?"

결과는 어땠을까? "사랑스러운 사람"을 반복했던 참가자 중 자존감 테스트에서 자존감이 높게 나타났던 사람은 그 말을 반복하지 않았던 사람들보다 더 낙관적인 것으로 나타났다. 그러나 같은 문장을 반복했어도 자존감 테스트에서 자존감이 낮은 것으로 드러났던 사람은 그 말을 하지 않았던 사람보다 오히려 덜 낙관적인 것으로 확인되었다. 우드의 결론은 이렇다. 부정적인 자기 이미지를 가진 사람들은 그 생각에서 의도적으로 벗어나려고 하면, 되려 그 이미지가 강화된다.

우리는 또 다른 두 가지 결론을 얻었다:
①어떤 자기 계발서는 약이 되기보다는 오히려 독이 된다.
②우리는 당신이 '똑똑한 구매자' 또는 '영리한 투자자'라는 확신을 하도록 만들지 않을 것이다. 다만 우리는 당신이 어떤 생각을 하고 있든 도움이 되는 전략을 제안하려고 할 것이다.

제1장

마음의 회계장부

왜 어떤 돈은 소중하고,
어떤 돈은 공돈 같을까?

Behavioral Economics

라스베이거스에서 신혼여행을 보내던 신혼부부가 3일째 되던 날 카지노에서 1,000달러를 잃었다. 그날 밤 침대에 누워있던 신랑은 화장대 위에 무언가 빛나고 있는 것을 발견했다. 가까이 가보니 기념으로 놓아둔 5달러짜리 칩이었다. 희한하게도 칩 표면에 '17'이라는 숫자가 뚜렷이 빛나고 있었다. '이는 분명 어떤 암시다'라고 생각한 신랑은 초록색 목욕 가운을 걸친 채로 급히 카지노로 달려가 룰렛의 17번에 5달러 칩을 걸었다. 구슬은 17에서 멈췄고 5달러는 35배로 불어 175달러가 되었다. 그는 그 돈을 다시 17에 걸었고 구슬은 이번에도 17에서 멈춰 돈은 총 6,125달러가 되었다. 그날 밤 무슨 행운이 그에게 주어졌는지 그는 계속 배팅에 성공해 판돈이 마침내 750만 달러까지 늘어났다. 그때 마침 플로어 매니저가 와서 게임을 중단시켰다. 또다시 17이 나오면 카지노에는 그만한 금액을 지불할 능력이 없다는 이유였다.

하지만 그는 거기서 멈추지 않았다. 택시를 타고 라스베이거스에서 가장 돈이 많다는 카지노로 가서 다시 모든 돈을 17에 걸었다. 그리고 또다시 승리했다. 순식간에 2억 6,200만 달러가 넘는 돈을 거머쥐게 되었다. 흥분이 최고조로 달한 그는 모든 돈을 17에 또다시 걸었다. 그러나 이번에는 구슬이 18에서 멈췄고 그는 모든 것을 잃고 말았다. 그는 빈털터리가 되어 힘없이 걸어 호텔로 되돌아왔다.

"어디 다녀왔어?"

방으로 들어오는 신랑에게 신부가 물었다.

"룰렛게임 하고 왔어."

"어떻게 됐어?"

"나쁘진 않았어. 5달러만 잃었거든."

이 이야기는 우리가 알고 있는 유명한 룰렛 조크로 행동경제학의 근본 원리를 설명하는 데 매우 적격이다. 실제로 이날 밤의 모험에 대한 설명에 동의하는지 아닌지에 따라 우리가 원래는 이 장에 '카지노는 왜 항상 수익을 올리는가'라는 제목을 붙이려 했는지 알아차릴 수 있을 것이다.

'모든 게임은 경영자 측에 유리하게 설정되어 있기 때문에 카지노는 반드시 수익을 올리게 되어 있다'와 같은 판에 박힌 대답으로는 이 모든 상황이 설명되지 않는다. 카지노가 항상 수익을 올리는 다른 이유는 이 신랑과 같이 생각하는 사람들이 너무나도 많기 때문이다. 그는 그 어마어마한 모험을 단돈 5달러에서 시작했기 때문에 그 이상의 금액은 손실이 아니라고 여겼다.

이 같은 심리의 밑바탕에는 도박으로 생긴 돈은 어차피 '없었을 돈' 내지는 '공돈'이기 때문에 설령 잃는다고 해도 실제로 손해가 아니라는 생각이 깔려 있다. 만약 이 사람이 마지막 배팅을 포기하고 카지노를 나왔다면 어땠을까? 신형 포르쉐를 미국에 있는 모든 행동경제학자에게 한 대씩 선물했다 해도 여전히 억만장자였을 것이다.

하지만 신랑은 대다수 아마추어 도박꾼들처럼 도박으로 번 돈은 '공돈'이라고 생각했다. 그래서 '잃어도 상관없는' 그 엄청난 액수를 계속 배팅할 수 있었던 것이다. 카지노에서는 이런 것을 두고 '하우스 머니'를 가지고 논다고 표현한다. 카지노가 늘 이윤을 보는 것은 도박꾼들 대부분이 이러한 착각에 쉽게 빠져들기 때문이다. 설령 돈을 딸 확률이 비교적 관대하게 설정되어 있다고 해도 결과는 마찬가지일 것이다.

'초록색 가운을 입은 남자의 전설'은 행동경제학자들이 '마음의 회계(mental accounting)'라고 부르는 개념을 설명하기에 아주 적절하다. 시카고 대학교의 리차드 탈러(Richard Thaler)가 제시한 이 개념은 '돈에 서로 다른 가치를 부여하여 가치가 낮다고 생각하는 돈은 함부로 낭비해버리는 경향'을 말한다. 이것은 사람들이 돈을 다룰 때 가장 빈번하게 일어나며 막대한 손해를 입게 되는 원인 중 하나다. '마음의 회계'를 좀 더 형식적으로 표현하자면, 사람들이 돈을 그 출처와 보관 장소, 용도에 따라 제각각 구분하여 사용 방식을 달리하는 경향을 가리킨다. 이러한 습관이 얼마나 자연스럽고도 교묘하게 이루어지고 있는지를 이해하기 위해 다음의 두 가지 사례에 대해 생각해보자. 독자 여러분은 실제로 자신에게 일어난 일이라 생각하고 가능한 한 진지하게 대답해주기 바란다. 이 책을 읽다 보면 이런 류의 문제를 계속 만나게 될 것이다. 솔직하게 답할수록 자신에 대해 더욱더 잘 알게 될 것이다.

CASE 1 150달러짜리 프로야구 결승전 또는 콘서트 티켓을 예매 후 수령했다. 그런데 입장 직전에 그 티켓을 잃어버린 것을 알게 되었다. 당신은 경기 혹은 콘서트를 보기 위해 다시 150달러를 지불하겠는가?

`CASE 2` 똑같은 상황을 가정해보자. 하지만 이번에는 현장에서 직접 티켓을 사기로 했다. 판매 창구에 줄을 서 기다리는데 주차장 어딘가에서 '현금' 150달러를 잃어버렸다는 사실을 깨달았다. 아직 지갑에는 티켓을 살 수 있을 만큼의 돈이 있다. 당신은 티켓을 사겠는가?

당신이 보통 사람이라면 첫 번째 질문에는 "아니요", 두 번째 질문에는 "예"라고 대답할 것이다. 하지만 이 두 가지 시나리오에 나타나 있는 딜레마는 사실상 동일하다. 즉, 150달러를 손해 보았고, 경기든 콘서트든 즐기기 위해선 다시 150달러의 지출이 필요하다는 것이다.

그럼에도 불구하고 선택이 달라지는 이유는 무엇일까? 그것은 대부분의 사람들이 첫 번째 시나리오에서는 티켓 비용으로 총 300달러가 든다고 느끼기 때문이다. 즉, 150달러짜리 티켓을 실제로 두 장 사는 셈인 것인데, 프로야구 경기든 콘서트든 300달러는 너무 비싸다는 느낌을 준다. 반면 대부분의 사람들은 잃어버린 현금 150달러와 티켓을 사는 150달러는 '심리적으로' 서로 완전히 다른 것이라고 계산한다. 운은 나빴지만 그 둘 사이엔 아무런 상관관계가 없다는 뜻이다. 이렇듯 본질적으로 같은 150달러의 손실을 그 발생 원인이 다르다고 해서 완전 별개의 것으로 취급하는 사고가 '마음의 회계'의 전형적인 예다.

일반적으로 부(富), 그중에서도 특히 돈이 대체 가능하다고 여기는 전통적인 경제학에서는 이런 '마음의 회계'와 같은 개념이 없다. '대체 가능성'이란 도박으로 번 100달러나 급여로 받은 100달러, 또 세금 환급으로 받은 100달러가 모두 동일한 의미와 가치를 지닌다는 뜻이다. 100달러로 아이튠즈에서 1달러짜리 음원 100곡을 다운받고, 맥도날드에서 1달러 버거 100개 살 수 있는 것도 이런 식으로 해석할 수 있다.

마찬가지로 침대 매트리스 밑에 숨겨놓은 100달러는 은행 예금이나 단기국채 100달러와 같은 의미와 가치를 지닌다(예금이나 단기국채가 침대 밑의 현금보다 안전하다는 사실은 무시하자). 돈이나 부(富)가 대체 가능한 것이라면, 도박으로 번 돈이나 급여로 받은 돈이나 사용하는 방식에는 아무런 차이가 없을 것이다. 따라서 모든 경제적인 결정은 자신의 전 재산에 미치는 영향을 합리적으로 계산한 다음 내려질 것이다.

이렇게만 한다면 전혀 문제 될 것이 없다. 하지만 알다시피 인간은 기계가 아니다. 그리고 대부분의 사람은 대차대조표를 만들어 모든 입출금을 관리할 만한 계산 능력이나 강력한 의지를 갖추고 있지 않다. 또한, 모든 단기 지출(예를 들면, 새 책을 사거나 영화를 보러 가는 것 등)을 모든 장기적 목표와 필요성의 균형을 고려하면서 계산하는 것은 기술적으로도 어려울 뿐더러 정신적인 압박감이 되기도 한다.

바로 이런 이유 때문에 사람들은 허술해질 수밖에 없는 돈 관리를 나름대로 체계화시켜 '마음의 회계장부'로 분류해놓는다. 각각의 회계장부는 그 중요성이 서로 달라서 같은 금액이라 할지라도 회계장부에 따라 서로 다른 가치를 지닌다. 예컨대, 똑같은 100만 원이더라도 휴가에 들이는 비용을 개인 퇴직계좌의 적립금만큼 소중하게 다루지는 않을 것이다.

그래서 대체 뭐가 문제라는 걸까? 경제학자들보다 자기 자신에 대해 훨씬 잘 파악하고 있는 보통의 사람들은 자신들이 경제학자들만큼 현명하지도 않거니와 의지도 강하지 않다는 점을 알고 있다. 사람들이 '마음의 회계장부'를 만들어내는 이유가 바로 여기에 있다. 또한 '마음의 회계장부'에 돈을 각각 분류하는 능력은 불합리하기보다는 유익한 면이 많다. 가장 좋은 점은 그에 따라 장래의 목표를 세우고 효율적으로 저축할 수 있다는 것이다. 그렇게 되면 낭비가 심한 사람들조차 내 집 마련을 위한 적금 계좌는 가급적 손대려 하지 않는다. 그 돈만큼은 절대 손대지 말아야 할 신성한 마음의 금고에 두고 단단히 잠가 놓았기 때문이다.

물론 '마음의 회계'가 사람들에게 항상 유익한 것만은 아니다. 자기관리가 서툰 사람들에게는 오히려 심각한 문제를 안겨주기도 한다. IRA(Individual Retirement Accounts:미국의 개인 퇴직연금 제도)나 키오 플랜(Keogh Plan:미국의 자영업자를 위한 퇴직연금 제도)과 같은 퇴직 저축 제도에서 조기인출 시 위약금이 부과되는 이유도 여기 있으며, 이러한 제도가 국민적인 지지를 얻고 있는 것도 바로 이 때문이다.

투자 포트폴리오의 균형을 맞추고 평가할 때도 사람들은 종종 '마음의 회계'의 벽에 부딪혀 실수를 저지르게 된다. 그 결과 주식, 채권, 부동산, 뮤추얼펀드 등의 조합으로 적당히 짜놓은 포트폴리오는 그들이 애초에 생각한 것과 어긋나 버리고, 결국 그들의 투자는 종종 손해를 보게 되는 것이다.

어쨌든 같은 1달러라도 경우에 따라 쓰는 방식을 달리하는 습관은 유익하기도 하지만 나쁜 영향을 미치기도 한다. 위험한 도박에서 거액의 판돈을 손쉽게 걸게 될 뿐만 아니라, 그보다 더 심각한 결과를 초래하게 만들 수 있다. 결국 같은 금액인데 서로 다른 가치를 부여하게 되면, 돈을 너무 막 쓴다든지, 저축을 소홀히 한다든지, 투자해야 할 때 너무 보수적으로 된다든지 등의 불합리한 행동을 할 수 있다. 이런 모든 것들이 돈을 새어나가게 만든다.

이미 언급한 바와 같이 '마음의 회계'로 인한 해악을 가장 쉽게 이해하려면 사람들이 노동을 통해 번 돈과 공짜로 생긴 돈을 마치 전혀 다른 종류의 돈처럼 다루는 것을 생각해보면 된다. 우리는 부모님으로부터 용돈으로 받거나 길에서 주운 50달러를 쓸 때는 스스로 노동을 통해 번 50달러를 쓸 때만큼 신중하게 생각하지 않는다.

분명 같은 금액인데 쓰는 방식은 다르다. 믿지 못하겠다고? 시카고 대학의 심리학자 닉 에플리(Nick Epley)가 하버드의 드니스 막, 로레인 첸 이슨(Dennis Mak and Lorraine Chen Idson)과 함께 시행한 실험이 의구심을 해소해 줄 것이다. 실험은 이렇게 진행됐다. 24명의 하버드대생에게 프로젝트의 일환으로 25달러씩을 주고 그 돈을 연구소 매점에서 마음껏 쓰라고 했다. 연구소 매점은 구내 서점이나 교내 매점에서 흔히 보던 학교 로고가 프린트된 컵, 펜, 과자 등을 팔았다. 사용하지 않은 돈은 그들의 계좌로 다시 입금될 것이라고 했다. 실험에 참여한 학생 모두에게 연구실의 운영비 일부는 학비로 충당된다는 이야기도 했다. 흥미로운 부분은 25달러를 받은 학생의 절반에게는 그 돈이 학비에서 '환급'된 것이라고 했고 나머지에는 '보너스'라고 했다는 것이다. 이 작은 차이가 얼마나 극적인 결과를 초래했는지 아는가? 갑자기 생긴 돈을 '보너스'라고 알았던 학생들의 84%는 그 돈을 전부 또는 일부 사용했지만 '환급금'으로 알았던 학생들은 21%만 사용했다. 보너스와 환급금이라는 별 의미 없는 조건에도 '마음의 회계장부'는 학생들의 행동에 실로 엄청난 영향력을 행사한 것이다. 심지어 연구소 운영비에 학비가 사용된다는 이야기를 모든 학생이 똑같이 들었음에도 말이다. 보다시피 25달러에 부여된 의미는 그다지 중요한 것이 아니었을 것 같았지만 실상은 그렇지 않았다.

이는 경제 정책에 분명한 영향을 미친다. 최근 몇 년 동안 정부는 경제 활동을 활성화하려는 목적으로 국민들에게 두 차례의 세금 환급 혜택을 주었다. 그러나 두 번 모두 정부의 의도대로 되지 않았다. 그중에는 그 돈을 '환급금'이라고 부른 것도 한 원인이었을 것이다. 에플리는 이런 현상을 이렇게 설명한다. "환급금은 사람들을 은행으로 보내고, 보너스는 사람들을 하와이로 보낸다."

인간이란 복잡한 존재이기 때문에 '마음의 회계장부'의 규칙 또한 변덕스럽다는 점에 유의해야 한다. 그래서 때로는 세금 환급금도, 그것이 특히 소액일 때는 그냥 길에서 주운 돈 마냥 막 써버리게 되는 것이다. 환급금이라는 것이 사실은 뒤늦게 지급된 월급이나 마찬가지임에도 말이다. 반대로 강제된 예금이라면, 만약 똑같은 사람들이 지난해 일해서 받은 급여에서 일정액을 예금계좌나 뮤추얼펀드에 냈다면, 과연 새 옷과 아이폰에 그 돈을 쉽게 쓸 수 있을까? 분명 고민하고 망설일 것이다. 그러나 환급금은 그동안 정부가 관리했던 것이기 때문에 '마음의 회계장부'에서는 그 돈에 월급으로 모은 돈과는 다른 가치를 부여해버린다.

티끌 모아 태산

세금 환급 사례에서 분명히 보았듯이 '마음의 회계'가 문제를 일으키는 이유는 숨겨진 특정 '마음의 회계장부'의 크기, 돈이 오고 가는 특정 거래의 크기, 또는 단순히 금액의 자체의 크기에 따라 돈을 다르게 취급하는 경향을 보이기 때문이다. 이를 이해하기 위해 아래의 질문에 답해주기 바란다.

CASE 1 전등을 사기 위해 한 가게에 갔더니 가격표에 100달러가 붙어있다. 하지만 걸어서 30분 거리에 있는 다른 가게에서는 같은 전등을 75달러에 팔고 있는 것을 본 적이 있다. 당신은 전등을 더 싸게 사려고 다른 가게로 가겠는가?

CASE 2 이번에는 같은 가게에 식탁 세트를 사러 갔더니

1,775달러라는 가격표가 붙어 있었다고 하자. 하지만 걸어서 30분 거리에 있는 다른 가게에서는 같은 물건을 1,750달러에 팔고 있는 것을 본 적이 있다. 당신은 가구 세트를 더 싸게 파는 다른 가게로 가겠는가?

연구 결과, 식탁 세트보다 전등 값을 아끼기 위해 다른 가게로 가겠다는 사람들이 많았다. 이 두 가지 사례에 나타나 있는 문제는 본질적으로 같다. 즉, '25달러를 절약하기 위해 30분을 걸어가겠는가' 하는 것이다. 이러한 선택의 기점에서 막대한 손해를 보았던 경험을 떠올리는 데는 그다지 많은 시간이 필요치 않을 것이다.

1980년대 초 가난한 학생이었던 개리는 자동차 스테레오를 새로운 카세트 데크(cassette deck)로 교체하려다 포기해버렸다. 새로운 기기 교체에 드는 300~400달러의 비용이 너무 비싸다고 생각했기 때문이다. 그러나 결국 4학년 때 개리는 상당액의 자동차 구매 대출을 받아 신차를 구입했다. 비용은 1만 2,000달러. 더욱이 옵션으로 카세트 데크를 추가하는 데 550달러를 더 썼다. 차가 고장 나기 불과 3개월 전 개리는 카세트 데크를 사러 갔다가 300달러는 너무 비싸다고 생각했었다. 하지만 자동차 딜러는 별다른 수고도 없이 그에게 같은 제품을 두 배 가까운 가격에 판매할 수 있었다. 그 후 4년간 한 달에 180달러씩을 납부해야만 했던 개리의 재정 상태는 아마 더 나빠졌을 것이다.

물론 여기서도 주범은 '마음의 회계'였다. '마음의 회계'는 1만 2,000달러에 비하면 550달러는 큰 금액도 아닌 것처럼 느껴지게 한다. 그러나 개리가 이런 결정을 내리는 데 영향을 미친 다른 하나는 잠재의식 속에 있는 '손실 통합'을 선호하는 성향이다. '손실 통합'을 선호한다는 것은 손실이나 비용이 발생할 때, 그보다 더 큰 손실이나 비용에 원래의 손실이나 비용을 녹여 감추고 싶어한다는 의미다. 그래서 개리가 카세트 데크에 550달러를 쓰는 고통은 1만 2,000달러를 쓰는 고통에 가려진 것이다.

기업들은 소비자들의 이러한 성향을 잘 알고 있다. 그래서 전자제품 매장에서 애프터서비스를 연장하는 보험을 팔 수 있는 것이다. 전자제품을 구입할 때 말고는 어느 누가 핸드폰이나 텔레비전 때문에 보험을 들겠는가? 그리고 이것이 보험 대리점에서 "혹시 모르잖아." 하며 여러 보험을 끼워 파는 이유다. 예컨대, 본인이 보험에 가입할 때가 아니라면 어느 누가 어린 자식의 생명보험을 미리 들겠는가?

'마음의 회계' 원칙은 구매나 투자금의 규모뿐만 아니라 보너스, 환급금, 선물 등 받은 돈의 액수에 의해서도 좌우된다. 따라서 회사에서 받은 보너스든 세금 환급금이든 그 액수가 크면 '장기 계획' 항목에, 반대로 액수가 적으면 '마음껏 쓰기' 항목에 들어갈 것이다.

생각하면 참 신기한 일이다. 환급금을 소소하게 250달러를 받았다면, 250달러짜리 신발을 살 확률이 커진다. 환급금을 2,500달러 받았을 때와 비교했을 때 말이다. 금전적 여유는 후자 쪽이 더 있는데 대체 왜 이런 것일까?

돈의 액수가 클수록 지출에 진지한 자세가 되고 쓰기 어려워져 실제 지출률(spending rate), 즉 경제학자들이 말하는 한계

수수께끼가 풀리다 돈을 펑펑 쓰는 타입도 아닌데 잘 모으지도 못하는 사람은 왜 그런 걸까? '마음의 회계장부'가 이 커다란 수수께끼를 푸는 데 도움이 될 것이다. 이 문제의 근원은 사소한 것들에 있다. 많은 사람들이 집이나 자동차, 가전제품처럼 큰 금액이 드는 구매를 할 때는 비용을 의식하지만, 상대적으로 작은 것들을 살 때는 '마음의 회계' 영향으로 비용에 관대해진다. 일주일 동안 드는 식비나 비상금 등은 더 큰 지출에 비하면 너무 사소해서 소홀히 취급하기 쉽다. 문제는 자동차나 냉장고를 사는 일은 몇 년에 한 번 일어날까 말까 한 일이지만 식료품이나 의류, 또는 영화관람비는 매일 혹은 매주 발생한다는 것이다. 이런 작은 지출에 민감해지면 의외로 큰 금액을 모을 수도 있다.

소비성향(marginal propensity to consume)은 낮아진다. 이 용어는 중요하지 않다. 개념을 잘 이해하면 왜 당신이 돈을 손에 쥐고 있는 것이 어려운지, 그리고 보너스나 증여가 왜 실제로 득보다 실이 많은지 알게 될 것이다.

'지출률'은 말 그대로 들어온 돈 중 소비한 돈의 비율을 의미한다. 세금 환급금으로 100달러를 받아 80달러를 썼다면 지출률은 '0.8(80%)'이다. 그러면 최대 지출률은 '1'이라고 생각할 것이다. 지출률 1은 받은 돈을 모두 사용한 경우다. 그럼 과연 이론대로일까? 다음의 사례를 보자.

지금으로부터 30여 년 전 이스라엘 은행 소속 경제학자인 마이클 랜즈버거(Michael Landsberger)가 한 연구에 착수했다. 이 연구는 제2차 세계대전 후 서독 정부로부터 정기적인 배상금을 받아 온 이스라엘인을 대상으로 한 것이었다. 나치의 만행에 대한 보상으로 주어진 이 배상금은 사실상 피로 물든 돈이지만 한편으론 '공돈'의 범주에 드는 것이라고 볼 수도 있다.

이러한 이유로, 그리고 개인과 가족에 따라 배상금 액수에 상당한 차이가 있었으므로 랜즈버거는 그러한 공돈의 액수 차이가 수혜자의 지출률에 어떤 영향을 미치는지에 대한 조사가 가능했었다. 그의 발견은 놀라웠다. 고액의 배상금(연 소득의 약 3분의 2 상당)을 받은 수혜자 그룹의 지출률은 약 '0.23'이었다. 다시 말해, 그들은 달러당 23%의 한계 지출 증가율을 보였고 나머지는 저축했다는 것이다. 반면, 배상금의 액수가 가장 적었던 그룹(연 소득의 약 7% 상당)의 지출률은 '2'였다. 그들은 1달러를 공짜로 받을 때마다 2달러씩 써버렸다. 다시 말해, 받은 1달러에 자기가 직접 번 돈(저금) 1달러를 더해 써버렸다는 이야기다.

아무리 생각해도 이 특이한 현상에 대해 확실한 해명을 제시할 수 없다. 아마 배상액의 산정은 전쟁이 일어나기 전 유럽에 살았을 때의 소득을 기초로 이루어졌을 것이다. 만약 그렇다면 전쟁 전에 소득이 높았던 사람들은 이스라엘에서도 소득이 높았을 것이며, 따라서 배상금을 쓰는 데 연연할 필요가 없었을지도 모른다. 다른 국가들과 마찬가지로 이스라엘에서도 가난한 사람들보다 부자들의 수입 중 저축이 차지하는 비율이 더 높다. 하지만 이것만으로는 배상금이 가장 적은 사람들의 지출률이 200%에 이르는 것에 대한 충분한 설명이 되지 않는다. 받은 돈의 두 배를 써버리는 것이 가난한 사람들의 형편에 아무런 도움이 되지 않는 일이기 때문이다.

이런 현상을 좀 더 이해하기 위해 개리의 친구가 겪은 경험을 이야기해주겠다. 이 친구를 '피터'라고 하자. 피터는 미국의 한 작은 회사의 직원으로 해외에서 근무하고 있다. 휴가차 미국으로 돌아왔을 때 그는 인사를 하기 위해 본사에 들렀는데 깜짝 보너스로 400달러를 받게 되었다. 기분 좋았을까? 그때만 그랬을 거다. 휴가가 끝날 무렵 피터는 400달러의 5배가 넘은 돈을 써버렸기 때문이다. 가게나 음식점에 갈 때마다 '400달러를 받았잖아'가 그와 그의 아내의 머릿속에 떠올라 소비를 부추겼다. 그 깜짝 보너스는 '마음껏 쓰기' 항목에 들어가 있었을 뿐만 아니라 다른 항목에 있던 1,600달러의 돈까지 끌어내고 만 것이다.

만약 피터의 이야기가 낯설지 않다면, 그것은 아마도 그의 생각이 '마음 회계'가 일으키는 또 다른 오류와 비슷했기 때문일 것이다. 그 오류는 아마도 가장 흔하고 값비싼 대가를 치르게 하는 것인데, 이것은 우리가 한 가지 항목에 '저장'한 돈을 핑계로 다른 항목에서 지출하는 것을 정당화할 때 발생한다. 그래서 이런 생각을 하게 되는 것이다. "렉서스를 살까 하다가 돈도 아낄 겸 캠리를 샀어.", "유럽여행 대신 국내 리조트에서 휴가 보내면서 아긴 1만 달러 중 일부를 써도 될 것 같아." 또는 "초특가 항공권 구매로 800달러를 절약했으니 신형 아이패드를 살 수 있어." 그러나 명심하자. 이런 생각이 잘못되었다는 건 아니다. 문제는 페라리를 꿈꾸는 사람이 대신 미니쿠퍼를 샀다고 36만 달러를 '절약'했다는 착각을 한다는 것이다.

신용카드는 돈에 무감각해지게 만든다

피터의 휴가 이야기에 대해 한 가지 짚고 넘어가야 할 것이 있다. 혹시라도 이 책을 읽은 사장님들이 보너스 주는 것을 망설이면 안 되니까 말이다. 피터가 흥청망청 사들인 제품들은 대부분 신용카드로 결제한 것들이다. 사실상 신용카드를 비롯한 모든 종류의 리볼빙(후불 결제)은 '마음의 회계장부'에서 가장 위험한 항목이다. 신용카드로 물건을 살 때는 돈을 직접 내는 느낌이 들지 않기 때문에 돈을 가볍게 여기게 된다.

이렇게 생각해보자. 지갑에 현금 200달러가 있고 거기서 100달러짜리 벨트를 산다고 하자. 그러면 지갑 속 돈은 절반으로 줄어든다. 하지만 신용카드로 사게 되면, 지갑에는 돈이 그대로 남는다. 카드를 사용할 때 실제로 아무것도 지불하지 않는 것처럼 느껴지므로 사용하는 돈 자체의 가치도 낮게 느껴진다. 마치 온라인 게임머니처럼 되어버리는 것이다. 그러나 사실상 신용카드로 지불된 돈의 가치는 실제로는 더 높아질 수밖에 없다. 카드로 물건을 살 때 붙는 이율(보통 15%)을 불필요하게 더 내야 하기 때문이다.

신용카드는 돈을 쓰는 방식을 변화시키는 직접적인 원인이 되기도 한다. 카드를 사용하면 돈의 가치가 낮게 느껴지기 때문에 평상시라면 쓰지 않을 돈도 지출하게 만든다. 이 같은 지적은 독자들도 그리 놀랍지 않을 것이다. 오늘날 신용카드는 사용을 넘어 남용이라 해도 될 만큼 쓰임이 과하다. 오늘날 평균적인 미국 가정의 신용카드 관련 빚은 상당히 크다. 그래서 아마 여러분도 아메리카네시아 익스프레스포비아(Americanesia Expressaphobia)를 한두 번쯤은 겪었을 것이다. 더 놀라운 사실은 신용카드가 지출 기회를 늘릴 뿐만 아니라 현금으로 쓸 때보다 훨씬 많은 액수의 돈을 사용하게 한다는 것이다. 이에 대한 증거로 수년 전 매사추세츠공과 대학교의 마케팅 담당 교수 드라젠 프레릭(Drazen Prelec)과 던컨 시메스터(Duncan Simester)가 수행했던 놀라운 실험 결과를 이야기해주겠다.

두 사람은 한창 전성기인 보스턴 셀틱스(Boston Celtics) 경기 입장권 판매를 입찰에 의한 경매 방식으로 진행해 보았다. 경매 참가자를 두 그룹으로 나누어 한쪽에는 낙찰금을 현금으로만 지불하게 하고, 다른 쪽은 신용카드로만 지불해야 한다는 조건을 제시했다. 그러고 나서 각 그룹의 평균 입찰 가격을 보

- 아메리카네시아 익스프레스포비아(Americanesia Expressaphobia): 20세기 후반에 처음 진단된 재정적 질병. 이 병에 걸린 환자는 신용카드 청구금액이 정확히 얼마인지는 모르나, 그것이 너무 많다는 것은 알고 두려움에 떤다.

니 놀랍게도 신용카드 그룹의 입찰액이 현금 그룹보다 약 두 배나 더 높았다. 신용카드를 쓴다는 이유만으로 사람들의 씀씀이가 이렇게나 커져버린 것이다. 바꿔 말하면, 신용카드는 우리를 여러 방식으로 과소비의 늪으로 빠져들게 한다. 더 많이 소비하게 되므로 더 가난해지고, 더욱 현명하지 못한 소비로 이어지는 악순환이 지속된다.

자기 돈인지도 모르는 바보가 의외로 많다

'마음의 회계'에 대해 마지막으로 한 가지만 더 생각해보자. 여태까지는 돈을 임의로 구분하고 분류해버리는 경향으로 인하여, 사람들이 돈을 무턱대고 낭비하게 된다는 것을 설명했다. '마음의 회계장부'의 항목에 따라 돈의 가치가 낮게 부여되면 사람들은 신중히 고려하지 않고 마음대로 돈을 써버리고 만다. 금액이 적을수록(그렇다고 하찮은 금액도 아닌데) 이런 현상이 더 심하다.

그러나 이와는 정반대의 측면도 있다. 돈을 지나치게 신성시하여 특별한 '마음의 회계장부' 항목에 고이 모셔둔 탓에, 돈 쓰는 데 지나치리만큼 신중해지는 경향도 있는 것이다. 이러한 현상을 설명하기 위해 30대 여성 '제니'의 이야기를 예로 들어보겠다.

제니는 유망한 주식과 펀드로 구성된 포트폴리오를 보유한 사실 꽤 노련한 투자자다. 게다가 운 좋게도 지난 한 세기를 통틀어 주식 연평균 수익률이 모든 종류의 저축과 투자상품 중에서 가장 높은 시기를 경험하고 있다. 최근 몇 년간의 시장 침체에도 불구하고 채권은 연 5.5%, 은행 금리는 연 3.7%인 것에 비해 주식은 연평균 9% 정도의 수익을 올리고 있다.

그런데 몇 해 전 제니는 할머니로부터 약 1만 7,000달러를 상속받게 되었다. 평소에 그녀가 존경하고 사랑했던 할머니는 일생을 일해 모은 돈을 제니와 그녀의 형제자매 네 명에게 물려준 것이다. 제니는 할머니의 유산을 1년에 약 3%의 이자를 지급하는 은행 계좌에 예치하였다. 제니는 왜 이 돈을 주식투자에 이용하지 않았을까? 1929년 주가 대폭락과 그 후의 대공황을 기억하는 부모님의 영향으로, 주식은 위험하다는 생각을 늘 하고 있었기 때문에 어떤 일이 있어도 할머니의 돈은 잃고 싶지 않았던 것이다.

이와 같은 선택에 대한 대가는 상당히 컸다. 그 돈을 다른 자금과 마찬가지로 주식 시장 전체 수익률에 근접한 수익이 나오는 뮤추얼펀드에 투자했더라면, 사라는 4만 2천 달러 이상을 손에 넣었을 것이다. 그러나 불과 3%의 은행 금리만 붙었을 따름이어서 그녀의 손에 들어온 돈은 고작 2만 6천 달러였다. 만일 중도금 납입 같은 특정한 단기 목표에 할머니의 돈이 필요한 것이었다면, 혹시 모를 주가 하락의 위험을 피하려고 투자를 하지 않은 것이 합리적이었을 것이다. 하지만 제니는 그런 계획도 없었다.

사람들은 여러 가지 이유로 투자에 지나치게 보수적일 때가 있다. 그러나 제니의 실수는 '마음의 회계장부'에 1만 7,000달러를 '할머니의 돈'으로, 혹은 적어도 자신의 돈보다는 더 소중한 돈이라 반드시 지켜야 한다고 생각했다는 데 있다. 그 돈은 물론 제니의 돈이었고 그 '마음의 회계'의 작용으로 인한 잠재적 손실비용은 약 1만 6,000달러나 된다.

수백만 명의 미국인들이 제니와 같은 실수를 범하고 있다는 것을 덧붙여 두고자 한다. 대부분의 퇴직자들은 퇴직연금의 여러 가지 플랜 중 가장 안전한 투자 옵션을 고른다. 그 돈을 '마음의 회계장부' 중 가장 신성한 항목에 기입해버렸기 때문이다.

최근 글로벌 증시의 변동성을 생각해보면 그럴 만도 하다. 주식 시장은 지난 수십 년 동안 꾸준히 상승하는 가운데서도 몇 달 또는 몇 년은 하락과 폭락을 반복했다. 책 후반부에 일반 투자자를 위해 주식에 대해 다루기로 하고, 지금은 개리가 일반 청중들에게 행동경제학에 대해 강의할 때마다 사용하는 이야기를 들려주는 것이 더 좋을 것 같다.

  행동경제학의 핵심 원칙 중 하나는 '가용성'이라고 부르는 휴리스틱인데, 이는 사람들이 가장 빨리 떠오르는 정보—흔히 가장 최근의 정보나 주목할 만한 정보—에 기초하여 결정을 내리는 것을 말한다. '정글의 비유'를 들자면, 우리는 모두 익사보다는 경쟁 부족에게 살해당하는 것을 더 두려워했던 사람들의 후손이다. 일반적으로 살인이 풍기는 섬뜩함이 익사보다 더 두드러지기 때문에 같은 죽음임에도 불구하고 전자를 더 두려워한다. 그러나 '가용성'은 오해를 불러일으킬 소지가 있다. 개리가 1980년대 말 뉴욕의 젊은 금융부 기자였을 때, 그는 베테랑 자산 관리사로부터 지도를 받았다. 그를 빌이라고 부르자. 전 세계 증시가 폭락하고 다우존스 지수가 22%나 하락했던 블랙 먼데이 이틀 뒤, 개리는 젊은 기자들에게 조언하는 것을 좋아했던 빌에게 전화를 걸어 다음과 같은 대화를 나눴다(사생활을 위해 몇 가지 세부 사항은 변경했다).

빌: 내가 몇 명의 고객을 상대하는지 맞춰봐.
개리: 글쎄요. 한 50명?
빌: 틀렸어. 180명이야. 그럼 지난 이틀 동안 나한테 전화한

사람이 몇 명이나 될 것 같나?

개리: 음… 100명인가요?

빌: 틀렸어, 158명이야. 그들 중 몇 명이 나에게 그들의 주식 일부나 전부를 팔라고 했는지 맞춰봐.

개리: 모르겠는데요. 절반쯤?

빌: 틀렸어. 156명이야. 그러면 나머지 두 사람이 몇 살일지 맞춰봐.

개리: 네? 그걸 제가 어떻게 알아요?

빌: 그 두 사람은 여든이 넘었어. 둘 다 나에게 전화해서 주식을 사라고 했지. 왜 그랬는지 알겠나?

개리: 아니요. 왜죠?

빌: 그들은 전에도 이런 상황을 겪었거든.

교훈을 얻었다. 1987년 10월에 팔순의 두 고객은 '가용성'이 대규모로 문제를 일으키는 것을 보았다. 수백만 명의 사람들이 '주식은 유동적이긴 하지만 여전히 보통 사람들이 장기적으로 시세차익을 내는 데 가장 효과적'이라는 중요한 정보는 무시한 채, 가장 최근에 겪은 1987년 10월과 가장 눈에 띄는 자료들에 더 민감하게 반응한다.

제니의 경우처럼 '은퇴자금은 신중히 다루지 않으면 안 된다'라는 생각은 물론 칭찬할 만하지만, 한편으로는 주가의 단기적인 등락보다 훨씬 위험할 수도 있다. 결국, 퇴직할 때가 됐을 때 그동안 모아놓은 자금이 충분하지 않을 가능성도 있기 때문이다.

부자의 생각법, 부자의 행동 방식

첫 번째 조언

체크 포인트

만약 다음과 같은 증상이 있다면, 당신은 '마음의 회계'에 사로잡혀 있을 가능성이 있다.

- 스스로는 무분별하게 낭비하는 스타일이라고 생각하지 않지만, 저축이 늘지 않아 고민이다.
- 은행에 예금이 있지만, 신용카드 리볼빙 잔액이 있다.
- 세금 환급금을 받으면 저축하기보다는 여기저기 써버리고 만다.
- 현금으로 쇼핑할 때보다 신용카드를 사용할 때가 훨씬 지출이 많은 편이다.
- 퇴직금의 대부분을 확정이율 또는 그 밖의 보수적인 상

품에 투자하고 있다.

'마음의 회계'에 대한 실천적 조언이 있다면 이런 것들이 아닐까. "잠깐! 신용카드로 너무 많이 쓰고 있지 않아? 자제 못하겠다면 잘라버려! 세금 환급금을 경마장에서 날리지 않게 조심해!" 그런데 말처럼 쉽다면 얼마나 좋을까.

스스로 지출을 통제할 수 없는 사람들에게 '마음의 회계'는 주택대출금 상환이나 자녀들의 학자금 적립, 혹은 퇴직 후에 쾌적한 생활을 보내기 위한 연금 확보에 종종 뛰어난 효과를 발휘한다. 물론 '마음의 회계'에 좌지우지되는 사람들 중에는 제니처럼 지나치게 신중한 사람과는 반대로, 유산으로 물려받은 소위 '공돈'으로 신형 세단을 충동적으로 구매하는 사람도 있다. 하지만 어쩌면 사실 이 둘은 같은 사람일 수 있다. 제니는 할머니의 유산을 '신성한' 항목에 기입했지만, 세금 환급금이나 도박으로 번 돈은 어쩌면 '마음껏 쓰기' 항목에 둘지도 모르기 때문이다.

그러므로 '마음의 회계'의 유익한 점은 유지하면서 동시에 해로운 요소를 제거하기 위해서는 자기 내면의 회계 시스템을 점검해야 한다.

우선 두 가지 작업을 해보도록 하겠다. 하나는 재밌는 것이고 다른 하나는 좀 진지한 것이다. 먼저 재밌는 것의 시나리오 두 개를 살펴보자.

CASE 1 당신은 지금 경마장에 갔다(혹은 정장 한 벌을 사려고 단골 매장에 갔다). 그리고 어제 즉석복권을 긁어 1,000달러가 당첨된 사실을 알았다. 당신은 경마장에서 그 복권이 당첨되지 않았을 때보다 더 많은 돈을 걸겠는가(혹은 더 비싼 정장을 사겠는가)?

CASE 2 다시 경마장(혹은 단골 매장)에 있다고 가정해보자. 그리고 어제 잊고 있던 은행 계좌에 1,000달러가 있다는 것을 알게 되었다. 당신은 그러한 사실을 몰랐을 때보다 더 많은 돈을 경마상에서 걸겠는가(아니면 더 비싼 정장을 사겠는가)?

첫 번째 질문에는 "그렇다", 두 번째 질문에는 "아니다"라고 대답했다면(아마도 대부분), 당신은 '마음의 회계'에 빠져들기 쉬운 사람이라고 할 수 있다. 같은 돈에 다른 가치를 부여하는 실수를 저질러서 쉽게 낭비할 소지가 있기 때문이다.

토 달기를 좋아하는 사람들은 이렇게 말할지도 모르겠다.

"은행예금보다 복권 당첨된 돈이 쉽게 쓸 수 있는 게 당연하지. 누가 생각해도 뻔한 걸 가지고 무슨 연구라는 거야?"

문제는 복권에 당첨된 돈을 '함부로 쓰고 안 쓰고'가 중요한 게 아니라, 이러한 습관이 미처 생각하지도 못한 데서 낭비로 이어진다는 것이다. 다음의 테스트를 해본다면 이해가 될 것이다. 본인의 재정 상태를 고려하여 아래의 두 가지 질문에 대답해주기 바란다.

❶ 비상시를 대비한 저축, 또는 퇴직연금 이외의 저축을 하고 있는가?
❷ 신용카드의 미납 금액을 다음 달로 이월하고 있는가?

두 대답이 모두 "그렇다"라면 당신은 이미 '마음의 회계'의 노예다. 왜 그럴까? 예금을 너무 신뢰한 나머지 갚아야 할 돈에 대한 부담을 지나치게 가볍게 보고 있기 때문이다. 그 결과로 비상용 저축으로 연 5%의 금리를 얻는 대신 16%에 달하는 신용카드 이자를 지불하고 있을 것이다. 카드의 미납금이 1,000달러라면 일 년에 약 110달러를 손해 보게 된다. 이 책을 읽은 뒤 당장 비상저축을 찾아 그 1,000달러를 완납하는 것만으로도 당신은 이 책값의 5배 이상을 버는 셈이다.

만약 비상저축이 긴급한 상황에 꼭 필요해 건들 수 없다고 말하는 사람이 있다면 이렇게 말해주고 싶다. "신용카드 미납금을 먼저 다 갚아두면, 실제 그런 비상 상황이 닥쳤을 때 언제든 카드로 다시 돈을 빌릴 수 있어요."

우리를 믿어주면 좋겠다. 미납금을 완불한 사람에게 카드 회사가 높은 이율의 대출 신청을 거절할 리 없다. 카드 회사는 분명히 당신의 대출 한도액을 올려줄 것이다. 그 결과 당신은 훨씬 많은 '비상용 저축'을 얻게 되는 것이다. 그때까지 이자로 지불했어야 할 돈과 예금계좌에서 수중에 들어와야 할 돈의 '차액'을 모을 수도 있다.

신용카드가 없는 세상을 상상해본다

신용카드를 모조리 내다 버리라는 말은 절대 아니다. 대신 쇼핑 결제를 카드 대신 현금으로 하게 된다면, 어느 정도를 사용할 것인지 한번 자문해보라는 것이다. 카드로 결제할 때 보다 훨씬 그 액수가 줄어들거나, 혹은 절대 사지 않을 것이라고 대답하게 될지도 모른다.

숲이 아니라 나무를 본다

자동차나 집과 같이 규모가 큰 쇼핑이나 투자를 할 때는 세부 사항을 하나하나 따져보아야 한다. 예를 들어, 현재 살고 있는 집 한쪽 구석에 채광창을 내려고 3천 달러를 들이겠는가? 그렇지 않다면 새집을 살 때도 똑같이 적용해야 한다. 15만 달러를 내고 집을 살 때 3천 달러는 그리 큰 액수가 아닌 것처럼 느껴질지도 모른다. 하지만 그 돈은 예금통장에 든 3천 달러와 똑같은 가치를 지닌다는 것을 잊지 말자(대출금 상환 중에 내야 하는 이자까지 계산에 넣으면 실제로는 그 이상이다).

서두르지 말고 기다리자

세금 환급금, 용돈, 유산, 보너스 등 뜻하지 않게 생긴 돈을 공돈처럼 마구 써버리기 쉬운 사람은 돈을 쓰기 전 조금만 시간을 두고 기다리는 훈련을 해보길 권한다. 이렇게 말하는 거다. "이 돈으로 사고 싶은 거 뭐든 사도 좋아. 하지만 그 전에 3개월, 아니 6개월까지만 기다리자." 그리고 그 돈을 은행에 맡겨두자. 이를 습관화하는 것이다. 처음엔 뭐 얼마나 모으겠나 싶었던 금액이 만기가 다가올 즈음엔 다르게 느껴질 것이다. 그만큼의 돈을 일해서 버는 것이 어렵다는 걸 잘 알기에 함부로 써서는 안 된다는 생각이 드는 것이다.

모든 수입을 일해서 번 돈으로 생각하라

일해서 번 돈이 아니라도 이렇게 생각하는 것은 모든 돈에 동등한 가치를 부여하는 훈련을 하는 데 가장 좋은 방법일 수 있다. 기본적인 요령은 세금 공제 후 그만큼의 돈을 일해서 벌려면 얼마나 걸릴지 자문해보는 것이다. 그것만으로도 '마음의 회계'의 복잡한 계산이 해결되는 경우가 많다.

목적에 맞는 명칭을 붙여라

자녀들이 용돈을 저축하기를 원하는 부모들과 국민들이 세금을 내고 돌려받은 돈을 다시 쓰기 바라는 정부는 앞선 닉 에플리(Nick Epley)의 '보너스와 환급금' 실험에 주목해야 한다. 아이들에겐 작년 한 해 착한 일을 한 대가로 받은 돈이라고 하면 그 돈을 저축할 가능성이 크고, 국민들은 '환급금'이라는 명목으로 받은 돈을 사용하지 않을 가능성이 크다. 때때로 당신이 말하는 방식에 모든 해결책이 있다.

고정된 분할 단위보다 더 쪼개라

저축할 여유가 전혀 없다고 생각하는 사람들은 다음을 눈여겨봐야 한다.

마케팅학과 교수 딜립 소만(Dilip Soman)이 몇 해 전 실시한 연구 결과가 여러분에게 좋은 방법을 알려줄 것이다. 소만 교수는 5일 단위로 급여를 받는 중국, 인도 노동자들과 함께 일하고 있었는데, 그들은 돈을 모으고 싶지만 지출을 통제하기가 힘들다고 말했다. 그래서 소만은 그들의 급여를 여섯 개의 봉투에 나누어 일하는 날마다 하나씩, 그리고 여섯 번째 봉투는 아무 날에나 상관없이 지급하도록 했다. 급여액이 달라진 것도 아닌데 이들은 3개월 만에 저축액을 네 배로 늘릴 수 있었다. 여섯 번째 봉투를 여분의 돈으로 여겼기 때문에 저축하기 더 쉬웠던 것이다. 먹고살기도 빠듯해서 저축할 돈이 없다고 생각하는 사람이 있다면 이 방법을 시도해보라. 예를 들어, 1년 동안 버는 돈을 12개월이 아닌 13개월로 나누고 이 금액을 다시 회사의 급여 지급 기간 수(보통 1년 단위인 12개월)로 나누어 그 금액만큼을 매달 급여에서 빼놓는 것이다. 일단 해보면 생각보다 실행하기 쉬운 데다 저축액이 증가하는 놀라운 경험을 하게 될 것이다.

'마음의 회계'를 유용하게 활용하라

저축할 돈의 일부를 급여에서 미리 떼어놓으라는 것이 이 조언의 핵심이다. 소액의 돈을 제대로 관리하지 못하는 사람들이 급여에서 모든 지출을 마친 후에 남는 소액의 돈을 저축하는 것은 결코 쉽지 않다. 이때는 미리 명목을 달아 분류하는 기술이 유용하다. 급여에서 곧바로 투자신탁이나 적금 계좌로 돈이 나가버리면, 예컨대, 쉽게 써버리고 말았을지도 모르는 50달러가 '예금' 항목으로 '마음의(그리고 실제의) 회계장부'에 기입된다. 따라서 낭비가 줄고 필요할 때 사용할 수 있는 돈은 늘어나게 된다.

이 같은 방법이 좋은 이유가 또 하나 더 있다. 그것은 다음 장에서 논할 중요한 심리학적 원리와도 깊은 관계가 있다. 심리학적으로 보면, 이런 식으로 미리 돈을 나누어 저축하는 것이 남는 돈을 저축하는 것보다 훨씬 수월하다. 다음 장에서 그 이유를 알아보자.

제2장
과연 오십보백보일까?
주식: 팔아야 할 것인가, 팔지 말아야 할 것인가?

CASE 1 당신이 군대의 사령관이고 수적으로 우세한 적군과 가까이서 대치하고 있다고 가정해보자. 참모가 말하길, 600명의 병사들을 안전히 대피시키지 않으면 적군의 기습 공격으로 전원 사망할 가능성이 높다고 한다. 당신이 선택할 수 있는 길은 둘 중 하나뿐이다. A 길을 선택할 경우 200명의 병사가 살 수 있고, B 길을 선택하면 600명 모두 생존할 확률이 3분의 1, 단 한 명도 생존하지 못할 확률이 3분의 2라고 한다. 당신은 어느 쪽 길을 택하겠는가?

나중에 독자 여러분이 행동경제학에 대한 학술서나 논문을 읽다 보면(그리고 그 각각의 책 끝부분에 있는 참고문헌 리스트를 눈여겨 읽다 보면) 어떤 한 논문이 다른 논문들보다 월등히 많이 인용되고 있다는 것을 알 수 있을 것이다. 1979년, 잡지《이코노메트리카(Econometrica)》3월호에 발표된 이 논문의 제목은 바로 대니얼 카너먼과 아모스 트버스키가 저술한 〈전망 이론: 위기 상황에서 내린 결정에 대한 분석(Prospect Theory: An Analysis of Decision under Risk)〉이다. 행동경제학을 지지하는 두 개의 기둥이 있다면, 하나는 리차드 탈러의 '마음의 회계' 개념이고, 다른 하나는 바로 이 '전망 이론(Prospect Theroy)'이다.

'마음의 회계'와 마찬가지로 '전망 이론'은 우리가 어떻게 결정을 내리는지, 그에 따른 결과를 어떻게 해석하는지, 또 그것이 위험을 감수하는 우리의 태도에 어떤 영향을 미치는지 설명한다. 다음에서 살펴보겠지만, 종종 똑같은 결과가 한편에선 이익으로, 다른 한편에선 손실로 여겨지기도 한다. 이러한 일관적이지 못한 무의식의 코드화가 미치는 파급력은 상당하다.

'전망 이론'과 그 이론에서 파생되는 개념을 모두 설명하는 논문을 쓴다면, 이 책 한 권으로도 다 담지 못할 만큼 분량은 거뜬히 나올 것이다. 그만큼 방대하다. 대신 우리는 '전망 이론'에서 파생되는 문제와 사람들이 손실과 이득을 다루는 일관성 없는 원칙을 두 개의 기본 개념으로 나누었다.

첫째는 손실에 대한 감정(행동경제학 용어로 '손실 회피loss

aversion˙)과 이미 사용된 돈에 집착하는 심리(매몰 비용 오류 sunk cost fallacy)로 인해 얼마나 손실이 증폭되는지 하는 문제다. 이에 대해서는 이 장에서 논하기로 한다.

둘째는 사물을 있는 그대로 유지하고자 하는 성향(현상 유지 편향status quo bias)과 소유하고 있는 것에 심취해버리는 경향(소유 효과endowment effect)이 어떻게 결합하여 우리가 변화를 거부하게 만드는지 하는 문제다. 이는 다음 장에서 다루겠다.

이 두 개의 주제에 대해 깊이 이해하게 되면 투자나 소비가 지금보다는 훨씬 순조롭게 될 것이다.

위험한 거래

CASE 2 다시 질문으로 돌아가 보자. 당신은 군대의 사령관이고 수적으로 우세한 적군과 가까이서 대치하고 있는 상태다. 참모가 말하길, A 길을 선택하면 400명의 병사가 죽는다고 한다. B 길을 선택하면 한 사람도 죽지 않을 확률이 3분의 1이고, 600명이 죽을 확률이 3분의 2라고 한다. 당신의 선택은 어느 쪽인가?

이 장의 서두에 제시한 시나리오를 다시 보길 바란다. 이 두 개의 시나리오는 표면적으로는 확연하면서도 미묘한 차이가 있다.

실제로 카너먼과 트버스키가 시행한 이 연구에 따르면, 대부분의 사람들이 첫 번째 시나리오에서는 A를 선택하지만(그러면 200명의 병사를 구할 수 있다), 두 번째 시나리오에서는 B를 선택한다고 한다(한 명도 죽지 않을 확률이 3분의 1이다).

그러나 사실상 양쪽 시나리오에서 A를 선택하나 B를 선택하나 결과는 똑같다.

첫 번째 시나리오에서 A를 선택하면 200명의 목숨을 구하는 것이 확실하고, 두 번째 시나리오에서 A를 선택하면 400명의 목숨을 잃는 것이 확실하다. 어쨌든 200명은 살고 400명은 죽게 된다.

한편, 양쪽 시나리오에서 B를 선택하면 600명 모두가 살 확률이 3분의 1이고, 전원 사망할 확률이 3분의 2인 것은 달라지지 않았다.

하지만 사람들은 첫 번째 시나리오에서는 A를, 두 번째 시나리오에서는 B를 선택함으로써, 문제를 표현하는 방식(프레이밍)에 따라 확연히 다른 결정을 내릴 수 있다는 점을 보여주었다. '얼마나 많은 목숨을 살릴 수 있는가'의 문제가 되면 사람들은 가능한 한 많은 목숨을 살리고자 신중해진다. 반면, '얼마나 많은 목숨을 잃게 되는가' 하는 문제가 되면 400명의 목숨을 확실히 잃는 것보다는 어쩌면 모두 살 수도 있는 쪽에 희망을 걸고 대담한 결정을 내리는 경향이 있다.

이러한 현상을 '돈' 문제에 적용한다면 어떨까? 확실한 손실을 피하고자 하는 경우라면 사람들은 주저 없이 위험을 무릅쓰고, 확실한 이익을 얻을 수 있는 기회가 주어지면 사람들은 보다 신중해진다. 이해가 가는가?

다음 두 가지 시나리오를 살펴보자. 그러면 이해하기가 더 쉬울 것이다.

CASE 1 당신은 1,000달러를 받은 후 두 개의 선택 중 하나를 고르라는 제안을 받았다. A를 선택할 경우 500달러를 추가로 받고, B를 선택할 경우 동전을 던질 기회가 주어진다. 동전 던지기에서 앞면이 나오면 1,000달러를 더 받을 수 있고, 뒷면이 나오면 아무것도 받을 수 없다. 당신은 어느 쪽을 선택하겠는가?

CASE 2 이번에는 2,000달러를 받은 다음 역시 두 개의 선택지가 주어졌다. A를 택하면 그냥 500달러를 잃는 것으로 끝이다. B를 택하면 동전 던지기가 주어진다. 앞면이 나오면

1,000달러를 잃게 되지만 뒷면이 나오면 단돈 1달러도 잃지 않는다. 당신은 어느 쪽을 선택하겠는가?

이 연구에서도 대부분 첫 번째 시나리오에서는 A(확실한 500달러의 이익)를 선택하지만, 두 번째 시나리오에서는 B(1,000달러를 잃거나, 아무것도 잃지 않거나 하는 반반의 가능성)를 선택하는 것으로 나타났다. 여기서도 두 개의 시나리오 모두 A를 택하든 B를 택하든 결과가 똑같다. A를 선택하면 첫 번째 시나리오에서는 500달러라는 확실한 이익을 얻고, 두 번째 시나리오에서는 500달러의 손해가 확실하지만 어쨌든 손에 쥐는 돈은 1,500달러다. B를 선택하면 양쪽 시나리오 모두 반반의 확률로 1,000달러 또는 2,000달러를 갖는다.

사람들은 첫 번째 문제에서는 A를, 두 번째에서는 B를 택함으로써 손실을 피하고자 할 때는 위험을 무릅쓰고, 확실한 이익이 보장되어 있을 땐 신중해지는 심리를 다시 확인시켜주었다. 이런 경향은 종종 도박꾼들이 돈을 잃는 상황에서 판돈을 계속 늘리는 이유를 설명한다. 즉, 그들은 손실을 피하고자 더욱 큰 위험도 마다하지 않는 것이다. 캄브리아 투자금융의 포트폴리오 매니저인 메번 파버(Mebane Faber)가 이야기한 것처럼, 주가가 상승장세보다 하락장세 때 더 변동성이 심한 이유도 바로 이 때문이다. 주식으로 손해를 많이 본 투자자라면 본전을 찾겠다는 심리가 매우 강해 도박성 투기의 유혹이 커지기 때문이다.

이 같은 전망에 대한 차이는 19세기 독일의 생리학자 에른스트 베버(Ernst Weber)의 이름에서 비롯된 '베버의 법칙(Weber's law)'이라는 심리학 원리로 설명될 수 있다. 베버의 법칙은 자극의 강도 변화가 미치는 영향은 원래 자극의 절대적인 수준과 비례한다는 이론이다. 쉽게 설명해보자. 만약 어떤 사람이 겨울에 태닝 숍을 다닌다면 바로 티가 나겠지만, 한여름에 다닌다면 전혀 티가 나지 않을 것이다. 이것을 돈에 적용해보면, 어떤 일에 대한 보수가 10달러에서 20달러로 느는 것이 110달러에서 120달러로 느는 것보다 만족도가 더 크다.

이와 같은 '베버의 법칙'을 생각해보면 이익을 얻을 가능성이 있을 때, 사람들이 왜 신중해지는지를 이해할 수 있다. 500달러와 1,000달러의 차이보다 0달러와 500달러의 차이가 심리적으로 더 크다. 그래서 대부분의 사람들이 확실한 500달러를 놓치지 않으려 하는 것이다. 또한 사람들이 손해를 볼 수 있는 상황에서 왜 위험을 무릅쓰려고 하는지도 알 수 있다. 이 경우에도 500달러를 잃는 것과 전혀 잃지 않는 것의 차이는 500달러를 잃는 것과 1,000달러를 잃는 것의 차이보다 심리적으로 크다. 그 때문에 사람들은 500달러의 손실이 추가되는 위험을 무릅쓰고라도 전혀 잃지 않는 가능성에 희망을 거는 것이다.

정리하자면, 전망 이론은 '베버의 법칙'을 방대한 심리학 원리와 결합시켜 사람들이 왜 그같이 행동하는지를 설명한다. 그리고 우리의 본질적 임무는 사람들이 이익과 손실을 해석하는 방식이 어떻게 잘못된 투자와 소비를 하게 만드는지를 해명하는 것이다.

전통적인 경제학에 따르면, 앞서 제시한 모든 상황에서 사람들이 A를 선택할 가능성은 같아야 한다. 결과적으로 1,500달러를 손에 쥐는 것은 똑같기 때문이다. 문제가 되는 것은 확실한 1,500달러를 선택할 것인가, 아니면 1,000달러가 될 수도 있고 2,000달러가 될 수도 있는 반반의 확률에 운을 걸어볼 것인가 하는 상황이다. 전통적인 경제 이론은 이 문제를 설명하지 못한다.

반면 전망 이론의 접근 방식은 다르다. 이 이론에서는 사람들이 일반적으로 어떤 선택에 가치를 매길 때 자신의 전 재산에 어떤 영향을 미치는지를 항상 고려하는 것은 아니라고 주장한다. 즉, 순 자산이 50만 달러 정도인 가정의 가장이 500달러의 '손실 혹은 이익'을 전 재산 1%에서 다시 10분의 1 수준(의 손실 혹은 이익)이라고 생각하지는 않는다는 것이다. 대부분은 그것을 조금 전까지만 해도 '있었던' 혹은 '없었던' 500달러로 간주하는 것이 보통이다.

전망 이론에 의하면 사람들은 이익이나 손실이 지닌 장점에 따라 그 자체에 가치를 부여한다. 중요한 것은 실질적 손실인지 이익인지, 그리고 그에 대한 우리의 감정인 것이지, 전 재산에 손익이 남기는 산술적 계산이 아니라는 것이다.

이익과 손실에 대한 사람들의 반응에서 인간이 판단할 때 보이는 아주 중요한 특징이 나타난다. 즉, 특정한 문제에 '즉시' 내리는 판단일수록 문제가 어떻게 일어나고 어떻게 보이는지에 크게 좌우된다.

몇 년 전 한 여론조사에서 조사 대상자의 절반에게 소득의 20%를 절약할 수 있느냐는 질문을 했다. 이들 중 절반만이 그렇다고 답했다. 나머지 조사 대상자에게는 소득의 80%를 가지고 먹고 살 수 있냐고 물었는데, 거의 80%가 그렇다고 답했다. 소득의 20%를 저축한다는 것은 결국 나머지 80%로 생활한다는 것이기 때문에 이런 결과는 논리적으로 맞지 않는다. 그러나 이것이 전망 이론에서는 말이 된다.

20%를 저축한다는 것은 써야 할 월급에서 그만큼이 사라지는 것이지만, 소득의 80%로 생활한다는 것은 나머지 20%를 사용하지 않고 산다는 의미가 된다.

이와 비슷한 예를 하나 더 들어보자. 어떤 사람이 자동차보험의 보상 범위를 확대하는 것보다는 신형 휴대폰을 사고 싶어 한다고 하자. 이 사람은 당연히 휴대폰 사는 데 돈을 더 쓸 것이라 생각하기 쉽다. 하지만 그렇지 않다. 혹은 최소한 항상 그렇다고 할 수는 없다. 물건을 고르는 것과 물건의 가격을 평가하는 것은 서로 다른 심리적 과정을 배경으로 하고 있어서 휴대폰을 고르면서도 돈은 보험에 더 쓰게 되는 것이다.

또 예를 들어, 딸이 엄마를 닮았다는 것이 엄마가 딸을 닮았다는 것과 같다고 생각하기 쉽지만 결코 그렇지 않다. 어느 쪽을 중심으로 생각하는가에 따라 유사성에 대한 견해가 바뀌기 때문이다. 일반적으로 중국이 북한과 유사한 게 아니라 북한이 중국과 유사하다고 생각하는 것도 이러한 맥락이다.

마찬가지로 어느 한 쌍의 물건이 다른 한 쌍의 물건보다 더 비슷하다고 한다면(예컨대, '귤과 사과', '삽과 스푼') 그 한 쌍의 물건이 더 유사해야 한다고 생각할 수도 있으나 이 역시 반드시 그렇지는 않다. 유사성과 비유사성을 평가하는 데 요구되는 심리 과정이 다르므로 어느 한 쌍의 물건이 다른 한 쌍의 물건보다 더 비슷할 수도 있고 또 비슷하지 않을 수도 있는 것이다.

이처럼 같은 문제를 조금 다른 각도에서 바라보는 것만으로도 다른 사고방식이 생겨나고, 거기에서 전혀 다른 반응이 일어나기도 한다.

많은 사람들이 프레이밍에 당한다

프레이밍(framing)은 우리가 그 영향을 받고 있으면서도 인지하지 못할 수도 있다는 점에서 특히 흥미로운 현상이다. 이에 관한 훌륭한 사례는 2000년 애리조나 총선을 조사하던 중 발견됐다. 소득이나 정치적 관계 같은 다른 명백한 압력이 영향을 미치지 않는 상태에서 유권자들은 투표소가 '학교'에 있을 때 교육세 인상에 찬성하는 경향이 두드러졌다(63.6퍼센트 대 56.3퍼센트). 학교에서 투표하는 것만으로도 유권자들에게 교육의 중요성을 상기시키는 프레임을 씌우는 데 충분했다.

모든 게 생각하기 나름이다?

한번은 뉴욕 양키스의 전설적인 선수 요기 베라(Yogi Berra)

가 "피자를 몇 조각으로 잘라드릴까요?"라는 질문을 받고 이렇게 답했다고 한다. "여덟 조각 먹기엔 배가 많이 고프지 않으니 네 조각으로 잘라주세요."

결정에 이르게 되는 과정, 즉 결정이 어떻게 프레이밍 되는지의 중요성은 프린스턴 대학교의 심리학자 엘다 샤퍼(Eldar Shafir)의 실험을 통해서도 잘 알 수 있다. 샤퍼는 한 그룹의 학생들에게 다음과 같은 질문을 했다.

CASE 1 여러분은 일주일간의 봄방학을 맞아 따뜻한 장소에 가서 보내기로 계획을 세웠다. 적당한 비용으로 갈 수 있는 후보지는 A와 B 두 곳이 있다. 여행 팸플릿에는 A에 대한 한정된 정보가, B에 대한 보다 많은 정보가 안내되어 있다. 이 정보를 근거로 여행지를 선택할 때 어느 곳을 고르겠는가?

샤퍼는 다른 그룹의 학생들에도 질문을 했다. 후보지는 같았지만, 선택방법에 조금 차이를 두었다.

CASE 2 여러분은 일주일간의 봄방학을 맞아 따뜻한 장소에 가서 보내기로 계획을 세웠다. 적당한 비용으로 갈 수 있는 후보지는 A와 B 두 곳이 있지만 B의 예약은 오늘 결정하지 않으면 당장 취소해야 한다. 여행 팸플릿에는 A에 대한 한정된 정보가, B에 대한 보다 많은 정보가 안내되어 있다. 이 정보를 근거로 어느 곳의 예약을 취소하겠는가?

보다시피 두 그룹 모두 "어디서 휴가를 보내겠는가?"라는 질문을 받았다. 그러나 한쪽 그룹에서는 그것이 '선택의 문제(어느 쪽을 고를 것인가?)'가 되고, 다른 한쪽 그룹에서는 '거부의 문제(어느 쪽을 취소할 것인가?)'가 된다.

이 같은 차이에는 커다란 의미가 있다. "어느 곳을 선택할 것인가?"라는 질문을 받은 학생들 중 67%가 B를 선택한다고 응답한 반면, "어는 곳을 취소할 것인가?"라는 질문을 받은 쪽은 48%의 학생이 B의 예약을 취소한다고 답했다. 바꿔말하면 B는 거부될 때(예약을 취소하지 않은 비율이 52%)보다 선택될 때(선택한 학생은 67%) 더 매력 있는 여행지가 되는 셈이다.

샤퍼의 설명에 의하면, 결정을 '선택의 문제'라고 여길 때 사람들은 선택지의 긍정적인 측면에 더 집중하는 경향이 있다. 그런 점에서 B는 A보다 부정적인 면이 많지만, 더욱 명확하게 긍정적인 요소를 갖추고 있었다. 반대로 예약을 취소하라고 하면 사람들은 선택지의 부정적인 측면에 눈을 돌린다. 이 때문에 강렬한 햇살과, 멋진 바다, 좋은 호텔 등의 매력에 이끌려

B를 선택했을지도 모르는 학생들이 B의 부정적인 측면에 대해 생각하게 됐고, 그 결과 후보지 B의 예약을 취소하는 학생들이 늘어난 것이다.

이쯤에서 얻는 돈과 잃는 돈에 사람들이 어떤 감정을 느끼는지에 대한 부분으로 되돌아가보자. 전망 이론에 의하면 사람들은 돈을 얻는 기쁨보다 잃는 아픔을 훨씬 더 강하게 느낀다고 한다. 카너먼과 트버스키에 따르면, 100달러를(1,000달러, 100만 달러도 마찬가지) 잃는 고통은 같은 액수를 손에 넣는 기쁨보다 약 두 배가 크다고 한다.

첫 번째 시나리오에서 확실히 얻을 수 있는 500달러를 선택한 사람이 두 번째 시나리오에서는 확실한 500달러의 손실을 거부하는 이유도 바로 여기에 있다. 결과적으로 1,500달러를 얻는 것에는 변함이 없지만, 500달러를 잃는다고 생각하면 고통스럽기 때문에 그것을 피하려고 1,000달러만 남게 될지도 모를 위험을 마다하지 않는 것이다. 마찬가지로 첫 번째 시나리오에서는 1,000달러를 손에 넣으려다 확실히 보장된 500달러를 잃게 될지도 모른다고 생각하기 때문에, 사람들은 확실한 500달러를 선택한다.

주식: 팔아야 할 것인가, 팔지 말아야 할 것인가?

이렇게 반문하는 독자들도 있을 것이다. "이익을 얻는 것보다 손해를 보지 않도록 주의하는 것이 결국 많은 부분에서 이득이 될 수 있는데 '손실 회피성(loss aversion)'이 왜 나쁜가요?" 그들은 21세기 들어 첫 10년간 주식 시장 혼란의 여파를 겪었기 때문에 더욱 그러한 점을 짚고 넘어가는 경향이 있을 것이다. 이득에만 정신이 팔려 잃을지도 모르는 것에 주의를 기울이지 않으면, 결국에는 치명적인 손실을 입게 될 위험도 크기 때문이다. 달콤한 과일을 향해 무조건 높이 오르기보다는 떨어지지 않도록 조심하는 것이 더 중요할 수도 있다. 전자의 결과는 맛좋은 과일을 배불리 먹는 것이지만, 후자의 결과는 죽음이기 때문이다. 그렇기에 손실 회피성향은 분명 유익하고도 보수적(정치적인 의미가 아닌)인 측면이 분명 있다.

하지만 지나치게 손실에 민감해지면 오히려 부정적인 결과를 초래할 수 있다는 것도 명백한 사실이다. 주식투자가 그 단적인 예다. 단기적으로 손실에 과민하게 반응하는 것이 '공황 매도(panic selling)'를 일으키고 주가 폭락으로 이어진다(다른 원인에 대해서는 나중에 다루겠다). 다우존스 지수가 붕괴하면(일반적으로 주가와 뮤추얼펀드도 동시에) 그에 따른 큰 손실의 충격으로 많은 투자자가 과잉 반응을 보인다. 그들에게는 상처에서 흐르는 피를 빨리 멈추게 하는 것이 관건이다. 문제는 이렇게 닥치는 대로 주식을 팔아버린 다음에는 또 다른 고통(상처를 어루만지는 사이 주가가 급등했을 때의 극심한 고통)에 휩싸이게 된다는 것이다.

정신을 차리고 다시 시장에 뛰어들면 손실분을 회복할 수 있을 거라는 생각은 큰 착각이다. 주식은 시간을 두고 꾸준히 상승할 것 같아도 사실 일 년 중 몇 번, 며칠간 크게 급등할 뿐 변동이 상당히 심하다. 단기적인 하락에 민감하게 반응하여 주식을 팔고 나면, 이익을 올릴 수 있는 단 며칠의 기회를 놓치고 실수를 하게 되는데 그것이야말로 진짜 심각한 위기다.

미시간 대학교의 금융학 교수인 네잣 세연(Nejat Seyhun)의 1994년 연구에 따르면, 1963년부터 2004년까지 주가가 급등했던 90일을 제외하고 나면 나머지 기간에는 아무리 투자를 계속했다고 해도 연평균 수익은 11%에서 3%를 조금 웃도는 정도까지 떨어진다고 한다. 그 기간에 10,573일의 거래일이 있으므로 전체에서 보면 0.85%를 놓친 것에 불과하다. 그러나 이 수익률의 차이는 1,000달러를 투자해서 40년이 지난 후 74,000달러를 갖느냐 3,200달러를 갖느냐까지 벌어진다. 어쨌든 돈을 잃은 아픔에 지나치게 민감해지면 너무 일찍 투자에서 손을 떼버리게 되는 것이다.

그러나 손실 회피성은 우리를 정반대의 곤란한 상황에 처하게도 만든다. 즉 손실에서 회복될 가망도 없는 투자를 필요 이상 붙잡고 있게 만드는 것이다.

가슴에 손을 얹고 생각해보자. 이제까지 주가가 충분히 상승할 때까지 기다리지 않고 조금이라도 이익이 나면 얼른 팔아버린 적은 없는가? 또는 계속 떨어지기만 하는 주식이나 펀드(또는 집)를 가격이 회복될 것이라고 무작정 믿고 보유하고 있었던 적은?

이런 문제가 당신에게는 해당이 되지 않는다 하더라도 많은 개인 투자자가 오르고 있는 주식을 너무 빨리 팔아버리거나, 오를 가능성이 없는 주식을 끝까지 붙들고 있는 것이 사실이다.

가정 경제학

손실 회피의 영향이 주식투자에만 국한되는 것은 아니다. 개리가 아는 한 여성은 부동산 시장이 붕괴되기 직전 보스톤에 있는 집을 11만 달러를 주고 구입했다. 1년 후 그녀는 다른 지역으로 전근을 가야했는데, 당시 그 집의 시세는 10만 달러였다. 그녀는 집을 팔지 않았다. 부동산 시장이 회복될 것이라는 믿음에서가 아니라 1만 달러나 손해 보는 것을 참을 수 없었기 때문이다. 그래서 보스톤 집을 세를 놓고 자신도 LA에 있는 아파트를 임대했다. 하지만 결국 L.A.에 집을 사기로 했기 때문에 보스톤 집을 팔아야 했다. 그녀가 받은 금액은 9만 2천 달러. 이렇듯 손실에 대한 지나친 두려움은 자칫 가장 이익과는 먼 재정적 결정을 내리게 만들 수 있다.

1997년에 캘리포니아 대학교 버클리 캠퍼스 하스 스쿨(the Hass School of Business)의 연구원이었던 테렌스 오딘(Terrance Odean)이 이런 사실을 입증했다.

오딘은 1987년부터 1993년까지 7년 동안 전국에 있는 대형 디스카운트 브로커(discount broker; 일반 증권사의 위탁수수료보다 훨씬 낮은 수수료를 받고 거래를 중개해주는 업체)들이 취급했던 계좌 1만 개의 거래 기록을 분석했다. 무척이나 방대했던 그의 연구에서 주목할 만한 사실이 드러났다.

우선, 실제로 투자자들은 가격이 하락하고 있는 주식보다 가격이 상승하고 있는 주식을 파는 경향이 크다는 것이다. 이를 항해에 비유하여 생각해보도록 하자. 당신은 당신이 투자한 작은 보트를 타고 인생의 거친 파도를 헤치고 나가 안전한 '퇴직의 해안'에 당도하기를 바란다. 그런데 안전한 항해가 보장된 그 배를 버리고 갑자기 물이 새고 있는 쪽배에 옮겨 타는 행위를 반복하는 것이다.

이게 뭐 어떠냐고 되묻는 사람이 있을지도 모르겠다. 하락하는 주식보다 상승하는 주식을 파는 경향이 있는 사람이라면 더욱 그럴 것이다. 상승하는 주식은 이미 오를 대로 올라 언제 떨어질지 모르지만, 하락하는 주식은 바닥을 찍고 앞으로 상승하리라는 것이 이들의 논리다.

이는 이 책의 프롤로그에서 언급한 일종의 '회귀 이론(regression theory)'이라고도 할 수 있다. 말하자면, 거친 파도를 이겨낸 배(거기에는 행운이라는 순풍이 있었다)는 결국 물이 샐 것이고, 물이 새고 있는 배는 점차 안전해질 것이므로 안전한 배가 침몰하기 전 얼른 팔고 물이 새고 있는 배로 갈아타는 것이 좋다는 것이다. 전문 항해사라면 절대로 하지 않겠지만 많은 투자자들은 일상적으로 하는 일이다.

그리고 오딘의 데이터는 투자자들의 이러한 어리석은 판단이 어떤 결과를 낳았는지 보여준다. 투자자들이 매도한 주식은 그들이 보유한 주식보다 12개월 동안 평균 3.4% 넘게 상승했다. 다시 말하면, 투자자는 보유했어야 할 주식을 팔고, 팔아버렸어야 할 주식을 남겨둔 것이다. 더구나 이것이 어쩌다 한 번 일어난 일이 아니라 오딘이 추적 조사한 수천 명의 투자자들 사이에서 반복적으로 보이는 패턴이었다는 것이다.

오딘의 연구를 통해 드러난 더욱 놀랄만한 사실은, 주식으로 손해를 보게 되면 미국의 국세청에서 그 손실분 중 일부에 세금 감면 혜택을 주고 있음에도 불구하고(그 해에 손실을 메워주는 자본이익이 없다는 조건에), 사람들이 자신의 손실을 신고하려 하지 않았다는 것이다.

시간이 오래 걸리더라도 사람들이 이렇게 값비싼 실수를 반복하는 모든 이유를 찾아 검토해볼 필요가 있을 것 같다. 실제로 오딘은 여러 가지 사례를 언급했다.

가령 "우량한 주식을 팔아 수익을 확정 짓는 한편, 떨어지고 있는 주식을 계속 쥐고 있는 이유는 무엇인가?"에 대해, 투자자들의 설명은 이러했다.

- 싼 주식이 비싼 주식보다 가격이 더 오를 것이라고 믿기 때문이다.
- 포트폴리오 조정을 위해 오르고 있는 주식을 파는 것이다.
- 수수료 등의 매매 관련 비용이 이익보다 커서 가격이 내려간 주식의 매도를 자제하는 것이다.

하지만 포트폴리오 재조정과 주가 관련 데이터를 잘 살펴보아도 여전히 '처분 효과(disposition effect)'는 나타났다.

'처분 효과'란 재무학 교수인 허쉬 세프린(Hersh M.Shefrin)과 메이어 스탯먼(Meir Statman)이 1985년에 명명한 것으로, 상승하는 주식은 너무 빨리 팔고, 하락하는 주식은 너무 오래 보유하는 경향을 말한다. 이는 사실상 전망 이론과 손실 회피성의 확장이라고 볼 수 있다. 하락하는 주식을 팔고 상승하는 주식을 보유하는 것이 이치에 맞지만, 대개 사람들은 하락하는 주식을 팔아 손실을 보기보다는 상승하는 주식을 팔아 이익을 확정 짓길 원한다. 하락세인 주식을 팔아버리는 것(그리고 손실이 확정될 때의 고통)을 생각하면 사람들은 그것을 더욱 손에서 놓지 못하고 더 큰 위험을 감수한다. 그리고 주가는 점점 더 떨어지기만 한다. 그래도 실제로 팔기 전까지는 '장부상의 손실'이지 확정된 것은 아니다. 하지만 팔아버리면 손실은 현실이 된다. 이것은 마음의 회계에서 일어날 수 있는 최악의 상황이다. 아직 실현되지 않은 손실은 무시할 영역 내지는 장래의 이익으로 따로 분리해 생각할 수 있고, 투자 능력에도 의문을 달지 않기 때문이다.

이렇게 보면, 하락세인 주식과 관련한 선택은 이 장의 첫머리에 언급한 두 개의 시나리오 중 후자의 것과 같다는 것을 알 수 있다.

선택 A 하락 중인 주식을 팔면 손실이 확정된다.
선택 B 하락 중인 주식을 보유하면 돈을 되찾을 기회를 잡기 위해 더 큰 손실을 감내해야 한다.

한편, 상승세인 주식에 대한 선택은 전자의 시나리오와 같다.

선택 A 상승 중인 주식을 팔면 이익이 확정된다.
선택 B 상승 중인 주식을 보유하면 더 큰 수익의 기회를 잡기 위해 현재 이익이 줄어들 수도 있는 위험을 감수해야 한다.

상승세인 주식을 팔고 하락세인 주식을 계속 보유하는 것이 덜 고통스러운 것은 손실 회피 편향 때문이며, 실제로 많은 사람들이 이런 선택을 내린다. 하지만 오딘의 연구에 따르면 이와 반대로 하는 것이 훨씬 현명하다.

한 가지 장점

손실 회피(loss aversion)는 우리에게 사실상 손실이 아닌 것에 손실의 고통을 느낄 수 있게 하므로 특히나 해롭다.

증거 A: 저축을 할 때 겪는 문제. 많은 사람들이 현재의 구매력 감소(미래를 위한 저축)를 손실로 생각하는 경향이 있다. 그 돈을 나중에 우리가 쓰게 되든 말든, 손실의 느낌과 그것을 피하려는 마음이 돈을 모으기 힘들게 한다. 그러나 리처드 탈러와 동료 행동경제학자 슐로모 베나르치(Shlomo Benartzi)는 이 문제를 적어도 직장에서 극복하기 위한 영리한 계획을 세웠다. 점진적 저축 증대(SMarT; Save More Tomorrow)라고 불리는 이 방법은 다음과 같다. 직원들의 월급에서 바로 퇴직연금 계좌로 돈이 들어가는 것은 입에 겨우 풀칠하며 사는 사람들에게는 비현실적이거나 불쾌한 것일 수 있다. 그 대신 점진적 저축 증대는 직원들에게 미래의 급여 상승분 일부를 퇴직연금에 넣어두라고 말함으로써 현재 지출로 발생하는 손실의 느낌을 없앤다. 간단하게 들리지만, 점진적 저축 증대를 실행으로 옮기자 직원들의 저축률을 3%에서 거의 14%로, 4배 이상 높이는 극적인 차이를 보였다는 결과가 있다. 정말 스마트(SMarT)한 방법이다.

'손실 회피'에 대해 마지막으로 두 가지만 더 생각해보자. 카너먼과 트버스키에 따르면, 손실에 너무 예민해지면 사람들은 높은 이익을 올릴 수 있는 커다란 가능성을 버리는 한이 있더라도 확실한 이익을 선택한다고 한다. 실생활에서 보면, 주식보다 확정 이율형 투자를 선호하는 것이 한 사례가 될 수 있을 것이다. 이들에게는 정부가 보증하는 4~5%의 고정 금리가 주식으로 연간 9%를 벌 수 있는 '기회'보다 훨씬 매력적으로 비치는 것이다.

나중에 논하겠지만, 주식 시장의 위험은 인플레이션이 미치는 파괴력만큼 심각하지는 않다. 그러므로 다소 위험해도 수익이 높은 투자 대신 채권, 연금, 그 밖의 확정 이율형 투자나 생명보험과 같은 안전한 투자만을 선호한다면, 이러한 손실 회피성의 작용으로 또다시 큰 손실을 맛보게 될지도 모른다.

손실 회피성에 대해 기억해야 할 또 다른 점은 그 정도가 사람마다 놀랄 만큼 다르다는 것이다. 예를 들어, 교육을 받은 정도와 고통을 받을 확률은 반비례한다. 반면, 부유하고 나이가 많을수록 손실 예측에 강한 부정을 보일 가능성이 크다. 나이가 들수록 손실을 만회할 전망이 불투명해지므로 이것은 어느 정도 이해된다. 하지만 65세에 은퇴한 후로도 20년 또는 30년 동안 충분히 살 수 있는 시대이기 때문에, 지나치게 보수적인 투자 접근법은 투자를 제외한 앞으로의 수입이 제한적일 때 재정적 곤경에 빠지게 할 수도 있다.

이미 사용된 돈에 집착하는 심리

CASE 1 시카고 불스 경기의 코트사이드 티켓 혹은 클래식 공연 티켓을 누군가에게 공짜로 받았다고 가정해보자. 당신은 마이클 조던(지금은 은퇴했지만) 또는 요요마를 실제로 보는 것을 언제나 꿈꿔왔다. 그런데 집을 나서기 직전 조던이 부상을 당해 시합에 나오지 않는다는 혹은 요요마가 사정상 출연하지 않는다는 것을 알게 됐다. 게다가 눈보라까지 갑자기 불어닥쳐 경기장이나 공연장을 가는 것이 꽤나 골치 아픈 일이 되었고 운전이 위험하기도 하다. 이런 상황에서 당신은 시합이나 공연을 보러 가겠는가?

CASE 2 같은 시합 혹은 공연을 가정해보자. 하지만 이번에는 당신이 직접 돈을 주고 티켓을 구입한 것이며, 다른 사람에게 되팔 수도 없다. 이런 상황에서 당신은 시합 혹은 공연을 보러 가겠는가?

우리가 빠지기 쉬운 '손실 회피(loss aversion)'의 한 유형을 1980년에 리차드 탈러(Richard Thaler)는 '매몰 비용 오류(sunk cost fallacy)'라고 표현했다. 대부분의 사람들이 이 같은 심리학적인 함정에 빠지기 때문에 중요한 시합이나 공연 티켓을 직접 구입한 경우에는 위험한 눈보라 속을 헤쳐서라도 공연장까지 가고, 공짜로 얻은 경우에는 가지 않는다는 것이다.

사실 티켓 대금은 이미 지불된 것이므로 어떤 선택을 하든 상황은 특별히 달라질 것이 없다. 경기장이나 공연장을 가든 혹은 집에서 텔레비전을 보든 돈은 되돌아오지 않는 것이다. 시합이나 공연을 보러 가다가 행여 죽기라도 하거나 부상이라도 당하게 되면, 불필요한 비용만 부담하게 될 우려마저 있다. 즉, 티켓을 공짜로 받은 것이든 직접 돈을 내고 구입한 것이든 눈보라로 인한 위험에는 변함이 없다. 그러나 그것이 그렇지 않다는 것, 즉 돈이 되돌아오든 오지 않든 상관없이 직접 돈을 지불하고 구입한 티켓이 더 가치가 있다고 생각하는 것이 '매몰 비용 오류'의 한 예다. 이는 단순한 가설 이론이 아니다.

1985년에 〈조직적 행동과 인간의 의사결정 과정(Organizational Behavior and Human Decision Process)〉이라는 학술지에 실린 '매몰 비용의 심리학'이라는 연구 논문 속에서 오하이오 대학교의 헐 아크스(Hal R. Arkes)와 캐서린 블루머(Catherine Blumer)가 실시한 흥미로운 실험 결과가 보고되었다.

두 사람은 1982년에서 1983년 사이 오하이오 대학 극장의 티켓 예매자들에게 할인된 티켓을 무작위로 배포했다. 첫 번째 그룹에는 할인 없이 일반요금인 15달러를 그대로 적용했다. 두 번째 그룹에는 티켓 한 장당 2달러를 할인해주었다. 세 번째로 행운의 연극 애호가 그룹에는 티켓 한 장당 7달러를 할인해주었다. 할인을 받은 두 그룹에는 대학 차원에서 추진하는 연극 진흥책의 일환이라고 설명했다. 결과는 어떻게 되었을까?

돈을 많이 지불한 사람일수록, 즉 할인을 덜 받은 그룹일수록 극장을 방문하는 횟수가 많았다. 이론상으로는 극장 방문에는 아무런 차이가 없어야 옳다. 어느 그룹이나 티켓을 산 순간에는 당연히 극장에 가고 모두 원래의 티켓 금액을 지불할 생각이었을 것이다. 그들은 모두 한창 흥행 중인 연극 티켓을 구입했다. 구입한 날로부터 멀어짐에 따라 그러한 현상은 줄어들긴 했지만, 더 많은 돈을 지불한 사람일수록 더 열심히 극장을 찾는다는 결과는 피할 수 없었다.

아크스와 블루머는 '손실 회피'라는 감정을 넘어 사람들이 왜 '투자한 비용'에 그렇게도 많은 영향을 받는지를 설명했다. 이에 따르면, 연극을 보러 가지 않았을 때 사람들은 사용하지 않은 티켓을 '손실'이라고 간주한다. 그러므로 티켓의 가격이 높을수록 피하고 싶은 손실도 커지게 되는 셈이므로, 사람들은 어떻게든 연극을 보러 가려고 애를 쓴다는 것이다. 즉, 많은 사람들이 연극을 보러 가든 집에서 뒹굴든 이미 돈은 지불되었다는 사실은 신경 쓰지 않는다.

두 사람은 더욱 흥미로운 사실을 보고했다. 아마 모두 공감할 것이다. 그들의 실험에 의하면 사람들이 '매몰 비용 오류'의 희생양이 되는 것은 자신이 낭비하는 것처럼 보이고 싶지 않기 때문이다. 남들의 이목을 신경 써서가 아니라 돈 쓰는 방법에 있어 스스로 엄격한 재판관이 되는 것이다. 특히 아크스와 블루머는 조사에 응해준 89명의 사람들로부터 다음 시나리오에 대한 응답을 받아 그 결과를 토대로 자신들의 결론을 보강했다.

CASE 귀가 도중 당신은 근처의 식료품 가게에서 냉동식품을 할인된 가격인 3달러에 구입했다. 몇 시간 후 저녁 식사를 하려다 문득 친구가 떠올랐다. 당신은 친구에게 전화를 걸어 같이 저녁 식사를 하고 TV를 보지 않겠느냐는 제안을 했다. 친구는 흔쾌히 응했고 당신은 똑같은 냉동식품을 하나 더 사러 가게로 갔다. 그러나 할인제품은 모두 품절 되어 하는 수 없이 정가인 5달러를 주고 샀다. 집에 돌아와 냉동식품 두 개를 오븐에 넣고 조리가 거의 끝나갈 무렵 전화벨이 울렸다. 친구가 갑자기 몸이 안 좋아져 올 수가 없다는 것이었다. 혼자서 냉동식품 두 개를 다 먹을 수는 없고, 다시 냉동할 수도 없어서 결국 하나만 먹고 하나는 버려야 하는 상황이다. 당신은 어느 쪽을 먹을 것인가?

예상한 대로 조사에 응한 대부분의 사람들(66명)은 "어느 쪽이라도 상관없다"라고 응답했다. 어느 쪽을 선택하든 이미 비용은 8달러가 들었으며, 하나는 버려야 한다는 사실에는 변함이 없기 때문이다. 그러나 놀랍게도 5달러짜리를 먹겠다고 답한 사람이 21명이나 있었다. 이들은 3달러짜리보다 5달러짜리를 버리는 것이 더 낭비라고 느꼈으리라는 것이 아크스와 블루머의 생각이었다(3달러짜리를 먹겠다고 응답한 2명에 대해서는 아크스와 블루머로서도 납득이 가지 않는다고 밝혔다).

매몰 비용 오류의 원인이 무엇이든 간에 이미 사용한 돈은 무시하고 미래의 비용과 이익에 초점을 맞추는 것이 중요하다는 것은 두말할 필요도 없다. 그렇지 않다고 생각하는 사람은 한번 가슴에 손을 얹고 생각해보기 바란다. 이제까지 자동차나 난방장치 수리 등에 돈을 들인 경우는 몇 번이나 되는가? 혹 그렇게 결정하게 된 주된 이유가 이미 거기에 돈을 많이 들였기 때문은 아니었는가?

여기서 우리의 개인적 경험을 사례로 들어보도록 하겠다. 학생 시절 아이스하키를 갓 시작했을 때 개리는 골키퍼용 무릎 보호대를 350달러에 구입했다. 하지만 개리는 골키퍼로서의 재능이 거의 없다는 사실을 깨닫게 됐다. 그럼에도 불구하고 장비를 하나둘 갖추어야 하는 단계에서 개리는 골키퍼용 스케이트, 스틱, 글러브, 어깨 보호대를 모두 사기로 결심했다. 그 이유는 무엇이었을까? 이미 골키퍼용 무릎 보호대에 큰돈을 쓴 데다, 자신이 골키퍼 자질이 없다는 사실을 인정하고 싶지 않아서였다.

그 결말은? 별반 놀라울 것도 없겠지만, 결국 개리는 자신의 미래는 얼음 위가 아니라 다른 어딘가에 있다는 사실을 깨닫고, 중고가 된 무릎 보호대와 650달러를 들여 구입한 다른 장비를 모두 합쳐 400달러에 팔아버렸다. 최초의 매몰 비용 350달러를 합쳐 최종 손실은 600달러였다.

'매몰 비용 오류'가 개인의 재정 상태에 미치는 영향은 상상하는 것보다 훨씬 크다. 세금 또한 마찬가지다. 아크스와 블루머에 따르면, 정부의 재정 지출은 기존에 그 사업에 얼마나 많은 자금이 투자되었는지에 기초해서 결정되는 경우가 매우 많다고 한다.

1981년 말 두 사람은 막대한 비용이 드는 테네시 톰빅비(Tennessee Tombigbee) 수로 계획에 대한 자금 투입이 의회에서 재검토될 예정에 있다는 사실에 주목했다. '계획 추진파'였던 테네시주 상원의원 제임스 세서(James Sasser)는 이렇게 말했다. "테네시 톰빅비 수로를 완성하는 것은 세금을 낭비하는 것이 아닙니다. 개발이 마무리되는 단계에서 계획을 중단해버리는 것이야말로 이제까지 들인 막대한 자금을 물거품으로 만드는 것이니까요." 바꿔 말하면, 계획이 좋건 나쁘건 이미 들어간 돈이 상당하기 때문에 끝까지 밀어붙여야 한다는 것이다. 이제 그 돈은 되돌아오지 않는다.

아크스와 블루머는 1981년《마더 존스(Mother-Jones)》잡지에 실린 논문에서 "'매몰 비용 오류'를 꿰뚫고 있는 약삭빠른 사람들은 이를 교묘히 이용하고 있다."라고 정확히 꼬집었다. 그 논문에는 한 원자력발전 설비 회사의 경영자가 한 발언이 인용되어 있다. "조금이라도 분별력이 있는 사람이라면 25억 달러 건설 계획을 중지할 리 없다. 원자력 에너지에 나랏돈을 2,000억 달러나 투입해놓고 중지할 정부는 없을 것이다. 기업 측은 반핵 운동가 몰래 건설 중인 공장을 늘려나가면 그만이다. 그들이 데모행진을 하고, 인허가 이의 신청을 낼 즈음에는 이미 땅 위에 100만 톤의 강철과 콘크리트 구조물이 갖춰져 있을 것이다. 그런 단계에서 누가 공사를 중단시킬 수 있겠는가."

그래서 진행하고자 하는 프로젝트에 가능한 한 많은 돈을 쏟아붓는 것은 정부의 흔한 전략이다. 매몰 비용 오류가 그 프로젝트가 지속되도록 보호하는 역할을 하기 때문이다. 적어도 냉철한 판단와 합리적인 분석이 그 결함을 지적할 때까지는 말이다.

부자의 생각법, 부자의 행동 방식

2

두 번째 조언

체크 포인트

다음과 같은 증상이 있으면, 당신은 '손실 회피' 또는 '매몰 비용 오류'에 사로잡혀 있을 가능성이 있다.

- 이제까지 어느 정도의 돈을 들였는지에 따라 중요한 지출을 결정한다.
- 일반적으로 주식보다는 채권을 선호한다.
- 하락하는 주식보다 상승하는 주식을 쉽게 판다.
- 주가가 하락하면 주식을 팔아서 현금화시키고 싶은 유혹이 강하게 든다.

이 책을 통해 우리는 점차 많은 개인이 뮤추얼펀드, 특히 주식과 채권에 연동되는 이상의 실적을 보여주는 인덱스 뮤추얼펀드에 투자함으로써 자동으로 투자에 접근해야 한다는 주장을 할 것이다.

대부분의 사람들은 일부러 주식투자에 참여하는 비중을 축소하고 싶어하지 않는다. 재밌기도 하고, 또 필요하기 때문이다. 더욱이 손실 회피와 매몰 비용 오류는 주식이나 채권을 사고파는 결정에만 영향을 끼치는 것이 아니다. 그래서 독자 여러분이 가장 현명한 결정을 내릴 수 있도록 몇 가지 제안을 해보고자 한다.

피해를 분산한다

개별 주식에 투자하는 것은 재미있을 뿐만 아니라 수익성이 있고 교육적일 수도 있다. 하지만 우리는 자신의 종목 선정 능력에 너무 많은 돈을 걸었다가 거의 날려버린 아마추어 투자자들을 많이 보아왔다. 그래서 이런 조언을 해주고 싶다. 당신이 가진 자금의 10%만 개별 종목에 투자하라. 나머지는 다른 투자상품에 분산되어야 한다.

감당할 수 있는 손실이 어디까지인지 테스트하라

일반적으로 손실 회피에 대해 우리가 해줄 수 있는 최고의 조언은 스스로 본인이 생각하는 것보다 돈을 잃는 것에 민감하다고 가정해보라는 것이다. 그렇게 하면, 스스로 내린 결정으로 감당하기 힘든 곤경에 처하는 일은 피할 수 있을 것이다. 또 뒤늦게 잘못된 선택을 후회하는 일도 줄어들 것이다.

그러나 대부분의 사람들은 이 책에서 논하고 있는 심리학적 함정에 자신이 쉽게 빠져든다는 것을 인정하려 들지 않는다. 특히 자신이 투자자로서 감각이 뛰어나다고 자신하는 사람일수록 더 그렇다. 실제로 당신은 세상에서 제일 현명하고 합리적인 투자자일지도 모르고, 스스로만 그렇게 생각하고 있는 것일 뿐인지도 모른다.

손실 회피 편향이 어느 정도인지(다시 말해, 어느 정도까지 위험을 견딜 수 있는지)를 평가하는 것이 중요한 것도 이 때문이다. 이미 언급한 대로 '손실 회피'는 크게 다른 두 가지 방식으로 영향을 미친다. 그러므로 독자 여러분은 전혀 다른 유형의 두 가지 질문에 대답해야 한다.

첫 번째 질문: "내일 주가가 25% 하락한다면, 투자금의 전부 또는 일부를 빼고 싶은 유혹을 느끼겠는가?

이 질문의 목표는 당신이 배를 빨리 포기하는 편인지 확인하려는 것이다. 즉 손실에 대한 두려움이 너무 커서 문제 상황이 발생한다는 신호가 나타났을 때 자제심을 잃는지 여부를 판단할 수 있다. 이는 오늘날 세계 경제 전반, 특히 주식 시장의 불확실성을 고려할 때 매우 적절한 질문이다. 그러니 솔직하게 자문해보라. 만약 '그렇다.'라면 당신은 주식 시장의 변동에 제대로 준비가 되어있지 않은 것이다.

두 번째 질문: "당신은 5,000달러를 들여 산 테슬라 주식 1만 달러어치와 2만 달러를 들여 산 포드 주식 1만 달러어치를 가지고 있다. 곧 당신 자녀의 1학기 수업료 1만 달러의 납기일이 다가온다. 당신은 어느 쪽 주식을 팔겠는가?"

이 질문의 의도는 당신이 손실 회피성향으로 인해 잘못된 투자에 집착하는지 알아보기 위한 것이다. 가능한 한 현실적으로 대답해주기 바란다. 대답이 "테슬라"라면 다른 사람들과 마찬가지로 당신에게 미래는 없다. 손실에 대한 두려움으로 필요 이상 돈을 잃게 될 것이기 때문이다(각각의 주식을 5,000달러씩 파는 것이 최선책이다. 그러면 세금을 내지 않아도 된다!).

투자를 분산한다

당연한 말이겠지만 돈을 잃는 고통을 피하려면 돈을 잃지 않으면 된다! 아직 그 방법까지 찾아내지는 못했지만 투자 손실을 최소화할 수는 있다. 투자를 분산하는 것이다. 투자 포트폴리오를 주식(또는 주식 뮤추얼펀드), 채권(또는 채권 뮤추얼펀드), MMF 그리고 부동산(집이 없다면 부동산 투자신탁) 등으로 나누어 구성한다.

포트폴리오 배분 이론이나 그 밖의 조언은 생략하기로 한다. 분산 투자의 이면에 있는 행동경제학적 논리는 여러분의 총 투자액 중 일부(예컨대, 주식투자)에서 손해를 보더라도 다른 부분(예컨대, 채권이나 부동산)의 이익으로 상쇄될 수 있다는 것이다. 따라서 손해를 보더라도 포트폴리오의 다른 부분에서 이익이 날 수 있으므로 감정적인 반응이나 충동적인 행동을 덜 하게 될 것이다.

우리가 분산 투자를 강력히 주장하는 데는 또 한 가지 이유가 있다. 오늘날 대부분의 미국인이 부(富)를 축적하는 최선의 방법이 주식이라고 믿고 있다는 것은 충분히 짐작할 수 있을 것이다. 이 같은 견해는 과거 수십 년 간 주식 시장의 역사가 보여주는 성과에 기초한다. 그렇긴 하지만 여기서 경고를 하지 않고 넘어갈 수는 없을 것 같다.

이미 언급했듯이, 지금은 주식 시장 역사상 가장 변동성이 큰 시기다. 그러나 많은 투자자가 주식에 환상이 깨져버린 한 가지 이유는 그동안 구축해온 '주식은 오직 한 방향, 우상향으로만 움직인다.'는 믿음을 가졌기 때문이다. 이런 집단적 자기기만에 빠진 것을 자책할 사람들이 많겠지만, 솔직히 우리는 아니다. 이 책의 이전 판에서 언급했던 구절을 다시 인용해보겠다:

"앞서도 언급했듯이 이 책을 집필하고 있는 시점에서 주가는 사상 최고치를 기록했다. 솔직히 말해, 이제 곧 주가가 하락할 것으로 예상되는 상황이다. 상승을 거듭한 후에 주가가 하락하는 것은 주식 시장의 역사를 보면 알 수 있다. 물론 정말로 떨어질지, 또 떨어진다면 그것이 언제쯤인지는 우리도 모른다. 상승이 멈춘 순간이 언제 닥칠지는 누구도 알 수가 없다는 것이 핵심이다. 이제 우리는 주식이 앞으로도 과거와 같은 실적을 올린다고 기대할 수 없는 이유는 무엇인지, 그럼에도 불구하고 투자 포트폴리오의 원동력으로서 주식만 한 것이 없는 이유는 무엇인지를 설명하고자 한다."

저 마지막 문장은 오늘날의 상황에 특히 잘 들어맞는다. 앞으로는 어떤 자산도 과거처럼 번창한다는 보장이 없다는 것, 이것이 우리가 강조하고 싶은 요점이다. 그렇다면 당신에겐 두 가지 선택지가 남는다.

❶ 돈을 매트리스 밑에 숨겨놓고 퇴직 후의 생활을 유지할 수 있을 만큼의 돈을 소득이 있는 동안 저축해둔다.
❷ 다소간의 위험은 있어도 시간이 지남에 따라 가치가 상승할 기회가 있는 자산에 투자한다.

대부분의 사람에게 ❶은 현실적인 선택지가 아니다. 퇴직 후의 생활을 지탱할 수 있을 만큼의 돈은 저절로 쌓이지 않는다. 요즘과 같이 인플레이션에 의해 돈의 구매력이 떨어지는 시기에는 더욱 그러하다. 그렇다면 남은 선택지는 ❷다. 그렇다면 돈을 어떻게든 투자하지 않으면 안 된다. 이제부터는 운명이 걸린 투자처를 어떻게 선택할지가 관건이다. 다시 원점으로 돌아왔다.

주식에 투자해야 할 정당한 이유는 많겠지만 대체로 '주가가 상승하는 속도가 인플레이션에 의해 돈의 구매력이 떨어지는 속도보다 빠르기 때문'이다. 물론 이점도 중요하지만, 투자 포트폴리오에서 주식 비중을 가장 크게 잡아야 하는 본질적 이유는 바로 이것이다. 생각해보면 미래에 확실히 돈이 있으려면, 앞으로도 계속 돈을 벌면 된다. 즉, 어떤 자산의 가치가 상승할 것인지 예측하는 일은 접어두고, 대신 제품이나 서비스를 팔아 이익을 남기는 데 초점을 맞추면 된다. 물론 대부분 스스로 회사를 직접 차린다는 생각은 하지도 못하며, 그럴 만한 돈이나 기술도 가지고 있지 않다. 바로 그렇기 때문에 이익을 얻기 위한 차선책으로 주식투자를 하는 것이다.

기억해두기 바란다. 주식은 회사의 소유권을 나타낸다. 이 점이 바로 워런 버핏(Warren Buffett)이 자신의 회사가 다른 회사 주식에 투자하는 것을 사업의 일환이라고 여기는 이유다. 주식에 투자하여 성공한다면 미래의 경제 상황에 관계없이 수익을 올리는 회사의 소유자 중 한 사람이 될 수 있는 것이다. 이론적으로 그러한 회사의 소유자는 주가가 상승하든지, 회사의 이익을 배당으로 받든지 해서 결국 보상을 받게 마련이다.

물론 앞으로 발전 가능성이 있는 특정 회사를 제대로 꿰뚫어 본다는 것은 쉽지 않은 일이다. 이 난제에 어떻게 대처해나갈지는 따로 설명하기로 한다. 여기서는 다음 사항에 주목해 주기 바란다. 주가를 결정하는 것은 (장기적으로 보면) 영업이익을 확대해 배당을 늘려가는 회사의 능력이라는 점이다. 과거 70년간 주식은 연평균 (인플레이션에 맞춰 조정한 숫자로) 약 6%의 수익을 내왔다. 이 숫자는 마법이나 주술의 힘으로 실현된 것이 아니다. 이 기간 동안 기업 이익은 연평균 약 3% 상승했고, 주가는 연평균 약 3%의 배당을 산출했다. 이 두 개의 숫자를 더하면 6%가 된다. 물론 인터넷 관련 주식처럼 단기적으로는 배당이나 영업이익과는 아무 상관 없이 주가가 치솟는 경우도 있다. 그러나 다시 한 번 말하지만, 대개의 주가는 회사가 벌어들이는 이익과 주주에게 주는 배당에 연동하여 상승해왔다.

지금껏 서술한 내용은 모든 돈을 주식에만 투자하라는 의미가 아니다. 자산을 여러 가지 형태로 분류해두는 것은 현명한 일이다. 주식, 채권, 부동산, 현금, 경우에 따라 금도 좋은 투자다.

5년을 당겨 생각하라

이것은 우리가 이 책의 지난 판에 포함했던 결정적인 조언이다. 투자자 대부분이 잘 알고 있듯이 주가는 급등과 급락을 반복하며 때로는 하락세가 몇 년씩 이어질 때도 있다. 그렇기 때문에 앞으로 5년 이내에 필요하게 될 돈은 주식에 넣지 말고 현금으로 보유하거나 현금성 자산(이를테면 국채)에 넣어야 한다. 꼭 이사 갈 집의 잔금만 이에 해당하는 것은 아니다. 자녀가 있다면, 대학 진학 자금을 마련하려고 저축을 시작할 때 입학 등록금을 내기까지 시간적 여유를 생후 18년이 아니라 13년으로 봐야 한다. 주식 시장에서 돈을 꺼내 CD(양도성 예금증서) 같은 곳에 넣어야 하는 시기가 바로 그때다. 그렇지 않으면 등록금으로 모아둔 돈이 시장의 변덕에 순식간에 반 토막 나는 위험을 감수해야 한다. 은퇴자금도 마찬가지다. 만일 65세에 돈이 필요하다면 혹시 모를 폭락에 대비하여 60세에 미리 주식 시장에서 찾아둬야 한다. 그리고 강세장일 때 주식을 팔아 현금을 챙길 것을 권한다. 다른 방법은 너무 위험하다.

100의 법칙을 기억하라

그러나 적어도 5년 정도의 장기저축을 시작할 계획이 없다면 당신의 투자 포트폴리오의 상당한 부분을 주식으로 채워야 한다. 단, 주가의 변동성을 얼마나 참고 견딜 수 있는지에 따라 그 파이는 달라진다. 예를 들어, 퇴직연금에서 일정한 수입이 들어오는 사람조차 인플레이션으로 떨어지는 돈의 가치를 보존하기 위해 일부는 주식에 투자해야 한다. 더 기억하기 쉽게 '100-나이 법칙'을 제시하겠다. 예를 들어 당신이 64세라면 100-64=36, 수입의 36%를 주식에 투자(한두 가지 인덱스 뮤추얼펀드에 투자하는 것이 더 바람직하다)하면 된다.

전체를 조망하는 큰 그림에 초점을 맞춘다

투자를 분산함으로써 손실의 고통을 완화시키려면 손실 또는 이익을 따로 떼어놓고 봐서는 안 된다. 개개의 투자를 거대한 전체의 일부로 생각하는 연습을 꾸준히 해야 한다. 여기에는 훈련이 필요하다. "내 주식형 뮤추얼펀드는 10% 내려갔지만, 유럽 채권은 8% 올랐어."라고 말하는 것이 누구에게나 쉬운 것은 아니다. 모든 투자 금액을 표시하고 총계를 내주는 엑셀과 같은 계산 소프트웨어나 퀵켄(Quicken)과 같은 패키지 소프트웨어를 사용하는 것이 도움이 되는 이유도 바로 여기에 있다.

메모하고 기록하라

또 아무리 번거롭더라도 시간을 들여 구체적인 투자 방침과 전략을 세우고 그것을 기록해두는 것이 중요하다. 예컨대, 포트폴리오 중에서 주식, 채권, 부동산, 현금을 각각 어느 정도의 비율로 할지를 정하여 그 배분을 재검토하는 시기(목표에 근접했다고 생각되는 시기가 좋다)와 함께 기록한다. 투자 대상에는 왜 투자했는지 이유를 써두는 것도 좋다. 가격이 떨어졌을 때 그것을 보면 그냥 기다릴지(코카콜라는 지금도 전 세계에서 가장 인기 있는 브랜드다), 팔아야 할지(아시아 경제는 내가 태국 펀드에 투자했을 때 생각했던 것만큼 좋지 않을 수도 있다) 판단하기 쉬워진다.

조사에 의하면 기록해둠으로써 투자금은 증가하고 투자 횟수는 늘어난다. 사실 이것은 매몰 비용 오류를 슬기롭게 이용하는 방법인데, 기록하는 작업에 시간과 노력을 들여 당신의 재산을 폭넓은 관점으로 투자하게 함으로써 당신의 계획을 고수할 가능성을 높이기 때문이다. 어쨌든 목표를 분명히 하고 그것을 달성하기 위한 투자를 실천한다면, 피할 수 없는 시장의 격변에도 충동적으로 반응할 가능성이 줄어들 것이다.

과거를 잊는다

사람들은 미래를 결정할 때 지나치게 과거의 행위에 얽매여 있는 경우가 많다. 사람들이 불평하면서도 직업을 쉽게 그만두지 못하는 것은, 지금까지 학교에 다니면서 투자한 시간과 돈을 헛되이 하고 싶지 않아서지, 업무에 보람을 느낀다거나 장래에 희망을 걸기 때문이 아니다. 따분한 책을 끝까지 읽는 것은 주인공이 앞으로 어떻게 될지 궁금해서가 아니라 이미 중간까지 읽었기 때문이다. 지루한 영화라도 끝까지 자리를 뜨지 않는 것은 티켓을 사버렸기 때문이지, 재미있어서가 아니다.

똑같은 심리가 돈을 다루는 데도 적용된다. 자동차 수리에 많은 돈을 들이는 것은 이미 그 자동차에 많은 돈이 들어갔기 때문이다. 테니스 레슨을 계속 받는 것은 이미 많은 돈을 내버렸기 때문이다. 하락하기만 하는 주식을 계속 보유하는 것은 그 주식을 샀던 가격을 포기하지 못해서기도 하고 투자 실패를 확정 짓고 싶지 않아서다.

이제 이런 돈은 포기하자. 독하게 굴자는 것은 아니다. 할 수만 있다면 지금까지 사용한 돈에 대한 기억을 싹 지우는(가계부와 소득 신고서를 작성할 때는 제외하고) 알약이라도 보내주고 싶다. 일단 써버린 돈이 다시 돌아오는 일은 없기 때문이다(환급금은 제외하고). 이젠 더이상 나와 관련 없는 돈이다. 돈을 사용할 때 이런 생각을 반영하는 것만으로도 생활의 질이 향상될 것이다. 예컨대, 주식(또는 집)의 매각을 생각하고 있다면, 그 행위의 목적은 부와 즐거움을 극대화하는 것이지 투자 행위(애초에 산 가격)를 정당화하는 것이 아니라는 점을 기억하자. 그런 것은 아무도 알아주지 않는다. 중요한 것은 장래의 목표를 달성하기 위해 현재 그 주식(또는 집)에 어떤 가치가 있는지다. 모든 투자를(또는 지출을) 그것이 장래 어느 정도의 이익을(또는 손실을) 가져오는가 하는 관점에서 평가하지 않으면 안 되는 것도 이 때문이다.

때로는 리셋(re-set)이 필요하다

과거를 잊으려면 어떻게 해야 할까? 우리가 제안하는 한 가지 요령은 감정적인 투자를 없애기 위해 계획을 다시 세우는 것이다. 이를 '되감기 버튼을 누른다(pressing the rewind button)'라고 부르자. 과거의 일을 모두 뒤엎고 다시 시작할 수 있다고 가정해보는 것이다.

10년 전에 산 미니밴의 트랜스미션을 교체해야 한다고 가정해보자. 최근 그 고물차의 수리에 수백 달러 또는 수천 달러를 들였다면, 아마도 당신은 '매몰 비용 오류'에 의해 트랜스미션의 교환에도 돈을 들이려 할 것이다. 여기서 이렇게 자문해보는 것이다. "그 미니밴이 어제 누군가에게서 받은 것이라면 차를 수리하는 데 돈을 쓰겠는가?" 하고 말이다. 대답이 "아니오(그 차에 그런 큰 돈을 들이는 것은 아깝다)."라면 새로운 차를 사는 편이 좋다.

마찬가지로 한 주에 100달러를 주고 산 어떤 회사의 주식이 현재는 25달러에 팔리고 있다고 하자. 문제는 자존심뿐이다. 당신이 그 가격이 싸다고 생각한다면 주식을 팔지 않고 오히려 더 사들이면 된다. 그러나 그 주식을 오늘 거래되는 가격에 살 기회가 있어도 사양하겠다면 팔아야 할 때다.

투자 대상을 평가할 때는 항상 이렇게 자문해보기 바란다. "오늘 나는 이것을 이 가격으로 살 것인가?" 만일 사지 않겠다면 당신에게 그것은 더 이상 필요하지 않다.

손실을 이익으로 바꾼다

투자 대상의 가격은 종종 하락하기도 한다. 경기가 후퇴할 때 포트폴리오의 일시적인 하락을 피할 수 있는 사람은 몇몇 운 좋은 투자자들뿐이다. 그러므로 각각의 투자 대상을 자신의 경제 상황에 기초해 개별적으로 다시 평가해야 한다. 하지만 팔아버릴 필요가 있는 자산을 파악했다 하더라도, 현실적으로 손실을 받아들이고 그 자산을 처분하는 것은 여전히 쉽지 않다.

이 장애물을 극복하는 한 가지 방법은 손실을 이익으로 바꿔버리는 것이다. 가장 간단한 것으로는 손해를 보고 투자 대상을 팔면 세금 공제 대상이 된다는 점을 기억하는 거다. 투자한 후 12개월 이내의 손실은 양도소득에서 공제되고, 투자한 후 12개월이 지난 후의 손실은 통상 수입에서 공제된다. 잠재적인 손실을 이득으로, 즉 세금이 줄어들게 되었으니 이익이라고 생각함으로써 손실로 인한 마음의 동요를 극복할 수 있다.

사례를 들어보자. 어떤 회사의 주식을 3년 전에 한 주에 100달러씩 100주를 구입하여 모두 1만 달러를 투자했다고 하자. 그것을 오늘 한 주에 70달러에 판다면 총 3,000달러를 손해 보게 된다. 그러나 당신의 연방 과세 등급이 28%라면 당신은 그 손실로 840달러의 이익을 얻는 것이나 다름없다. 이것이 일종의 이익이 아니고 무엇이겠는가?

'베버의 법칙'을 이용한다

자극의 절대적인 수준이 올라갈수록 자극의 변화를 느끼기 어려워진다는 베버의 법칙을 떠올리기 바란다. 15파운드의 아령에 5파운드를 더하는 것은 엄청난 차이를 느끼게 하지만, 200파운드의 역기에 5파운드의 중량을 더하는 것은 별 차이가 없게 느껴지는 것도 바로 이 때문이다. 또 볼링장에서의 아르바이트 시급이 1달러 오르는 것이 정규직 근무의 시급(아마도 좀 더 높은)이 같은 액수만큼 오르는 것보다 중요하게 느껴지는 것도 이 같은 이유에서다.

이러한 예를 통해 일상생활에서 얻는 이익으로 인한 기쁨을 극대화하려면, 가능한 한 '이익을 세분화해야 한다'는 것을 알 수 있다. 즉, 이익을 분산시키는 것이다. 예컨대, 지방세와 국세의 환급금을 같은 날 받고 싶지는 않을 것이다. 분명 그 두 가지가 정신적으로 한데 합쳐져 기쁨이 그만큼 축소될 것이기 때문이다. 하루에 1,000달러를 받는 기쁨은 이번 주에 700달러, 다음 주에 300달러를 나누어서 받는 기쁨보다 작게 마련이다.

물론 세금 환급 일자를 자신이 결정할 수는 없다. 하지만 일상생활에서 생기는 돈은 대부분 들어오는 날을 자신이 선택할 수 있으므로 가능한 한 분산시키는 것이 좋다. 똑같은 원리로 손실은 한 데 합치는 것이 좋다. 충치가 몇 개 있다면 한 번에 모든 치료를 끝내는 것이 좋다. 병원을 몇 번 드나들면서 여러 번의 스트레스를 받을 필요는 없다. '베버의 법칙'에 따르면, 불쾌한 것을 두 번 경험하는 고통은 한 번에 몰아서 경험하는 것보다 크다. 따라서 세금을 납부하는 경우에도 지방세와 국세를 한 번에 내는 것이 좋다.

자신의 투자에 조금 무관심해져라

뭐라고! 이건 또 무슨 소리인가? 고생해서 번 돈에 관심을 두지 말라는 이야기는 아니니 걱정할 필요는 없다. 수많은 설문 조사에 따르면 투자자의 3분의 1에서 절반가량은 최소 일주일에 한 번씩 포트폴리오를 점검한다고 한다. 이는 너무도 잦다. 투자를 점검하는 빈도가 높을수록 주식이나 채권시장에서 일어나는 피할 수 없는 변동이 눈에 들어오게 된다. 그리고 그에 반응하고 싶은 충동에 휩싸이게 된다. 주식 시장에서 단기적으로 일어나는 변동은 대개 대중심리와 소문에 의한 것일 가능성이 높다. 주가는 장기적으로 보면 사실과 이익에 기반해 움직인다. 전설적인 투자가 겸 금융학 교수인 벤자민 그레이엄(Benjamin Graham)이 주식 시장을 "단기적으로는 투표용 기계지만, 장기적으로는 저울"이라고 말한 적이 있다. 그러니 투표하지 말고, 무게를 달아라.

　대개의 투자자에게(실상 프로가 아닌 모든 투자자) 자산 분배에 필요한 포트폴리오 점검은 일 년에 한 번이면 충분하다. 분명 미국 연방준비제도이사회 의장이 재채기를 하거나 빙그레 미소 지을 때마다 일어나는 시장의 등락은 놓쳐버릴지도 모른다. 그러나 그럼으로써 경제적인 문제로 마구 흔들릴 마음의 평안만큼은 지킬 수 있다.

제3장

정체가 드러난
돈 안의 악마

사람들은 왜 변화를 싫어할까?

나는 십자로까지 걸어갔다. 그리고 무릎 꿇었다.
—로버트 존슨의 〈십자로(Crossroads)〉
(1960년대의 록밴드 크림(Cream)의 히트곡)

결정하지 않기로 했다고 해도 무언가를 선택했다는 데는 변함이 없다.
—〈자유의지(Freewill)〉
(1970년대의 록밴드 러쉬(Rush)의 히트곡)

돈을 쓰는 방식을 둘러싼 문제 중에는 '행동(commission)'의 죄뿐만 아니라 '태만(omission)'의 죄도 있다. 실제로 엄청난 손해를 본 사람들이 저지른 금전적인 과실은 행동하지 않음으로써 일어난 것이다. 꼭 무언가를 저질러야만 재산상의 피해가 발생하는 것이 아니다. 아무 선택도 하지 않아서 일어나는 경우도 있다. 왜 사람들은 아무런 결정도 내리려 하지 않는 것일까? 보다 정확히 말해, 왜 변화를 주려 하지 않는 것일까? 이를 이해하기 위해 대니얼 카너먼과 아모스 트버스키의 기초연구로 다시 돌아가 보자.

앞서 언급했듯이, 전망 이론의 도움을 빌리면 손실 회피와 매몰 비용 오류에 사로잡힌 사람들이 왜 경제적으로 최선이라고 할 수 없는 행동으로 치닫는지를 설명할 수 있다. 예컨대, 주가가 떨어지면 돈을 잃은 고통에서 벗어나기 위해 투자자들은 주식 시장에서 무분별하게 돈을 빼내고 만다. 마찬가지로 자동차를 가지고 있는 사람들은 이미 수리하는 데 돈이 많이 들어갔다는 이유만으로 더 많은 돈을 쏟아붓게 된다.

이 두 가지 사례만 보더라도 '손실 회피'와 '매몰 비용 오류'로 인해 우리가 어떤 행동을 하게 되는지(실제로 무엇을 행하는지)를 알 수 있다. 그러나 전망 이론은 이에 더해 이 두 가지 성향 때문에 우리가 어떻게 행동을 기피하고 미루게 되는지에 대해서도 설명할 수 있다.

실제로 사람들은 손실 회피와 그 밖의 몇 가지 요인들(특히 '후회에 대한 공포'와 '익숙한 것에 대한 집착')에 영향을 받아 미래를 대비한 수많은 결정의 순간마다 불안감을 내비친다. 이 같은 현상을 '결정 마비(decision paralysis)'라고 부르기로 한다.

이번 장에서는 사람들이 결정에 이르는 과정을 살펴보려고 한다. 일반적으로 결정은 어떻게 이루어지는지 그리고 사람들이 '결정 내릴 수 없는 것'으로 결정하는 이유는 무엇인지에 대해 검토해볼 것이다. 여기에 작용하고 있는 복잡한 힘을 이해한다면, 선택이나 변경이 왜 그토록 부담스러운 일인지를 납득하게 될 것이다. 이 같은 현상은 차량 렌트에서부터 주택 구입에 이르기까지 여러 가지 상황에서 사람들의 족쇄가 되고 있다. 물론 판돈이 클수록 우리가 느끼는 갈등도 증폭된다. 그리고 대부분의 사람에게 돈과 관련된 선택만큼 큰 도박은 없다.

인간은 돈 앞에서 결단을 못 내린다

CASE 1 당신은 TV를 사려고 생각하고 있다. 아직 어떤 브랜드의 제품으로 할지, 또 가격은 어느 정도로 할지조차 결정하지 않았다. 그러던 어느 날 전자제품 대리점 앞을 지나가다 소니의 인기 있는 TV가 1,990달러에 할인 판매되고 있는 것을 보게 되었다. 그 가격이라면 소매가보다 훨씬 싸다. 그

렇다면 당신은,

❶ 소니 TV를 살 것인가?
❷ 다른 회사의 모델을 더 찾아볼 것인가?

CASE 2 같은 상황에서 이번에는 아이와(Aiwa)의 고급 TV도 2,590달러에 할인 판매되고 있다고 하자. 그 가격도 소매가보다 훨씬 싸다. 그렇다면 당신은,

❶ 소니 TV를 살 것인가?
❷ 아이와 TV를 살 것인가?
❸ 사지 않고 다른 회사의 모델을 더 찾아볼 것인가?

아모스 트버스키와 프린스턴 대학교의 심리학자 엘다 샤퍼가 이 두 가지 시나리오를 스탠퍼드 대학교와 프린스턴 대학교의 두 그룹의 학생들에게 제시한 결과, 흥미로운 데이터가 나왔다. 첫 번째 시나리오를 제시받은 그룹의 학생 대부분은 소니 TV를 사겠다는 응답을 했다. 사지 않고 다른 가게도 가보겠다고 답한 학생은 약 3분의 1이었다.

이 구입 결정은 합리적이었다고 할 수 있다. 그 가격에 소니 TV를 산다는 것은 좋은 기회였고, 마침 TV를 사려고 하던 차였으니 말이다.

한편, 두 번째 시나리오를 받은 그룹에서는 4분의 1이 약간 넘은 정도(27%)가 소니 제품을 산다고 응답했다. 그리고 비슷한 정도의 학생들이 아이와 제품을 사겠다고 응답했다. 그러나 이번에는 절반에 가까운 학생들(46%)이 어느 쪽도 사지 않겠다는 응답을 했다.

이 같은 아이러니에 주목하길 바란다. 아이와라는 뛰어난 제품이 하나 더 추가되어 선택의 폭이 넓어지자 모든 기회를 포기하는 학생들이 늘어난 것이다. 어떤 의미에서 이 실험에서 얻을 수 있는 결론—사람들은 선택지가 많으면 많을수록 아무것도 선택하지 않게 된다—은 특별히 놀랄 것도 아니다.

하지만 트버스키와 샤퍼는 단지 선택의 폭이 늘어났다는 한 가지 이유만으로 학생들이 TV 구입을 미뤘다고 단정 지을 수 없다는 것을 깨달았다. 두 사람이 행한 또 다른 실험에서 그 같은 결론이 들어맞지 않았던 것이다. 그 실험에서는 위에 제시한 두 번째 시나리오에서 아이와 TV 대신 브랜드 가치가 훨씬 떨어지는 제품을 제시했다. 그랬더니 사지 않고 다른 모델을 더 탐색하겠다는 대답을 한 학생은 4분의 1에 불과했다.

트버스키와 샤퍼는 '갈등 상황에서의 선택(choice under conflict)'이라는 이론을 체계화하면서 '매력적인 선택지가 많을 때 사람들은 행동을 미루거나 아무 행동도 하지 않을 가능성이 크다'라는 것을 깨달았다.

　심리학자인 쉬너 세티(Sheena Sethi)와 마크 레퍼(Mark Lepper)가 캘리포니아주의 고급 식료품 가게에서 행한 연구를 검토해보자. 이 가게에는 고객의 다양한 기호에 부응하기 위해 250종류의 머스터드와 75종류의 올리브오일 그리고 300종류가 넘는 잼이 구비되어 있다. 세티와 레퍼는 가게의 양해를 얻어 자신들의 창의적인 실험을 위해 2주 연속으로 토요일마다 가게 안에서 시식 코너를 마련했다. 그리고 시식 코너에서 다루는 상품들을 한 시간 간격으로 교체했다. 24종류의 잼을 한 시간 동안 진열하면 그 다음 한 시간은 6종류의 잼을 진열해놓는 식이었다. 이 두 종류의 시식용 잼 세트는 평균적으로 맛의 정도가 똑같은 것으로 맞추기 위해 매우 신중하게 엄선했다. 실험 중인 코너에 들른 사람들 모두에게 가게 안의 모든 잼에 사용할 수 있는 1달러 할인 쿠폰을 배부했다. 쿠폰에 기재된 바코드에는 시식 코너에 들어섰을 때 진열되어 있던 잼이 24종류였는지, 6종류였는지를 나타내는 정보가 담겨 있었다.

　이 두 심리학자의 관심은 바로 여기에 있었다. 즉, 24종류의 잼을 구경한 사람들이 너무 많은 선택지에 갈피를 못 잡고 무엇을 살 것인지 제대로 결정하지 못해, 6종류의 잼만 구경한 사람들보다도 구매율이 떨어지지는 않을까 하는 것이었다. 물론 바코드 덕분에 고객들의 행동을 추적하는 것은 어렵지 않았다. 실험 결과, 실제로 6종류의 잼만 구경한 사람들 쪽이 구매율이 높았다. 산만할 정도로 많은 24종류의 잼이 진열되어 있을 때 시식 코너를 찾은 사람들이 6종류의 잼이 진열되어 있을 때보다 더 많았지만(145명 대 104명), 6종류를 맛본 사람들의 30퍼센트가 그 후 잼을 구입한 데 반해, 24종류를 구경했던 사람 중 잼을 구입한 사람은 3퍼센트에 불과했다. 바꿔 말하면, 선택지가 늘어날수록 선택이 어려워졌다는 것이다.

언뜻 상식처럼 여겨질지도 모르는 이러한 발견의 결과는 현대 사회 전반에 넓고 깊게 침투해 있다. 실제로 우리는 선택 갈등(choice conflict)이 21세기 초에 미국에서 상품, 서비스 그리고 기회 등 선택의 폭이 끝없이 넓어짐으로써 선택의 자유 또한 확대된 것으로 정의되는 '진보'의 이유 중 하나일 것으로 추정한다.

사람들은 TV, 휴가, 업무 등에 대해 거의 무한정한 선택지를 원한다고 생각할지도 모른다. 하지만 무슨 이유에서인지 이렇게 폭발적으로 늘어나는 선택의 자유로 인해 사람들은 오히려 불안에 휩싸이고 선택의 어려움에 직면한다. 선택지의 구성이 훌륭할수록 그러한 경향은 특히 더 두드러진다.

이는 당신이 '최대추구자(maximizer)'인지 '만족추구자(satisficer)'인지에 따라 더욱 달라진다. 1950년대 저명한 수학자 허버트 사이먼(Herbert Simon, 그를 구글에서 검색해보면 놀랄 것이다)의 연구에서 알 수 있는 이러한 결정적인 차이는 우리 대부분이 결정을 내리는 것에 두 가지 주요 방식을 가지고 있다는 것이다. 최대추구자들은 선택에 대한 모든 것을 알고 싶어 한다. 그들은 최선의 선택을 하기 위한 선택지를 조사하기 위해 많은 시간과 노력, 감정을 들이기 때문이다. 반면 만족추구자들은 '적당히 좋은 것'을 찾고 있으며, 일반적으로 이용 가능한 최선의 정보 및 직감, '신뢰할 수 있는 심사인(trusted screeners)'이라 부르는 조언의 조합을 통해 선택을 내린다(자세한 내용은 본 장의 조언 부분에서 다루겠다). 물론, 어떤 이들은 다른 사람들보다 더 최대화하거나 만족하는 성향을 가지고 있지만, 대부분의 사람들은 상황에 따라 두 성향을 번갈아가며 택한다. 앞서 말한 연구에 따르면 '최대화(maximizing)'는 자신의 선택에 더욱 확신을 가질 수 있게 하기 때문에 긍정적인 특성이라고 볼 수 있다. 그러나 우리는 최대화의 과정이 많은 이들에게 긍정적인 감정보다는 부정적인 감정을 상기시킬 수 있다고 본다.

그 이유 중 한 가지는 2001년 발표된 〈더 나은 선택을 함에도 불쾌해지는 것(Doing Better but Feeling Worse)〉 연구를 통해 더욱 확실해졌다. 여기서 콜롬비아 대학 동료인 레이첼 웰스(Rachael Wells), 심리학 교수 배리 슈워츠(Barry Schwartz)와 함께 쉬나 아이엥거(Sheena Iyengar)는 1년간의 구직 활동과 실제 근무를 통해 대학 졸업생들을 추적한 실험의 결과를 서술했다. 짐작할 수 있듯이, 최대화를 추구하는 학생들은 적정 만족을 추구하는 학생들보다 평균 20% 더 많은 수입을 얻는 직업을 얻었다. 그러나 적정 만족을 추구하는 학생들은 자신의 선택에 훨씬 더 만족하는 경향을 보였으며, 직장 내 초기 만족도를 유지했다.

  왜 이런 일이 일어났을까? 더 나은 결과를 얻지 못했음에도 만족도가 높은 이유는 무엇일까? 만족추구자들이 최대추구자보다 행복하다는 점을 시사하는 연구가 많지는 않지만, 그 원인의 일부는 성격으로 돌릴 수도 있겠다. 그러나 이 부분에도 다른 여러 문제에서와 마찬가지로 TMI(=Too Much Information, 지나치게 많은 정보)의 부작용이라는 것이 있을 수 있다. 결국, 최대화는 결정자에게 너무 많은 선택지를 부여한다. 그리고 우리는 너무 많은 선택지는 오히려 결정을 마비시키고 불안하게 만든다는 것을 안다. 하지만 더 넓은 선택지에서 결정하는 것이 가능할지라도 아이엥거와 레퍼의 연구가 시사하는 대로 당신의 선택에 덜 만족하게 될 것이다. 다수의 최대추구자들처럼 말이다.

또 다른 소비 관련 실험에서는 연구원들이 시식 코너에 6종류의 초콜릿과 30종류 초콜릿을 마련해놓았다. 그리고 각각의 경우 모두 소비자들이 구매 이후 그들의 만족도를 1점부터 10점까지 점수를 매기도록 요구했다. 어떻게 되었을까? 6종류의 선택지에서 결정을 한 소비자들은 그렇지 않은 소비자들보다 15퍼센트 더 그들의 선택에 만족했다. 우리가 6종류 선택지를 통해 초콜릿을 고를 때에는, 결과적으로 선택한 제품보다 더 나은 선택의 가능성이 몇 개 되지 않는다고 생각할 수 있다. 그러나 30종류의 선택지에서는 선택한 초콜릿을 좋아하는 만큼이나 더 나은 선택이 될 수 있었을 나머지 29가지가 떠오르게 된다.

욕망의 눈

옵션은 사기꾼과 같다. 옵션은 즐거움을 담보로 유혹하지만, 종종 우리를 혼란스럽고 아쉬워하게 한다. 몇 년 전 마케팅 전공 교수 데보라 비아나 톰슨(Debora Viana Thompson), 레베카 해밀턴(Rebecca Hamilton) 그리고 롤랜드 러스트(Roland Rust)가 한 실험을 살펴보자. 소비자에게 몇 가지 디지털 디바이스

(비디오 플레이어, PDA와 같은 것들)를 선택할 수 있는 옵션을 주었을 때 10명 중 6명이 가장 많은 기능이 있는 것을 선택했다. 또한, 기능을 원하는 대로 설정할 수 있게 되자 보통의 경우 사람들은 25개의 기능 중 20개를 선택했다. 그러나 실제로 새 기기를 사용하게 되었을 때 소비자들 대부분은 '기능 피로(feature fatigue, 제품의 기능이 너무 다양해서 생기는 정신적 피로)'를 겪었다. 즉, 그들은 그 모든 추가 기능을 사용하는 것에 쉽게 지쳐버렸다. 기능을 사용하는 법을 배우는 것조차 쉽지 않았다. 그들은 논문에서 사람들은 물건을 살 때, 가용성보다 기능성을 높게 평가하는 경향이 있다고 논한다. 인간에게는 '욕망의 눈'이 있다고 할 수 있는데, 이는 샐러드 바에서 접시에 음식을 잔뜩 담을 때는 상관없겠지만 절대 사용하지 않을 기능이나 옵션을 위해 돈을 더 쓰려고 할 때는 낭비 그 이상도 이하도 아니다.

좋은 게 너무 많아도 골치

'컨슈머리즘(consumerism: 소비자 중심주의)'이 생활에 어떤 영향을 미쳤는지를 생각하는 것은 여기서 접어두기로 하고, 이제 다시 돈 이야기로 돌아가 보도록 하자.

'결정 마비' 상태에 빠져버리면 이런 문제가 발생할 수 있다.

구매 결정을 미루는 사이 구매 품목의 할인판매가 끝나거나 가격이 오르거나 품절이 될 수도 있다. 꿈에 그리던 내 집 마련을 눈앞에 두고 결단을 내리고 있지 못하는 사이 다른 입찰자가 나타나 가격이 훌쩍 뛰어버렸다는 등의 이야기를 주위에서 들은 적(혹은 스스로가 경험한 것)이 있지 않은가?

하지만 보다 심각한 문제는 오늘날 우리가 마주하는 투자의 선택지가 너무 많기 때문에 발생하는 선택의 갈등이다. 아이러니하게도 미국 '부(富)의 민주화'의 가장 중요한 성과 중의 하나인 뮤추얼펀드의 폭발적인 성장과 확정 분담형 퇴직연금(Defined Contribution Retirement Plans)의 빠른 보급은 돈을 둘러싼 엄청난 고뇌의 원인이 되고 있다. 오늘날 공식적으로 거래되고 있는 주식과 채권의 종류는 8,000여 개 이상에 달한다. 사람들이 투자처를 선택하려 할 때 결정 마비에 시달리는 것은 이상한 일도 아니다.

이 같은 결정 마비 상태는 명백한 형태로도, 이해하기 조금 어려운 형태로도 나타난다. 그러나 확실한 것은 이 결정 마비가 미국인들이 은행예금과 예금 증명서, MMA(Money Market Account) 등에 수조 달러씩 돈을 모아두고 있게 만드는 한 가지 원인이라는 것이다. 물론 그 돈의 일부는 언제라도 현금화할 수 있으며, 예금자보험으로 원금이 보장되는 은행예금은 현존하는 투자처 중 가장 안전한 부류에 속한다는 장점이 있다. 하지만 유동성과 안전성만이 이러한 막대한 은행 예금 잔고의 이유가 될 수는 없다. 예컨대 MMF(Money Market Fund: 단기금융자산 투자신탁; TB·CD·CP 등의 단기금융상품을 운용 대상으로 하는 투자신탁)는 일반적으로 은행예금보다 높은 이자를 지급하면서도 안전성에 있어서 별반 차이가 없다. 국채에만 투자하는 MMF는 연방예금보험공사(Federal Deposit Insurance Corporation)에 의해 보증되는 은행의 금융상품처럼 안전하고 현금화하기도 쉽다. 그런데 왜 MMF에 투자하는 사람들이 많지 않을까? 수백 개의 MMF 상품 중 어떤 것에 투자할지 선택하려면, 수많은 좋은 옵션(나쁜 옵션도 많다)을 비교해서 결정해야 하기 때문이다. 사람들은 이 과정에서 질려버린다.

마찬가지로 401(k), 403(b), 457 등의 확정 분담형 퇴직연금상품 중에서 왜 많은 사람이 적절한 선택을 하지 못하는지도 이 같은 결정 마비로 설명할 수 있다. 예컨대, '몇몇 국내외 주식 펀드와 몇몇 고수익 확정이율상품 중 어느 쪽을 선택할까'하는 문제에 직면하더라도 어디 한번 지켜볼까 하는 태도로 임하는 사람들이 많다. 그들은 가진 돈으로 무엇을 할지 언젠가는 알게 될 거라는 생각으로 이용 가능한 것 중 가장 보수적인 투자처로 모든 자금을 돌려버린다. 또한, 처음에 몇 개 안

되는 옵션에서 골라 가입한 퇴직연금의 경우 역시 나중에 훨씬 좋은 새로운 옵션이 나타난다 해도 처음의 선택을 쉽사리 바꾸지 않는다. 2001년, 콜롬비아 대학 동료인 거 휴버만(Gur Huberman)과 웨이 장(Wei Jiang) 그리고 아이옌거는 647개의 고용주가 후원하는 행사의 참가자 비율에 주목했다. 그들은 10개의 투자 선택지가 늘어날 때마다 직원의 참여율이 2퍼센트씩 감소한다는 사실을 발견했다.

이러한 편협한 자세는 두 가지 이유에서 잘못된 것이다. 첫째는 세금이 유예되어 있는 퇴직저축은 주식투자에 따른 위험을 가장 완화하는 포트폴리오다. 퇴직저축 계좌의 단기적인 가치가 주식 시장의 가격 변동과 함께 등락한다고 해서 누가 신경이나 쓰겠는가? 돈이 필요해질 무렵에는(퇴직할 때까지 적어도 10년 이상이라고 한다면) 주식의 급등과 급락은 이미 머나먼 추억이 되어있을 것이다. 주식의 수익률은 채권이나 그 밖의 투자 대상의 수익률보다 높았던 지난 기록을 볼 때, 주식을 잘 활용하기만 한다면 수중에는 거액이 남게 될 것이다. 결정 마비에 빠져 주저하면 할수록(선택을 미루면 미룰수록) 주식으로 얻게 될 엄청난 수익을 놓쳐버릴 공산이 커진다.

더욱이 중요한 것은 결정을 미룰수록 결단을 내리기가 더욱 어려워진다는 것이다. 이 점을 분명히 하고자 트버스키와 샤퍼는 학생들에게 아주 많은 분량의 설문지를 나눠 주고, 응답을 기재해 오는 사람에게는 5달러의 사례금을 지불하기로 약속했다. 첫 번째 그룹은 5일 후, 두 번째 그룹은 21일 뒤에 돌려받기로 하고, 세 번째 그룹에는 기한을 정해주지 않았다. 결과는 다음과 같았다.

첫 번째 그룹(5일 후 마감)에서는 66%의 학생들이 설문지를 반납하여 사례금을 받았다. 두 번째 그룹(21일 후 마감)에서는 40%가 기한까지 반납했다. 그리고 세 번째 그룹(기한 없음)에서는 두 명의 연구자가 집계를 끝마칠 때까지 25%의 학생들이 조사표를 반납했다. 어쩌면 마지막 그룹의 학생들은 지금까지 5달러를 받을 생각을 하고 있을지도 모른다. 과연 그들이 그럴 수 있을까? 현실은 이렇다. 어떤 일이든 주어진 시간이 길어지면 길어질수록 그 일을 끝내야 한다는 압박이 낮아지고 그래서 손도 못 대고 마는 경우가 허다하다. 이런 식으로 결단이 늦어지면 커다란 손실을 보게 되는 것은 두말할 나위도 없다.

주식(stocks)말고 양말(socks)

이 농담 같은 제목은 많은 투자자가 주가의 하락 때문에 (사실은 축하해야 할 때) 공황상태에 빠질 때 자주 쓰이는 진부한 표현이다. 당장 현금이 필요한 경우를 제외하고는 (말했듯이 5년 이내에 필요한 돈은 주식에 쓰면 안 된다) 주가가 하락하면 투자자는 기뻐해야 한다. 왜냐면 이는 그들이 어제 산 주식을 오늘 더 낮은 가격으로 살 수 있다는 뜻이기 때문이다. 우리는 최근 주식 시장의 혼란으로 인해 투자를 중단했을 수도 있는 (하지만 퇴직연금 등을 대신하여 규칙적으로 펀드에 투자하기로 했기 때문에 그러지 않았던) 사람들이 포기하지 않고 주식 시장에 남아 있기로 한 결정에 보상받을 것으로 생각한다. 당신이 다음 겨울을 대비해 양말을 할인된 가격으로 샀다면 매우 기분이 좋을 것이다. 은퇴를 위해 주식을 살 때도 마찬가지다.

선택은 당신에게 달려 있다. 다만 정도의 문제다

충분히 합리적인 이유가 있다고 느낀다면 대부분 결정을 내릴 수 있다. 그렇다면 '충분히 합리적'이란 지점은 어디까지일까?

선택할 수밖에 없는 결정적인 이유를 찾아냄으로써 사람들은 자신이 미처 깨닫지 못했던 심리적 경향에 쉽게 빠져든다는 사실이 밝혀졌다. 트버스키와 당시 캘리포니아 대학교 버클리 캠퍼스의 비즈니스 스쿨 조교수였던 이타마 시몬슨(Itamar Simonson)은 《저널 오브 마케팅 리서치(Journal of Marketing Research)》 잡지에 실린 1992년의 논문을 통해, 그 같은 경향이 미치는 몇 가지 영향을 설명했다.

한 실험에서 참가자들에게 카탈로그에서 선택한 5대의 전자레인지 사진과 설명서를 배부했다. 그것을 주의 깊게 검토하게 한 후, 참가자 절반에게 (1) 15리터 크기의 에머슨(100달러의 소매가격에서 35% 할인)과 (2) 23리터 크기의 파나소닉I(180달러의 소매가격에서 35% 할인) 중 어느 한쪽을 선택하라고 요구했다. 그러자 참가자 중 57%가 에머슨을, 43%가 파나소닉I을 선택했다. 한편, 나머지 참가자들에게는 선택지로 3개의 제품을 제시했다. 앞서 언급한 2개의 제품과 31리터 크기의 파나소닉II(200달러의 소매가격에서 10% 할인)이다.

여기서 흥미로운 사실은 파나소닉II(이것은 다른 두 대만큼 할인 폭이 크지 않다)가 추가되자 파나소닉I을 고른 사람의 수가 대폭 늘어났다는 것이다. 파나소닉I을 고른 사람은 60%, 에머슨을 고른 사람은 27%, 파나소닉II를 고른 사람은 13%였다.

트버스키와 사이먼슨은 이 같은 현상을 '상충 대조(tradeoff contrast)'의 사례로 설명했다. 이는 '다른 선택사항(그것이 어차피 선택이 안 될 것이라 해도)과 비교해봄으로써 어떤 선택의 가치가 올라가거나 혹은 내려간다'라는 뜻이다.

다시 말해, 파나소닉I을 에머슨하고만 비교했을 때는 대부분의 사람에게 크기(파나소닉)를 선택할지, 가격(에머슨)을 선택할지를 제외하면 꼭 어느 쪽을 선택해야만 한다는 결정적인 이유가 없었다.

그러나 파나소닉II가 선택사항에 추가되자 파나소닉I에는 두 가지 이점이 생겼다. 크기도 적당하고 가격도 저렴한 것이다(파나소닉II가 10% 할인인 데 비해, 이쪽은 35%). 이렇게 해서 파나소닉I에 대한 만족감은 값비싼 자매품에 대해서는 물론, 에머슨과 비교해서도 높아지게 된 것이다. 이렇게 한 번 생각해보자. A(에머슨)가 B(파나소닉I)보다 더 좋은 제품이면 사람들은 대개 A를 선택하게 된다. 그러나 B(파나소닉I)가 A(에머슨)에는 해당하지 않는 요소로 C(파나소닉II)보다 좋다면 사람들은 보통 B를 선택한다. C와 비교해서 B의 매력이 높아졌기 때문이다.

베스트셀러 《상식 밖의 경제학(Predictably Irrational)》의 저자인 행동경제학자 댄 애리얼리(Dan Ariely)는 소매상이 처음으로 빵 만드는 기계를 매장에 도입한 윌리엄스 소노마(Williams-

Sonoma)의 사례를 보여준다. 처음 275달러에 판매되기 시작한 이 기계는 생각처럼 잘 팔리지 않았다. 이에 윌리엄스 소노마는 두 번째 빵 제조 기계를 선보였으며 이는 첫 번째 기계보다 더 크고 비쌌다. 그리고 우리가 예상하다시피, 해당 체인점은 더 많은 빵 제조 기계를 팔 수 있었다. 더 크고 비싼 모델이 등장하자 275달러짜리 선택권이 더 매력적으로 보였기 때문이다.

또 다른 흥미로운 현상을 볼 수 있는 실험이 있다. 트버스키와 사이먼슨은 한쪽 그룹에 두 대의 35밀리 카메라(150달러의 미놀타 X-370과 250달러의 미놀타 맥섬 3000i) 중 하나를 선택하게 했다. 사람들은 어느 쪽을 많이 선택했을까? 각각 절반의 사람들이 양쪽 모델을 골고루 선택했다. 한편, 두 번째 그룹에는 이 두 대의 카메라에 470달러인 미놀타 맥섬 7000i를 추가된 선택지로 제시했다. 이 새로운 모델을 선택하는 사람이 몇 명이든 간에 저렴한 나머지 두 대의 카메라를 고르는 사람들의 비율은 이번에도 같을 것으로 추측할 수도 있다. 하지만 그렇지 않았다. 이 경우에는 중간 가격의 카메라를 선택한 사람이 가장 저렴한 모델을 선택한 사람보다 2배 이상 많았다. 트버스키와 사이먼슨은 이러한 현상을 '극단 회피(extremeness aversion)'라고 이름 붙였다. 간단히 말해, 사람들은 선택사항 중 어느 한쪽의 끝보다 중간에 위치하는 것을 선택하는 경향이 있다는 것이다. 예를 들어, 선택사항이 2개일 때는 조사 대상자의 절반이 X-370을 선택했다. 하지만 그것이 3개의 선택지 속에서 한쪽 끝에 위치하자 그것을 선택한 사람은 5분의 1 정도에 불과했다.

위와 같은 상충 대조와 극단 회피, 2가지 경향은 모두 실생활 곳곳에서 볼 수 있는 것들이다. 그중 가장 큰 대가를 치르게 하는 사례가 바로 사람들이 완전히 무방비 상태일 때(예컨대, 관을 구입할 때)다. 관 가격은 실로 천차만별이라 싼 것은 500달러 이하에서 비싼 것은 7만 달러를 훌쩍 넘기기도 한다. 장례업계에서는 관례적으로 전시용 관을 유족들에게 보여주면서 아래와 같은 사항들에 중점을 둔다.

❶ 고가의 관을 저렴한 것과 비교하여 좋은 점을 강조한다.
❷ 전시장에서 저렴한 관은 무시하거나 전시 자체를 하지 않는다.

이를 설명하기 위해 1996년의 《타임(Time)》지에 실렸던 캐나다 밴쿠버 소재 장의업체인 로웬 그룹(Loewen Group)의 기사를 인용하겠다.

"로웬 그룹의 관 전시장은 '세 번째 것을 타깃으로 한 판매 정책(Third Unit Target Merchandising)'이라고 하는 시스템을 따른다. 이는 가장 저렴한 두 개의 관은 피하고, 한 단계 위의 것을 선택하는 유족들의 성향을 이용한 것이다. 로웬의 묘지 부문 책임자 로렌스 밀러스(Lawrence Millers)는 '전시장을 운영하고 있는 기업이라면, 어디서나 철칙으로 삼고 있는 것'이라고 말한다. 하지만 2명의 전직 직원들도 인정하듯 고객이 세 번째 관을 선택하면 결국 회사 측의 이익만 더욱 커지는 셈이다."

사람들은 왜 변화를 거부할까?

결정 마비와 유사한 것으로 '변화에의 저항(resistance to change)'을 들 수 있다. 사람들은 친숙한 것에 집착하고, 사물을 있는 그대로 유지하고자 하는 특이한 속성을 지니고 있다. 행동경제학자들은 이를 '현상 유지 편향(status quo bias)'이라고 부르며 무수한 사례로 수없이 증명해왔다. 그중 보스턴 대학교의 리처드 제크하우저(Rechard Zeckhauser)가 진행한 일련의 획기적인 연구가 가장 설득력이 있다. 그들은 한 연구에서 경제와 금융에 관한 실용적인 지식을 가진 사람들에게 다음과 같은 문제를 제기했다.

CASE 1 당신은 평소 신문의 경제면을 열심히 읽고 있지만, 아직까지는 투자할 만한 자금을 가지고 있지 않다. 그런데 갑작스럽게 증조부의 유산으로 거액을 물려받게 되었다. 이 돈을 어딘가에 투자하고자 한다. 그 선택지는 다음 4가지로 압축되어 있다.

❶ A 주식(리스크 보통). 내년 중 주가가 30퍼센트 오를 가능성이 50퍼센트, 그대로일 확률이 20퍼센트, 20퍼센트 하락할 확률이 30퍼센트이다.
❷ B 주식(리스크 높음). 내년 중 주가가 2배로 오를 가능성이 40퍼센트, 그대로일 확률 30퍼센트, 40퍼센트 하락할 확률이 30퍼센트이다.
❸ 단기국채―내년 중 9퍼센트의 수익을 낼 것이 거의 확실하다.
❹ 지방채―내년 중 6퍼센트의 수익을 낼 것이 확실하고 비과세 상품이다.
이들 중 어디에 투자하겠는가?

예상했다시피 연구에 참여한 학생들은 리스크를 받아들일 수 있는 정도에 따라 투자할 곳을 선택했다. 그 결과 32퍼센트가 리스크가 보통인 A 주식을, 32퍼센트가 건실한 지방채를, 18퍼센트는 리스크가 높은 주식 B를, 나머지 18퍼센트는 단기 국채를 선택했다. 그러나 이 결과 자체는 그다지 중요하거나 흥미로울 것이 없다.

흥미로운 결과가 나타난 것은 사무엘슨과 제크하우저가 다른 그룹들에 비슷한 문제를 제시했을 때였다. 단, 그 그룹들에는 현상 유지를 선택할 수도 있게 하였다. 즉, 투자처가 이미 정해진 상황에서 그 투자를 지속할 것인지, 아니면 다른 투자처로 바꿀 것인지를 물어보았다. 제시된 시나리오는 다음과 같은 질문으로 구성되었다.

CASE 2 당신은 평소 신문의 경제면을 열심히 읽고 있지만, 최근까지 투자할 만한 자금을 가지고 있지 않았다. 그런데 얼마 전 증조부의 유산으로 갑자기 거액의 돈을 물려받았다. 그리고 그 돈의 대부분은 현재 A 주식에 투자되어 있다. 지금 당신은 포트폴리오를 그대로 두든지, 아니면 다른 어딘가에 재투자할지를 결정해야 한다. 세금이나 중개수수료는 무시하기로 하자. 당신은 어느 선택지를 고르겠는가?

❶ A 주식(리스크 보통, 내년 중 주가가 30퍼센트 오를 가능성이 50

퍼센트, 그대로일 확률이 20퍼센트, 20퍼센트 하락할 확률이 30퍼센트)을 계속 보유한다.

❷ B 주식(리스크 높음. 내년 중 주가가 2배가 될 가능성이 40퍼센트, 그대로일 확률이 30퍼센트, 40퍼센트 하락할 확률이 30퍼센트)에 투자한다.

❸ 단기국채(내년 중 9퍼센트의 수익을 낼 것이 거의 확실)에 투자한다.

❹ 지방채(내년 중 6퍼센트의 수익을 낼 것이 확실, 비과세)에 투자한다.

결과는 어떻게 되었을까? 어떤 선택지가 현상 유지로 설정이 되더라도 학생들은 기꺼이 그것을 선택했다. 예컨대, 유산이 이미 지방채에 투자되어 있다고 하는 설정에서는 47퍼센트의 학생이 이 견실한 투자를 계속하겠다고 했다.

이에 대해 좀 더 생각해보자. 4개의 선택지가 동등한 조건을 가지고 있을 때, 바람직한 투자처로 지방채를 선택한 사람은 10명 중 3명뿐이었다. 하지만 이미 지방채를 보유하고 있다는 가정이 있으면, 자신이 직접 거기에 투자한 것이 아님에도 불구하고 절반에 가까운 사람들이 지방채에 계속 투자하겠다고 결정했다.

이는 '현상 유지 편향'의 전형적인 예라고 할 수 있다. 대체 그 이유가 뭘까? 왜 사람들은 이렇게까지 변화에 저항하는 것일까? 왜 보트를 저어나가지 않고 그대로 두는 것에 그렇게 집착하는 것일까? 아니, 이렇게 말하는 편이 좋을지도 모르겠다. 현상 유지에는 뭔가 본질적인 매력이 있는 것일까? 아니면, 변화하는 것에는 뭔가 두려운 요소가 내재되어 있는 것일까?

독자 여러분도 곧 알게 되다시피 이 두 가지 물음에 대한 대답은 분명 "예스!"이다.

내 것은 내 것이고, 당신 것은 내 것만큼 가치가 없다

CASE 1 최근 당선된 미국 대통령의 호화 축하 파티 티켓을 가지게 되었다고 가정해보자. 당신은 어떻게든 참석하고 싶다. 그런데 전혀 모르는 사람들이 그 귀중한 티켓을 팔라고 아우성이다. 얼마 정도라면 팔 수 있다고 생각하는가?

CASE 2 이번에는 파티 티켓이 없다고 가정해보자. 하지만 당신은 어떻게든 그 티켓을 갖고 싶다. 모르는 사람으로부터 티켓을 산다고 가정하면, 당신은 얼마를 지불하겠는가?

생각해보면, 현상 유지 편향은 만족의 척도를 보여주는 기준이기도 하다. 친숙한 것을 선택하여 변화를 보류함으로써 현상에 얼마만큼 만족하고 있는지를 나타내주기 때문이다. '투자할까 말까', '돈을 쓸까 말까', '결혼을 할까 말까' 하는 결정은 두려움, 당혹스러움, 의구심 등의 영향을 받는 것은 분명하다. 어떤 것을 있는 그대로 유지하려는 것은 설령 그 정도가 아무리 약하다 해도, 어쨌든 그것에 대한 '신뢰'를 보여주는 것이다. 실제로 소유한 것을 계속 쥐고 있으려 하는 성향은 우리가 생각하는 것보다 훨씬 강하다.

사람들은 똑같은 것이라도 자신이 소유한 것을 다른 사람이 소유한 것보다 과대평가하는 경향이 있다. 행동경제학에서는 이를 '소유 효과(endowment effect)'라고 부른다. 이 개념으로 많은 사람이 취임 축하 파티의 티켓을 살 때보다 팔 때 적어도 2배의 가격을 요구하는 이유를 설명할 수 있을 것이다.

몇 해 전, 리차드 탈러는 '소유 효과'를 실증하기 위해 일련의 실험을 했다.

탈러는 대학교 경제학과 학생 절반에게 학교 마크가 새겨진 머그컵을 나눠 주었다. 이 컵은 캠퍼스 구내 서점에서 6달러에 팔고 있어서 모든 학생들이(공짜로 선물을 받은 학생이나 그렇지 않은 학생들까지) 그 컵을 봤던 적이 있다. 컵은 무작위로 나

뉘 주었기 때문에 머그컵을 받은 학생이 받지 않은 학생보다 커피(또는 학교)를 더 좋아할 리는 없었다. 그리고 탈러는 경매를 열어 머그컵을 가지고 있는 학생들이 그 컵을 얼마에 내놓으려 하는지, 또 가지고 있지 않은 학생들은 그것을 갖기 위해 얼마를 지불하려고 하는지를 관찰했다.

결과는 여러분이 예상한 바와 같았다. 머그컵을 가지고 있는 학생들이 제시한 가격의 평균은 5.2달러였다. 그 이하의 가격으로는 팔지 않겠다는 것이다. 반대로 사는 측이 제시한 평균 가격은 약 2.75달러였다. 그 이상의 돈을 주고 머그컵을 살 마음은 없다는 것이다(학교 구내 매장이 학생들을, 적어도 경제학과 학생들을 대상으로 컵을 팔지는 않나 보다. 컵 가격은 분명 6달러다!).

이 같은 차이를 설명할 수 있는 것은 '소유 효과'밖에 없다. 그것이 자신의 물건이라는 이유만으로 머그컵을 소유한 학생들은 그 흔하디흔한 학교 물건에 컵을 소유하지 않은 학생들보다 2배 더 많은 가격을 매겼던 것이다. 명심해주기 바란다. 여기서는 매몰 비용 효과는 작용하지 않았다. 머그컵을 얻기 위해 쓴 돈은 전혀 없기 때문이다.

소유한 것에 지나치게 높은 가치를 두면 변화를 결정하기가 한층 더 어렵게 된다. 사람들이 끊임없이 이러한 경향을 극복하고자 하는 것만은 분명하다. 그렇지 않다면 집을 팔 수도, 이

혼을 할 수도, 신차를 구입하기 위해 중고차를 내놓지도 못할 것이다. 그러나 '소유 효과'로 인해 자신의 것 혹은 자신의 것이 아닌 것을 적정 수준으로 평가할 수 없다면, 사람들은 최대의 이익을 가져오는 선택지를 놓쳐버릴지도 모른다.

본질적으로 '소유 효과'는 '손실 회피'가 다른 형태로 나타난 것에 지나지 않는다. 사람들은 지출 비용(지금 지불해야만 하는 것)을 너무 중시한 나머지, 기회비용(어떤 행동을 하지 않음으로써 잃게 되는 것)을 지나치게 경시하는 경향이 있다.

일단 문턱을 넘고 나면

마케팅 전문가들은 '소유 효과'를 아주 잘 이해하고 있다. 많은 업체가 물건 구입 전 시험 사용 기간과 현금반환 보증제도를 갖추고 있는 것도 이 때문이다. 소매점 업주를 비롯한 판매 측은 고객이 제품을 일단 집에 들이면 '소유 효과'까지 함께 들어가 자리 잡을 가능성이 크다는 것을 잘 안다. 예를 들어, 가게에서 보았던 오디오를 몇 주간 자신의 집에 들여놓고 나면 더 가치 있는 것처럼 느껴지는 경우가 많다. 마찬가지로 영리한 이베이 판매자는 일반적으로 예상되는 판매가보다 훨씬 낮은 가격으로 입찰을 시작한다. 이는 입찰자의 수를 증가

시켜 해당 상품이 인기 있는 것처럼 보이게 만든다. 그리고 이는 어느 시점에 입찰의 가격을 높이는 사람들의 수를 증가시키고, 상품을 자신의 것이라고 느끼게 만들어 더 오랜 시간 입찰을 하게 만든다.

다음번에 구입하려고 하는 어떤 제품을 시험적으로 사용하게 될 경우엔 '언제라도 돌려줄 수 있다'는 점을 꼭 기억해라. 마음에 들면 구입하고 마음에 들지 않으면 반환하면 되는 것이다.

사람들이 소유 효과 때문에 눈앞에서 기회비용을 놓쳐버리는 경우가 많은데, 그중 가장 손실이 크면서 안타까운 사례가 퇴직금 설계에 관한 것이다. 우선 그 배경을 간략히 이야기하겠다.

2,900만 명의 미국인 노동자는 모두 퇴직연금 플랜에 가입할 자격이 있다. 이 플랜은 노동자 자신이 자금 대부분을 부담하는 저축제도로, 과세는 유예된다. 하지만 일반적으로 고용자 측이 급여의 6퍼센트 한도 내에서 종업원의 퇴직연금 월 납입금 1달러 당 절반인 50센트를 보조한다. 바꿔 말하면, 일 년에 5만 달러를 벌어 3,000달러를 퇴직연금으로 적립하는 사람은 고용주로부터 1,500달러를 받을 수 있는 것이다. 말 그대

로 아무것도 하지 않고 1,500달러가 손안에 들어오는 셈이다. 그러나 1996년에 실시한 조사에 따르면, 일 년에 약 1,200만 명이 이 자격이 있음에도 불구하고 돈을 수령하지 않고 있다고 한다. 그들은 이 플랜에 1센트도 내지 않거나, 회사 보조금을 최대한 받을 수 있을 만큼의 돈을 적립하지 않고 있기 때문이다.

이 플랜의 체계를 몰랐거나, 급여에서 퇴직연금으로 돈을 적립할 수 있는 여유가 없어 분명 월 납부금을 지불하지 않는 사람들도 있을 것이다. 하지만 대부분의 경우 이러한 과오(《머니》지의 추정에 따르면, 노동자가 손해를 보고 있는 보조금은 일 년에 60억 달러에 달한다)의 원인은 '손실 회피'와 '소유 효과'에 있다. 오늘 빠져나가는 돈은 손실 또는 현금 지불 비용이라고 느끼기 때문에 지불하는 데 대한 저항 심리를 갖게 되는 것이다. 또한 지금 돈을 지불함으로써 얻게 되는 미래의 이익은 미리 지불한 돈이 되돌아오는 것뿐이라고 생각하므로 비교적 간단히 무시할 수 있는 것이다. 다시 말하면, 사람들은 가지고 있는 것(오늘의 급여)을 과대평가하고, 가질 수 있는 것(고용자에 의한 보조금이나 과세 유예 저축에 의한 이익)을 제대로 평가하지 못하고 있는 것이다.

했던 일보다 하지 않았던 일을 후회한다

CASE 1 프레드는 제너럴모터스(General Motors)의 주식을 1,000달러 가량 보유하고 있다. 그는 신뢰할 만한 친구로부터 그것을 팔고 포드(Ford)의 주식 1,000달러어치를 살 것을 권유받았지만, 팔지 않았다. 일 년 후 GM의 주가는 30퍼센트 하락해, 프레드가 가진 주식은 700달러가 되었다.

CASE 2 이번에는 월머가 포드의 주식 1,000달러 분을 가지고 있다고 치자. 같은 시기 신뢰할 만한 친구로부터 그 주식을 팔고 GM의 주식을 1,000달러어치 살 것을 권유받았다. 월머는 조언을 받아들였다. 일 년 뒤 GM의 주식 가치는 30퍼센트 하락했고, 월머의 GM주는 700달러가 되었다.

프레드와 월머 중 누구의 기분이 더 착잡할까?

소위 '결정 마비'의 마지막 수수께끼는 우리 모두의 일상적인 감정을 돌이켜보면, 쉽게 이해할 수 있다. '예상 이론'과 그에 따르면 몇 가지 경향('손실 회피', '현상 유지 오류', '소유 효과')은 많은 점에서 하나의 개념이라 할 수 있다.

행동경제학자들이 '후회 회피(regret aversion)'라고 부르는 이 개념은 문자 그대로 매우 간단하다. 대부분의 사람들은 후회로 인한 고통과 실패에 대한 책임을 회피하고자 한다. 아무것도 하지 않는다는 결정보다도 무언가를 한다는 결정(현상을 바꾼다는 결정)에 보다 커다란 책임이 따른다고 하다면, 사람들은 굳이 위험을 무릅쓰면서 후회의 늪에 빠져들고 싶지는 않을 것이다.

GM의 주가가 하락하여 프레드와 윌머 중 어느 쪽의 기분이 더 착잡할지를 상상해보면, 대부분의 사람들이 프레드보다 윌머가 더 착잡할 것이라고 생각하는 것도 이런 이유 때문이다. 어쨌든 윌머는 스스로의 행동 때문에 돈을 잃고 만 데 반해, 프레드는 아무런 행동도 취하지 않았다(적어도 아무것도 하지 않은 것처럼 보인다). 아마 두 사람 모두 틀림없이 썩 기분이 좋지 않겠지만, 윌머가 훨씬 더 강한 자책감에 시달릴 것이다. '이런 일이 안 일어날 수도 있었는데…'라든지 '이렇게 된 건 모두 내 잘못이야.'라고 생각하며, 자신이 한 짓을 후회할 것이다. 사람들은 이러한 후회의 감정을 최대한 회피하려는 경향이 있다. 어쩌면 사람들은 이를 피하기 위한 비용까지도 기꺼이 지불할지 모른다.

리차드 탈러는 1980년《저널 오브 이코노믹 비헤이비어 앤 오거나이제이션(Journal of Economic Behavior and Organization)》지에 발표한 논문에서 다음의 시나리오를 언급하며 의견을 냈다.

CASE 1 A씨는 영화관 티켓 판매 창구 앞에서 줄을 서 있다가 창구에서 그 영화관의 10만 번째 입장객이므로 100달러의 상금을 받게 된다는 이야기를 들었다.

CASE 2 B씨는 다른 영화관에 줄을 서 있었다. 그런데 바로 앞에 서 있던 사람이 100만 번째 입장객이 되어 1,000달러의 상금을 받게 되었고, B씨는 150달러를 받게 되었다.

질문: 당신은 A가 되고 싶은가, 아니면 B가 되고 싶은가?

탈러는 다음과 같이 말한다. "믿을 수 없이 많은 사람들이 B(150달러의 상금)가 아닌 A(100달러의 상금) 쪽을 선택했다!"
바로 '후회 회피' 때문이다. 1,000달러의 상금을 놓쳤다는 것은 참을 수 없는 일이기 때문에 차라리 50달러를 손해 보더라도 아쉽게 한 발짝 늦게 서고 말았다는 후회의 느낌에서 피하고자 하는 것이다.
이는 그리 새삼스럽지 않은 것이다. 의식을 하든 하지 않든 사람들은 후회를 하지 않기 위해, 또는 현상 유지를 위해 늘 많은 돈을 지불한다. 은행 계좌에 돈을 맡겨둔 채 수익률 높은 투자에 활용하려 들지 않고, 주식을 믿지면서 팔고 싶지 않아 꾸물거리는 사이에 주가는 더 떨어지게 된다. 살지 말지 고민하는 사이에 가격은 더욱 올라가고, 리볼빙 잔고를 이자가 높은 신용카드에서 낮은 이자의 신용카드로 옮기려 하지 않는다.

이러한 모든 태만이 '후회 회피', '결정 마비', '현상 유지 오류' 등과 연결되어 돈에 관한 결정에 영향을 미치고 막대한 손실을 초래하는 사례라고 할 수 있다.

후회에 대해 마지막으로 하나만 더 생각해보자.

사람들이 두려워하는 것이 '무언가를 저질렀기 때문'이라는 여기까지의 주장이 잘못되었다고 느끼는 독자들도 있을 것 같다. 예를 들어, 여러분이 가장 후회하고 있는 것은 '무언가를 하지 않았기 때문'인지도 모른다. 존 그린리프 휘터(John Greenleaf Whitter)가 했던 다음과 같은 말을 떠올리는 사람도 있을지도 모르겠다. "말과 문장 속의 다양한 슬픈 표현들 중에서 가장 슬픈 표현이 바로 이 말이다. '아아! 내가 왜 그걸 하지 않았을까!'"

정말 그렇다. 실제로 조사를 해봐도 대부분의 사람들이 무언가를 하지 않았던 것을 인생에서 가장 후회하고 있는 것으로 나타났다. '아이를 충분히 보살펴주지 못했다', '일에 심혈을 기울이지 않았다', '이제는 저세상 사람이 된 친척과 화해하지 못했다.' 등등…. 이러한 후회는 시간과 함께 확대되는 것이며, 주식 매매로 돈을 잃은 고통(곧바로 전해지는 고통)과는 성격이 다르다는 것을 유념하기 바란다.

조사에 의하면, 사람들은 단기적으로는 실패한 행위에 대해 후회의 감정을 강하게 느끼지만, 장기적으로는 하지 않았던 것을 후회하며 탄식하는 것으로 밝혀졌다. 이러한 사실은 아래와 같이 마크 트웨인(Mark Twain)이 했던 격언을 뒷받침해준다.

"20년이 지나면, 했던 일보다 하지 않았던 일들을 후회하게 된다."

부자의 생각법, 부자의 행동 방식

3
세 번째 조언

체크 포인트

다음과 같은 증상이 있으면, 당신은 '결정 마비'에 사로잡혀 있을 가능성이 있다.

- 투자처를 선택하는 것이 괴롭다.
- 직장 퇴직연금에 월부금을 붓지 않는다.
- 결정이 실패로 끝나면 자신을 심하게 자책하는 경향이 있다.
- 무료 체험 기간 있는 상품을 곧잘 사지만, 그 제도를 이용해 상품을 반품한 적은 거의 없다.
- 투자나 돈에 관한 결정을 뒤로 미룬다.

'결정 마비'에 대처하는 방안을 조언하는 것은 상당히 조심스럽다. 결국 지나치게 신중하다는 것은 마이너스 측면도 있지만, 그럼으로써 어리석은 결정을 피할 수만 있다면 그것은 플러스적인 측면도 되기 때문이다. 결정의 방아쇠를 당기지 않음으로써 손해를 볼지 어떨지는 어디까지나 자신에게 달려 있다. 하지만 돈에 관련된 결정을 내릴 때마다 갈등에 휩싸이곤 한다면, 다음의 네 가지 조언을 마음에 새겨두면 도움이 될 것이다.

'결정하지 않겠다'는 결정도 하나의 결정이라는 것을 잊지 마라.

연기, 지체, 지연…. 그냥 두면 별 문제가 일어나지 않을 것처럼 여겨지지만, 실상 이것은 이것대로 다른 선택을 했을 경우와 똑같이 중대한 결과를 초래한다는 것을 잊어서는 안 된다. 이는 일종의 수동적이면서 동시에 공격적인 의사결정이라고 할 수 있다. 현상을 유지한다는 결정은 실상 이제까지의 자기 방법에 '신임 투표'를 던지는 셈이다. 하지만 과연 그 신임은 타당한 것일까?

기회비용을 잊지 마라.

뮤추얼펀드 전문 기자로 일찍이 《머니》지에서 저자 개리와 함께 일했던 제이슨 츠바이크(Jason Zweig)는 곧잘 이렇게 상기시키곤 했다.

"15년 전 별 볼일 없을 것 같던 뮤추얼펀드에 투자했던(그리고 그것에 열중했던) 사람들은 주식에 전혀 투자하지 않았던 사람들에 비해 현재 더 즐거운 생활을 영위하고 있다."

핵심은 투자에 관한 결정이 설령 완벽하지 않더라도(실제로 완벽한 경우는 거의 없다) 아무것도 하지 않는 것보다 좋은 결과를 가져올 수 있다는 것이다. 금전적인 결정을 내릴 때, 사람들은 보통 손에 넣게 될지도 모르는 것보다 현재 쥐고 있는 것에 보다 많은 신경을 쓴다. 또 '현상 유지 오류'와 '후회 회피'로 인해 지출이나 투자에 대한 결정으로 생길 변화 때문에 얼마나 괴로워질지에 주목한다.

이러한 경향을 극복하려면, 자신이 하려고 했지만 결국 기회를 놓쳐 버린 경우 어떤 기분이 들지를 상상해보면 된다. 찍었던 주식의 주가가 올라버렸다거나, 좀 더 좋은 음질로 음악을 즐기고 싶다고 생각했을 때 스테레오 가격이 불쑥 10퍼센트 올라버렸다면 어떤 기분일지 상상해보자. 이때 생길지도 모르는 후회의 감정들을 상상함으로써 변화를 싫어하는 현실 감정을 극복할 수 있을지도 모른다.

자동 조정 시스템을 갖추어라.

투자 여부를 경우에 따라 결정하지 말고 '정기적인 정액 투자'로 하는 것이 좋을 수도 있다. 즉, 주가의 등락과 무관하게 정기적으로 주식이나 채권, 뮤추얼펀드에 일정 금액을 투자하는 방법이다. 이렇게 하면 결국은 주가가 높을 때는 적게, 주가가 낮을 때는 많이 사게 된다. 마찬가지로 지출을 통제할 수 없는 사람은 대출금의 이자나 원금 지불을(사실 거의 모든 지불을) 은행 계좌에서 자동이체하면 된다. 그렇게 하면 대출금을 갚을지, 그 돈으로 다른 무언가를 살지에 대한 선택의 문제에 다시 직면하지 않아도 된다.

반대의 입장을 취해보라.

의사결정을 더 간단히 내리고 싶다면 문제의 성립 구조를 바꾸어보는 것도 방법이다. 좋은 점은 중립적인 입장에서 결정해보는 것이다. 다시 말해, 현상에서가 아니라 제로 시점에서 시작한다고 생각하는 것이다. 예를 들어, 앞에서 언급한 포드와 제너럴모터스의 시나리오에서 프레드는 GM의 주식을 계속 가지고 있을지, 팔아버릴지가 문제라고 생각했다. 하지만 어느 곳의 주식도 가지고 있지 않다고 상상해보았다면 그는 좀 더 나은 선택을 할 수 있었을 것이다. '나라면 포드와 GM

중 어느 쪽에 투자를 할 것인가' 하고 생각하게 되기 때문이다. 그 같은 태도로 바라본다면 대부분의 경우 쌍방의 장점에 기초해 두 회사를 평가할 수 있다. 현재 가지고 있기 때문이라는 이유로 GM을 편애하는 경우도 없다.

의사결정의 성립 구조를 바꾸는 또 다른 방법은 선택 시 자기 견해를 역으로 생각해보는 것이다. 다시 말해, '어느 것을 거부할까'에 관한 문제를 '어느 것을 선택할까'에 관한 문제로 (또는 그 반대로) 바꾸는 것이다. 그럼으로써 선택의 플러스 측면과 마이너스 측면의 양쪽 모두에 주목할 수 있게 되며, 어떤 선택지를 부당하게 중시하는 경우도 없어진다.

예를 들자면, 몇 가지 투자 대상을 검토한 후 그 중 어느 것을 하나 선택할 수 없다면, 그 대신 어느 투자처를 (어떤 경우에도) 선택하고 싶지 않은지를 스스로에게 자문해본다. 혹은 반대로 모든 투자 대상을 이미 소유하고 있다고 가정해본다. 그러고는 어느 것을 팔지(전혀 원하지 않는 것은 무엇인지)를 결정하면 된다. 매우 간단한 방법이고, 적용하기도 쉽다. 오히려 자신이 가지고 있던 기존 견해가 결정에 방해가 된다는 사실을 깨닫는 것이 더 어렵다.

제4장

숫자에 무관심한 당신

당신, 혹시 숫자 바보 아니야?

TV 만화 프로그램인 '심슨네 가족들'에서 기억에 남는 장면이 있다. 주인공 호머의 상사 번즈는 자기 회사의 소프트볼 팀이 어떻게든 라이벌 팀인 쉘비빌을 꺾어야 한다는 생각에 안달이 난 상태다. 이를 위해 번즈는 스포츠 심리학자를 채용한다. 심리학자는 선수들의 능력을 최대치로 끌어올리려고 선수들에게 최면을 건다.

심리학자: 너희들은 모두 뛰어난 선수들이다.

선수(최면 상태에서): 우리는 모두 뛰어난 선수들이다.

심리학자: 너희들은 쉘비빌을 이길 것이다.

선수: 우리는 쉘비빌을 이길 것이다.

심리학자: 너희들은 110퍼센트의 힘을 발휘한다.

선수(최면 상태에서): 그건 힘들다. 100퍼센트 이상의 힘은 낼 수 없다. 100퍼센트라는 건 최대치란 의미니까.

여러분에게는 호머나 그의 팀원들과 마찬가지로 분별력이 있어서 '100퍼센트 이상의 투지를 가진 선수' 운운하는 스포츠 중계 아나운서에게 거부감이 들 것이다. 하지만 이 이야기는 숫자에 취약한 인간의 문제를 잘 드러내준다. 위와 같은 사례에서 독자 여러분이 잘 해나가리라는 것은 의심하지 않지만, 숫자와 계산에 관해 많은 사람을 혼란스럽게 만들 놀라운 사실은 분명 있다.

물론 이와 같은 결론에 도달한 것은 우리가 처음은 아니다. 『숫자 백치: 수학 문맹이 온다(Innumeracy: Mathematical Illiteracy and Its Consequences)』라는 책에서 수학자 존 앨런 파울로스(John Allen Paulos)는 이렇게 말했다. "숫자와 확률을 마음 편히 다루지 못하는 원인은 불확실성, 우연의 일치 그리고 문제 성립 방법에 대한 지극히 자연스러운 심리적 반응 때문이다. 또 다른 원인으로는 불안이나 수학의 본질과 중요성에 대한 낭만적 오해도 포함된다."

여기서 우리의 역할은 '숫자 백치(사전에는 '수학적으로 무지한 것'이라고 되어 있다)'가 어떻게 여러분의 재정 문제에 실질적이고 부정적인 영향을 미치는지 밝히고, 그것을 피하려면 어떻게 해야 할지를 제시하는 것이다. 숫자에 대한 무지가 생활에 미치는 부정적 영향과 피해에 대해 언급하는 것만으로도 책 한 권이 나오겠지만, 여기서는 세 가지 문제에 초점을 맞춰 이야기를 진행하겠다.

먼저 첫 번째로는 '화폐착각(the money illusion)'이라는 심리학적 현상 때문에 인플레이션을 무시해버리는 경향을 다룰 것이다. 이어 확률을 둘러싼 흥미로운 문제를 통해 생활 속에서 '승산이 있는 것'과 '운'의 역할을 이해하지 못함으로써 무분별한 투자나 낭비에 쉽게 빠져들게 되는 사례를 보여주려고 한다. 마지막으로 적당한 표현인지는 모르겠지만, 말하자면 '큰 것만 눈에 보이는 성향(bigness bias)' 탓에 작은 숫자에 무관심해지면 많은 시간이 지난 후 얼마나 큰 돈을 잃게 되는가 하는 문제를 다룬다.

결국은 '집'

피터, 폴, 매리 세 사람은 일 년 간격으로 각각 20만 달러에 집을 샀다. 하지만 세 사람 모두 일 년 만에 집을 팔았다. 피터가 집을 가지고 있던 해 미국에서는 25퍼센트의 디플레이션이 일어났다. 즉, 미국의 모든 상품과 서비스의 평균 가격이 25퍼센트 떨어진 것이다. 결국 피터는 살 때의 가격보다 23퍼센트 낮은 15만 4,000달러에 집을 팔았다. 폴이 집을 팔던 해에는 상황이 반대였다. 즉, 상품과 서비스의 평균 가격이 실제로 25퍼센트 상승한 것이다. 결국 폴은 살 때 가격보다 23퍼센트 높은 24만 6,000달러에 집을 팔았다. 메리가 집을 소유하고 있던 일 년 동안 물가는 거의 변하지 않았다. 메리는 19만 6,000달러에 집을 팔았다. 샀을 때보다 2퍼센트 낮은 금액이다. 그로부터 얼마 후 세 사람은 함께 술을 마시게 되었다. 하지만 친근하던 분위기는 어느새 험악하게 변해버렸다. 단순한 문제를 두고 세 사람의 견해가 모두 달랐기 때문이다. 그 문제는 '전체 소비자 물가의 변화를 계산에 넣는다면, 집을 팔았던 세 사람 중 누가 가장 이득을 보았을까?'라는 것이었다.

누가 가장 이득이었는지 감이 잘 오지 않는가? 알고 싶지 않을 수도 있겠다.

몇 해 전, 프린스턴 대학교의 엘다 샤퍼가 한 연구를 진행했다. 그는 실험에 응한 참가자에게 이와 똑같은 이야기를 해주고, 경제 상황을 고려했을 때 각각의 결과를 어떻게 평가해야 할지를 물었다. 많은 수의 참가자들이 폴(물가가 평균 25퍼센트 상승한 시기에 23퍼센트의 이익을 올렸다)의 결과가 가장 좋고, 피터(물가가 평균 25퍼센트 하락한 시기에 23퍼센트의 손실을 보았다)의 결과가 가장 나쁘다고 생각하는 것으로 나타났다.

대다수가 이러한 결론을 내렸다는 사실은 흥미로운 것이다. 완전히 잘못짚었기 때문이다. 실제로 가장 결과가 좋은 사람은 피터다. 어찌 되었든 셋 중 이익을 얻은 사람은 피터뿐이다. 인플레이션 비율을 계산에 넣으면, 피터의 구매력은 실제로 2퍼센트 늘어난 데 반해 폴과 메리의 구매력은 모두 2퍼센트 떨어졌다. 다시 말해, 폴이 집을 팔아 얻은 돈은 구매 당시 금액보다 23퍼센트 늘었지만, 그 돈으로 실제로 살 수 있는 것은 그가 집을 소유하고 있는 동안 25퍼센트나 줄어들었다. 반대로, 피터가 집을 팔아 손에 넣은 돈은 일 년 전에 낸 금액보다 23퍼센트 적었지만, 실제 물가도 25퍼센트 떨어졌다. 즉, 전년도에는 1달러였던 상품이나 서비스를 이제 75센트에 살 수 있다는 것이다. 그리고 피터는 일 년 전 집을 사기 위해 냈던 돈 1달러당 77센트를 받은 것이라 할 수 있다. 그러므로 다른 사람들의 구매력이 떨어졌음에도 오히려 피터의 구매력은 늘어난 것이다.

이런 복잡한 차이를 이해하지 못했기 때문에 샤퍼의 연구에 참가한 사람들은 행동경제학자가 '화폐착각'이라고 부르는 데에 빠져버린 것이다. 이것은 인플레이션 또는 (최근에는 좀처럼 일어나지 않지만) 디플레이션이 수반하는 돈의 '명목상'의 변화(실제 금액이 늘었느냐, 줄었느냐)와 '실질적'인 변화(구매력이 올라가느냐, 떨어지느냐)를 혼동해서 일어나는 일이다.

다음의 두 가지 이유를 생각한다면 이러한 착각이 일어나는 것을 이해할 수 있을 것이다.

첫째, 인플레이션을 설명하려면 어느 정도 계산을 해야 할 필요가 있지만, 위에서 언급했던 것처럼 그것은 많은 사람이 감당하기 싫어하는 골칫거리다.

둘째, 오늘날 인플레이션은 적어도 미국에서는 서서히(과거 15년 동안 평균 2퍼센트에서 4퍼센트) 진행되었다는 점이다. 이미 제1장에서 '마음의 회계장부'를 둘러싼 논의에서 언급한 것처럼(그리고 이 장에서도 상세하게 논하는 바와 같이) 작은 숫자는 사람들이 쉽게 무시한다. 단언할 수는 없지만, 샤퍼의 연구가 두 자리 숫자, 심지어는 세 자리 숫자의 인플레이션 비율도 당연시 여겨지는 라틴아메리카나 동유럽의 어느 국가에서 이루어 졌다면, 실험 참가자들이 그러한 '화폐착각'에 현혹되지는 않았을 것이다.

하지만 아직도 사람들 대부분은 돈에 관한 의사결정을 내릴 때 인플레이션이 미치는 영향은 고려하지 않는 것이 보통이다. 이는 단기적으로나 장기적으로 엄청난 마이너스를 초래한다. 우선은 그중 세 가지 측면에서만 초점을 맞추어 생각해보도록 하자.

'화폐착각'으로 인한 위험 중 첫 번째는 인플레이션의 영향을 파악하지 못하여 미래에 필요한 퇴직금이나 자녀의 대학 학자금 견적을 부족하게 잡을 수도 있다. 예를 들어, 지금 주식시장에 1만 달러를 투자한다면, 연평균 수익이 10퍼센트일 경우에 20년 뒤에는 약 6만 7,000달러를 얻게 된다. 한편, 연리 6퍼센트의 장기국채에 1만 달러를 투자한다면, 20년 뒤에는 약 3만 2,000달러가 손에 들어오게 된다. 물론 많은 사람이 더 높은 주식 수익(그리고 주가의 등락)을 포기하고, 견실하고 안전한 장기국채를 선택한다. 3만 2,000달러라고는 해도 그것이 목돈이라는 사실에는 변함이 없기 때문이다. 적어도 인플레이션에 의한 손실이 나오기 전까지는 말이다.

한번 생각해보자. 매년 물가 상승률이 평균 4퍼센트라고 가정한다면, 주식에 투자한 사람은 20년 뒤 현재 돈으로 3만 2,000달러에 해당하는 구매력을 얻게 된다. 한편, 국채에 투자한 사람의 구매력은 1만 5,000달러에도 못 미친다.

이는 소위 보수적 투자 전략의 아이러니라 할 수 있다. 결국 인플레이션에 의한 손실에 완전히 무방비 상태로 있는 것은 주가 변동의 파도에 몸을 던지는 것보다 더 위험하다. 한편, 역사에 대한 잘못된 이해에 기초한 일종의 '넘겨짚기'로 인해 '화폐착각'이 경제적인 결정에 악영향을 미치기도 한다.

예를 들어, 집에 대해 한번 생각해보자. 언제부터인가 집을 사는 사람들 사이에는 '좀 무리를 해서라도 가능한 한 큰 집을 사야 한다'라는 것이 상식처럼 되어왔다. 여기에는 '주택 가격은 반드시 올라가게 되어있으므로 집을 사두기만 하면 나중에 막대한 수익을 올릴 수 있다'라는 계산이 깔려 있다. 하지만 주택 가격이 지속적으로 오르고, 주택 매수가 개인이 할 수 있는 최선의 투자라는 기본적 신념이 생긴 것은 주택 가격이 급등했던 1970년대 말의 비교적 짧은 격동의 시기였다. 그러나 그 시기에는 물가도 마찬가지로 상승했다는 것을 대부분은 잊고 있든지, 아니면 무시하고 있다. 주택 가격이 버블을 형성했던 것은 물론, 모든 물가도 끝이 어딘지 모르고 치솟았던 것이다.

예일 대학교 경제학 교수인 로버트 쉴러(Robert Shiller)는 다음과 같이 말했다.

"사람들은 몇 년 전 지불한 집값에 대해서는 기억할 가능성이 높지만, 그 이후로 다른 것에 지불한 가격에 대해서는 거의 기억하지 못하기 때문에 주택 가격이 더 많이 올랐다는 잘못된 생각을 하고는 한다."

 이는 미국을 비롯한 다른 지역의 주택 시장에서 발생한 최근 사건으로 인해 확실하게 증명되었다. 한때 세계 경제와 주식 시장을 어지럽게 만든 주택 시장의 거품은 주택을 소유하는 것을 선호하는 신념과는 무관한 결과였고, 오히려 은행과 다른 금융기관들이 대출을 원하는 이들에게 너무 많은 돈을 빌려준 것의 결과로 보였다. 대출로 빌린 현금이 넘쳐나면서 모든 투자 자산의 가격은 엄청나게 상승했고, 그중 집값 상승이 가장 눈에 띄었다. 그렇다고 집을 팔아(또는 집을 절대 사지 말고) 모든 돈을 주식에 쏟아부으라고 조언할 생각은 없다. 그러나 주택으로 '한몫 잡을 수 있다'라고 믿는 것은 사람들이 '화폐착각'으로 인해 얼마나 분별력이 흐려지고 금전상의 손실을 보게 되는지를 나타내주는 하나의 사례인 것만은 분명하다.

 '화폐착각'이 미치는 해로운 영향의 마지막 사례는 인플레이션이 얼마나 많은 사람을 여러 가지 형태로 어리석고 불합리한 행동으로 몰아가는가 하는 것이다. 이것은 추측일 뿐이지만, 최근 몇 년간의 극심한 주가 변동(그리고 그것을 다루는 매스컴의 광란)의 많은 부분은 지난 몇 년에 걸친 주가 폭등의 직접적인 결과가 아닐까 생각한다. 최근 5년간 주가는 (그 이전 25

년간의 완만한 상승과는 대비되게) 너무나 급격히 상승해왔다. 이 때문에 대부분의 투자자는(전문가든 초보자든) 심리적으로 이를 따라잡지 못해 거대한 가격의 변동을 정확히 파악할 수 없었다.

  1987년 다우존스 산업평균지수의 변동 폭 200포인트는 10퍼센트의 실제 가치 변동과 같았다. 오늘날 9,000여 개에 가까운 종목으로 이루어진 벤치마크 지수의 200포인트 변동은 2퍼센트 미만의 실제 가치 변동과 같으며, 그 중요성도 떨어지고 있다. 하지만 일종의 '화폐착각' 때문에 사람들은 명목상의 가격 변화에 반응하고, 더욱 중요한 변화를 놓쳐버리고 만다. 또 마찬가지로 이러한 착각에 사로잡혀 있는 매스컴에 자극받아 투자자들은 종종 불합리하고 적절치 않은 행동을 하며, 그것은 더욱더 불합리한 반응을 불러일으킨다. 이 같은 연쇄 반응에 대해서는 나중에 살펴보기로 하고, '화폐착각'이 시장의 심리적 영역에서 일정한 역할을 맡고 있다는 것만은 틀림없는 사실이다.

좀처럼 이해하기 어려운 확률

  스티브는 30세의 미국인이다. 이웃 주민은 그를 이렇게 평가했다.

"스티브는 매우 낯을 가리고 내성적이지만 항상 크고 작은 도움을 준다. 그런데 사람들을 다루는 데는 전혀 흥미가 없는 것 같다. 순하고 깔끔한 성품으로 정돈된 것을 좋아하는 아주 세심한 사람이다."

스티브의 현재 직업은 무엇일까? 세일즈맨일까, 아니면 도서관 사서일까?

당신이 대부분의 사람들(적어도 시카고 대학교의 리차드 탈러가 몇 년간에 걸쳐 내온 이 문제에 응답했던 많은 이들)과 같다면 스티브는 도서관 사서라고 대답했을 것이다. 어쨌든 우리가 생각하는 사서는 말없이 내성적이고, 세일즈맨은 사교적이고 외향적이지 않은가?

그럴지도 모르고, 그렇지 않을지도 모른다. 하지만 이 같은 판에 박힌 생각의 시시비비를 논할 것까지도 없이, 스티브의 직업을 사서라고 고른 것이 잘못된 데는 더 근본적인 이유가 있다.

미국에는 1,600만 명 이상의 세일즈맨이 있지만, 도서관 사서는 19만 7천 명밖에 없다. 분명 이웃 사람은 스티브를 영업직에 어울리는 사람으로 묘사하지는 않았지만, 이 한 사람의 의견이 통계적으로 스티브가 사서일 확률보다 세일즈맨일 확률이 80배 이상 높다는 사실보다 중요하지는 않을 것이다. 물론 통계청의 자료를 쉽게 접할 수 있는 사람이 많지는 않다. 하지만 세일즈맨이 사서보다는 훨씬 많으며, 수백만 명의 세일즈맨 중에는 그 직업에 대한 통상적인 이미지에 부합되지 않는 사람들도 수십만 명쯤 있을 것이라는 사실은 누구나 짐작할 수 있다.

스티브에 대해 주어진 정보가 아무리 적다 하더라도, 사서보다 세일즈맨의 비율이 훨씬 크다는 사실을 결정의 주된 요인으로 삼은 다음 스티브가 사서일 확률을 추측해야 맞는 것이다.

카너먼과 트버스키는 이렇게 전체적인 확률을 무시하는 경향을 '기준율의 무시(ignoring the base rate)'라고 불렀다. 이는 책의 앞부분에서 논의한 '휴리스틱'과 관련이 있다. 사람들은 유사한 모양의 사물이나 생각 사이의 공통성을 가정한다. 고용에 관련된 통계청의 자료를 고려하지 않더라도, 본능적 판단에 의하면 사람들과 부대끼는 것을 좋아하지는 않지만 질서를 좋아하는 내성적인 사람이 사서라고 가정할 수 있다. 그러나 이는 기준율을 무시하여 많은 비용을 낭비하게 만든다. 로또를 사는 것이 그 전형적인 사례라고 할 수 있을 것이다. 어쨌든 1등 숫자의 조합을 선택할 가능성은 지극히 낮기 때문이다. 로또에 열을 올리는 사람들은 분명 당첨될 확률이 극히 희박하다는 것을 알면서도 그런 기준율을 무시하는 것이다. 그건 그것대로 좋다. 결점 없는 사람은 없으니까.

그러나 로또에서도 숫자를 맞출 확률이 실제로 얼마나 낮은지 알기 어렵다. 예를 들어 50개의 숫자에서 6개를 골라내는 로또에서 그 숫자가 1, 2, 3, 4, 5, 6이 될 확률은 어느 정도일까? 대부분의 사람은 "그런 결과는 절대 나올 수 없다."라고 말할 것이다. 절대까지는 아니더라도 아주 확률이 낮은 것만은 확실하다. 하지만 1에서 6까지 연속하는 숫자가 나올 확률은 다른 6개의 숫자 조합이 나올 수 있는 확률과 똑같다. 그럴 리 없다고 생각하겠지만, 사실이다.

로또 마니아들을 위한 조언

우리는 로또를 사는 것이 그다지 현명한 지출이라 생각하지 않지만, 당신이 꼭 사야겠다면 우린 당신을 똑똑한 도박꾼으로 만들어주고 싶다. 대부분은 그러지 못하니 말이다. '도박사의 오류(gambler's fallacy)'란, 예를 들어 세 번 연속으로 동전의 앞면이 나왔을 때, 다음에 던진 동전은 반드시 뒷면이 나올 것으로 생각하는 잘못된 믿음이다. 1994년에 이와 관련한 실험에서 경제학자 덱 테렐(Dek Terrell)은 뉴저지주의 pick-three(3가지 숫자를 맞추는 복권) 복권의 당첨금이 1,2주 전에 나온 당첨금보다 평균적으로 33퍼센트가량 높아지는 것을 발견했다. 복권은 패리 뮤추얼 시스템(당첨 번호를 뽑은 사람의 수가 적을수록 배당금이 올라감)을 기반으로 작동하므로, 당첨금이 올라간 것은 해당 3가지 숫자가 이번에도 또다시 당첨될 확률은 매우 적다고 생각해서 그 숫자를 선택한 사람들의 수가 줄어들었기 때문이다. 도박사의 오류의 적절한 사례라고 볼 수 있다. 화요일에 어떤 번호들이 당첨되었다고 해서 수요일에 그 번호들이 당첨될 확률이 낮아지는 것은 아니다. 확률은 언제나 같다.

제대로 된 확률을 정확히 파악하는 것이 어려운 이유가 또 한 가지 있다. 전체 가능성에서 예외적인 사례가 기억에 더 잘 남기 때문이다. 1975년에 '조스'라는 영화가 상영된 이후 바다에서 수영하는 것을 기피하는 사람이 많아진 것도 바로 이런 이유다. 그 이전 10년간 미국 바다에서 상어의 습격을 받은 사고는 70건에도 미치지 않았다. 이렇게 상어가 공격해 올 가능성이 매우 낮음에도, 그 여름 미국인들은 식인 상어를 극도로 두려워했다.

 1987년의 주가 폭락 이후 많은 투자자가 그 후 약 18개월 동안 뮤추얼펀드에 투자를 중단하고, 대신 현금이나 채권을 선택했던 것도 이 같은 맥락이다. 이들은 기준율(역사적으로 주식의 수익률이 채권보다 훨씬 높다고 하는 사실)을 무시하고 인상적인 사건을 더 중시한 것이다. 그 같은 사건들은 쉽게 각인되기는 하지만, 극히 이례적이라는 점을 명심하자.

 특히 기억에 남을 만큼 인상적인 사건이나 결론도 없는 정보를 무작정 믿고 기준율을 무시하는 것은 돈에 관한 잘못된 결정을 내리게 하는 한 원인이 된다. 여기서 '한 원인이 된다'라는 표현을 쓴 것은 돈과 관련된 결정이 (좋든 나쁘든) 오직 한 가지 행동경제학적 악습의 결과인 경우는 거의 없기 때문이다.

 예를 들어, 수천 명의 분별력 있는 일반 투자자들이 매년 선물(先物) 거래 같은 상품시장에 거금을 쏟아붓는 것은 몇 가지 행동경제학적인 경향이 중첩되어 있기 때문이다. 여기에는 예측 능력에 대한 지나친 자기 과신도 한몫하고 있고 다른 사람의 말을 맹목적으로 따라가기만 하는 문제도 있다. 하지만 알든 모르든 간에 이러한 투자자들은 기준율을 무시하는 죄도 저지르고 있다. 이들 투자자(초보자나 전문가나) 네 명 중 대략 세 명은 거래할 때 손해를 보고 있다는 사실을 무시하고 있다(또는 깨닫지 못하는 것일 수도 있다).

사람들이 일상적으로 기준율을 무시하고 그 때문에 돈을 낭비하고 마는 또 한 가지 분야가 보험이다. 항공보험이나 심각한 질병보험 등은 분명 눈길을 끌기는 하지만 별로 중요치 않은 뉴스나 미디어(비행기 사고나 치명적인 바이러스를 다룬 영화)에 의해 부추겨지고 있는 것일 뿐이다. 그런 것들을 보면서 우리는 그러한 재난이 실제로 흔히 일어나는 사건이라고 믿게 된다. 물론 에볼라 바이러스(Ebola Virus: 고열과 뇌출혈을 일으키는 열대 전염 바이러스)나 암이 당신이나 가족들에겐 절대 닥치지 않을 일이라고 말하는 것은 아니다. 그러나 기준율로 본다면 (특별히 유전적 이유가 없다면) 그러한 사태가 일어날 확률은 지극히 낮기 때문에 그에 대비하는 보험에 목돈을 쓰는 것은 무의미하다는 것일 뿐이다.

이처럼 보험은 행동경제학적 악습이 가장 강력하게 작용하는 영역 중 하나다. 이스라엘 심리학자 오리트 티코신스키(Orit E. Tykocinski)의 최근 연구를 살펴보면, 의료 보험이 적용된다는 사실을 알고 있는 참가자들은 그렇지 않은 참가자들보다 건강 문제를 겪을 가능성이 적다고 여겨진다. 그러나 두 번째 연구에서 자동차보험에 가입되어있지 않다는 사실을 인지한 참가자들은 보험에 가입되어있는 참가자들보다 자동차 사고나 기타 여행 관련 사고를 가까운 미래의 일이라고 생각할 가능성이 더 크다는 것이 밝혀졌다. 보험에 가입할 수 있다는 가능성을 제시하는 것만으로도 3장에서 논의한 반사실적 사고를 불러일으킬 수 있는 것이다. 기준율을 무시하고 '만약'을 논하는 사고는 보험에 가입하지 않았을 때 사고의 확률을 부풀려서 평가하게 만든다.

본인부담금의 함정 소비자들은 기준율을 쉽게 무시하고 실제로 보험금 지급을 청구할 기회가 많지 않음에도 그런 경우가 많다고 생각하여 집, 건강, 자동차보험 등에 가입할 때 본인부담금을 아주 낮게 책정한다. 주택보험을 예로 들어보자. 본인부담금을 높이면 내야 할 보험료가 평균 10~25퍼센트 정도 감소한다. 그러나 사람들은 주택에 문제가 발생해 보험 청구를 하게 되면 자신이 물어야 할 금액이 많을까 두려워 본인부담금을 낮게 잡는다. 그런 상황이 실제로 일어날 확률이 낮다는 것은 무시한 채로(1년에 열 번 중 한 꼴로 발생). 평균적인 보험 가입자가 주택보험의 자기부담금을 250달러에서 1,000달러로 올려서 연간 보험료가 25퍼센트 줄어서 500달러 들 것이 375달러가 된다면, 10년 동안의 총 보험료 절감액은 1,250달러가 된다. 보험금을 청구해야 할 일이 발생해서 만약 본인부담금을 전액 내야 한다고 하더라도, 10년 동안 절감액은 여전히 500달러다(1,250달러의 보험료 절감액에서 부담액인 1,000달러와 250달러의 차이인 750달러를 뺀 값).

제4장
숫자에 무관심한 당신

확률과 관련된 마지막 주제로 일상생활 속 '운'의 역할에 대해 살펴보자. 더 정확히 말하면, '운'의 역할을 과소평가하는 경향에 대한 것이라고 할 수 있다. 다음 사례를 보면서 상상의 나래를 펼쳐보자.

CASE 당신은 농구팀의 코치다. 남은 경기 시간은 10초, 당신의 팀이 한 골 차이로 지고 있다. 최근 5년간 슛 성공률 55퍼센트인 팀의 에이스가 이 경기에서는 10번 던져 2골만 성공시키는 확률을 기록했고, 자유투를 몇 골 실패하기도 했다. 한편, 또 한 명의 베테랑 선수는 지금까지 10번의 슛을 연속적으로 성공시켰지만, 최근 5년간의 슛 성공률은 45퍼센트이다. 당신은 이 경기의 마지막 슛을 누구에게 맡기겠는가?

아마 스포츠팬을 비롯한 대부분의 사람은 연속해서 10골을 성공한 선수에게 마지막 슛을 맡길 것이다. 이들의 생각(대부분의 선수나 코치, 아나운서도 같은 의견이겠지만)에 따르면, 이 선수는 그 경기에서 '골에 대한 감'을 잡은 것이다. 그러나 스포츠의 핵심 신념이라고 할 수 있는 이런 생각은, 사실 그 실효성이 검증된 적이 없다.

몇 해 전, 우리 책의 저자인 톰은 아모스 트버스키, 스탠퍼드 대학교의 대학원생 로버트 발론(Robert Vallone)과 공동으로 필라델피아 세븐티식서스(Philadelphia 76ers) 및 다른 세 프로 농구팀의 3점 슛 기록을 분석하여 이와 같은 신념을 검증해보았다. 이 연구 결과를 세부적으로 검토하는 것은 다음 기회로 미루고, 데이터를 통해 얻은 결론부터 살펴보자.

선수가 몇 번의 슛을 연속으로 성공시켰든 간에, 다음 슛을 결정짓는 '운'은 지금까지 모든 시합에서 나온 슛의 성공 확률로부터 예상할 수 있다는 것이다. 그러므로 직전의 기록이 어떻든, 슛 성공률이 55퍼센트인 선수는 성공률이 45퍼센트인 선수에 비해 슛을 성공시킬 가능성이 크다. 물론 어떠한 예외적 요인도 작용하지 않는다는 전제하에서 그렇다. 성공률이 45퍼센트인 선수에게는 레이업 슛을 던질 기회가 있고, 성공률이 55퍼센트인 선수에게는 그보다 훨씬 어려운 3점 슛만을 노려야 한다면 이야기는 달라질 것이다.

이 연구 결과가 공표되었을 때《뉴욕타임스》의 스포츠 부문이 이 문제에 큰 지면을 할애했다) 스포츠계에서는 극심한 반대 의견들이 불거져 나왔다. 사람들은 '슛 감'을 잡은 선수란 '우연(허구)'에 불과하다는 사실을 믿으려 하지 않았으며, 지금까지도 믿지 않고 있다.

그것이 '우연'이라는 사실을 이해하려면 연속적인 동전 던지기를 생각해보면 된다. 어떤 경우든 동전을 던져 앞면이 나올 확률은 50퍼센트다. 두 번 던지면 한 번은 앞면이 나온다는 것이다. 이는 대부분 알고 있다. 하지만 동전을 20번 연속해서 던지면(직접 해보기 바란다) 어떤 시점에서 3회 연속해서 앞면 또는 뒷면이 나오는 확률이 80퍼센트가 된다. 4회 연속될 가능성은 50퍼센트, 5회 연속될 가능성은 25퍼센트이다. 하지만 연속해서 앞면이 나온 다음에 다시 앞면이 나올 확률은 여전히 50퍼센트인 것이다.

이와 마찬가지로 농구를 비롯한 다른 많은 스포츠에서 3회 또는 4회 연속해서 앞면이 나오는, 즉 잇달아 슛을 성공시키거나 실패하는 경우는 반드시 있게 마련이다. 하지만 선수가 슛을 성공시키는 확률은 결국 과거 모든 시합의 평균 성공률과 거의 일치한다.

우리가 '골에 대한 감'이 생긴 선수라는 '우연'을 이해하기 어려운 이유는 확률과 통계의 개념이 어렵기 때문이다.

실제로 세계 제일의 수학적 지성을 가진 사람조차 확률의 역설에 걸려 넘어지는 경우가 있다. 10여 년 전 이를 누구보다 극명히 보여준 사람이 바로 '레츠 메이크 어 딜(Let's Make s Deal)'이라고 하는 인기 있는 TV 프로그램의 사회자 몬티 홀

(Monty Hall)이었다.

그 이야기는 이렇다. 1990년 9월,《퍼레이드(Parade)》지의 칼럼니스트 마릴린 보스 사반트(Marilyn vos Savant: 기네스북에 세계 최고의 IQ를 가진 사람으로 기록된 사람)는 한 독자의 질문을 잡지에 실었다.

CASE 당신이 TV 버라이어티 쇼에 출연하여 세 개의 문 중 하나를 선택할 기회가 주어졌다. 셋 중 하나의 문 뒤에는 자동차가, 나머지 2개의 문 뒤에는 염소가 있다. 당신이 1번 문을 선택하자 어디에 무엇이 있는지 알고 있는 사회자가 다른 문―3번 문을 열고 염소를 보여주었다. 사회자가 당신에게 "2번 문으로 바꾸시겠나요?" 하고 물었다. 과연 2번으로 바꾸는 게 좋을까?

보스 사반트가 "바꾸는 것이 유리하다."라고 답하자, 그녀 앞으로 수천 통의 편지가 왔다. 그중에는 수많은 대학교의 수학 교수들도 포함되어 있었다. 그들은 세계에서 가장 머리가 좋은 사람이 완전히 잘못된 답을 내놓았다고 주장했다. 1번과 2번 문 사이에 확률적인 차이가 없다는 것은 확실하며, '도전자'가 어느 쪽을 선택하든 맞출 확률은 반반이라는 것이다. 그들의 추론에 따르면, 3번 문에는 자동차가 들어있지 않으므로 같은 확률로 1번이나 2번 문에 들어 있을 수 밖에 없다는 것이다.

한 교수는 이렇게 말했다. "수학 전문가로서 매우 우려스럽다. 일반 사람들이 이렇게나 수학적 능력이 부족하다는 말인가. 자신의 실수를 인정하고 사람들이 올바른 판단을 하도록 이끌어주길 바란다. 그리고 앞으로 더욱 신중해지면 좋겠다."

또 다른 교수는 이렇게 말했다. "우리 학교 수학과에서는 당신 덕분에 실컷 웃을 수 있었다." 세 번째 교수는 "우리나라가 이 정도까지 수학에 무지하다니. 이제 세계 최고의 IQ를 가진 사람이라고 말하지 않는 편이 좋겠다."라는 말을 하기도 했다.

그러나 실수하고 무지했던 건 바로 이들이다. 보스 사반트는 옳았다. 도전자가 처음에 1번 문을 선택했을 때, 그곳에 자동차가 들어있을 확률은 3분의 1이었다. 세 개의 문이 있고 그중 한 곳에만 자동차가 있기 때문이다.

몬티 홀이 3번 문을 열어 염소를 보여줘도 이 확률은 변함이 없다. 몬티는 자동차가 들어있는 문은 절대 열지 않을 것이고 (열면 게임이 끝나므로), 도전자가 선택하지 않은 문 두 개 중 적어도 한쪽에는 염소가 있는 것이다.

　다시 말해, 도전자가 최초에 문을 선택했을 때, 그곳에는 염소가 있을 확률이 높다. 몬티로 인해 선택해야 할 문이 두 개로 줄었어도 그 사실에는 변함이 없다. 원래 세 개의 문(그중 두 개에 염소가 들어 있다)에서 골랐기 때문이다. 따라서 도전자가 염소가 든 문을 선택했다고 가정한다면(실제로 선택했을 때 그 확률은 3분의 2였기 때문에), 몬티가 또 한 마리의 염소가 있는 문을 엶으로써 자동차가 들어있을 확률이 높은 문을 알게 된 셈이다. 즉, 2번 문이다.

　《사이언티픽 아메리칸(Scientific American)》지의 수학 게임 부문 집필을 수년간 담당했던 마틴 가드너(Martin Gardner) 역시 이렇게 말했다. "수학 중 확률만큼 전문가를 완전한 실책으로 빠뜨리게 하는 분야도 없다."

　여기서 확률 문제에 대해 한 가지만 더 생각해보자.

　테이블 위에 트럼프 카드가 세 장 뒤집혀 있다고 가정해보자. 두 장은 검은색(염소)이고, 한 장은 빨간색(자동차)이다. 지금 이 중에서 한 장을 골랐다고 했을 때, 선택한 카드는 검은색일까, 빨간색일까? 당신이 '검은색'이라고 대답(검은색을 선택할 확률이 높으므로)한다면, 남은 두 장 중 한 장은 '검은색'이고 한 장은 '빨간색'이다. 여기서 (무슨 색이 어디에 있는지 알고 있는 누군가에 의해) 검은색 카드가 뒤집혔다고 하자. 처음에 선택한 카드는 '검은색'일 확률이 높으므로 논리적으로는 남아 있는 카드가 '빨간색'이 된다. 실제로 이와 같이 바꿀 기회가 주어진다면, 약 2/3 확률로 선택을 바꾸는 편이 현명하다(물론 당신이 자동차보다 염소 쪽을 탐내지 않는다면).

당신이 위의 난제들을 이해하건 이해하지 못하건, 사람들 대부분이 일상생활에서 '운'의 역할을 이해하지 못하고 있는 듯하다. 우리 책의 저자인 톰은 이 점을 학생들에게 알리기 위해 다음과 같은 방법을 취했다.

톰은 매년 학생들에게 20회 연속해서 동전을 던진다고 상상하여, 그 결과 앞면이 나오면 X로, 뒷면이 나오면 O로 종이에 표시하라고 지시를 한다. 하지만 한 명의 학생에게는 동전을 직접 20회 던지고 나서 그 결과를 쓰라고 지시한다. 학생들이 이 작업을 하는 동안 톰은 교실에서 나갔다. 모든 작업이 완료되면 다시 돌아와 종이들을 살펴보고, 그 많은 종이들 속에서 실제로 동전을 던져 얻어진 것을 골라냈다.

매회 학생들은 놀랄 수밖에 없었다. 톰은 언제나 실제로 동전을 던져 얻은 결과를 감쪽같이 골라내곤 했던 것이다. 어떻게 그럴 수 있었을까? 우선 실제의 결과에서는 앞면이나 뒷면이 아주 길게 연속해서 나오는 사례가 틀림없이 포함되어 있게 마련이다. 실제로 동전을 던지면 'OXXXXXOXOOXOOXO OXOOX'와 같은 조합이 나오는 반면에, 상상을 통한 동전 던지기에서 얻게 된 결과는 'XXOXOOOXOOXOXXOOXXOO' 와 같은 조합이 되는 경우가 많다.

다른 사람들과 마찬가지로 학생들은 앞면이나 뒷면이 오랫동안 계속해서 나올 가능성을 실제보다 낮게 계산하기 때문에 그렇게 연속되는 조합은 쓰지 않는다. 그러나 앞면과 뒷면이 나오는 횟수가 결국엔 같아지더라도(처음에 언급했던 사례처럼), 의미 없이 같은 면만 연속으로 나오는 경우 역시 발생할 수 있다는 것이 사실이다.

더 중요한 것은 우연성이 놀랄 만큼 중요한 역할을 하는 일상의 다양한 상황에서도 이것이 그대로 적용된다는 것이다.

먼저 적절한 예로 투자 실적을 들 수 있다. 보다 구체적으로는 뮤추얼펀드의 실적이다. 일부 뮤추얼펀드가 펀드매니저의 뛰어난 운용 능력 덕분에 다른 펀드나 시세보다 높은 수익을 올리고 있다는 것은 분명한 사실이다. 하지만 그러한 우수한 펀드매니저(사실은 그러한 사람은 좀처럼 없다. 10여 년 동안 모든 펀드의 약 4분의 3은 시세를 밑돌고 있다)를 식별할만한 방법이란 존재하지 않는다. 더욱 중요한 것은 적어도 과거의 단기적인 실적으로는 그 뮤추얼펀드를 관리하는 펀드매니저의 능력치를 판단할 수 없다는 것이다. 문제는 능력 미달인 펀드매니저라 하더라도 운이 좋으면 몇 년이든 계속 '동전의 앞면이 나온다는(성공적인 투자가 연속되는)' 것이다. 그 성공은 뛰어난 능력 때문이 아니라 운의 작용에 불과하다.

실제로 위스콘신 대학교의 금융학 교수인 워너 드 분드(Werner De Bondt)는 주식형 뮤추얼펀드의 10퍼센트 이상이 다른 보통 펀드의 평균 수익을 3년 연속 상회했다고 한다. 이것 역시 오로지 운에 따른 것이다.

"눈먼 다람쥐도 도토리 한두 개는 발견하기 마련이다." 이런 현상에 딱 들어맞는 격언이다. 경험이 부족하고 서툰 펀드매니저라도 때로는 몇 번이나 계속해서 수익을 올릴 수 있는 것처럼 말이다.

그러나 이것이 투자자에게 시사하는 바는 크다. 평균이 넘는 견실한 성과를 올렸다고 하더라도 그것이 투자에 대한 예리한 안목 덕분이 아니라, 운이 따라주는 바람에 2~3년 연속 특별히 좋은 결과가 나온 것이기 때문이다.

그러한 확률에 당신의 퇴직연금을 걸 수 있는가? 그런데 대부분은 그렇게 한다. 1996년에 컬럼비아 대학교의 경영학 교수인 노엘 케이폰(Noel Capon)과 두 명의 동료들이 발표한 논문을 보면, 사람들이 뮤추얼펀드를 선택할 때 사용하는 가장 흔한 기준은 과거의 실적이라고 한다. 이 같은 사실에도 불구하고 '적어도 뮤추얼펀드 분야에서는 과거의 실적이 미래의 결과를 예측하는 데 거의 쓸모가 없다'라는 것이 많은 연구로 밝혀지고 있다.

큰 것만 눈에 들어오는 성향

질과 존은 대학을 막 졸업한 21살의 쌍둥이다. 질은 취직한 다음부터 바로 매달 50달러씩을 뮤추얼펀드에 투자하기 시작하여, 결혼으로 목돈이 필요할 때까지 8년간을 계속 투자했다. 반면에 존은 졸업하자마자 여자친구와 결혼해 아이를 낳았다. 그가 투자를 시작한 것은 29세가 되고 나서부터였다. 존은 그 후로 질과 똑같은 뮤추얼펀드에 한 달에 50달러씩을 65세로 퇴직할 때까지 37년간 계속 투자했다. 존의 총 투자액만 2만 2,200달러가 되었다. 한편, 질의 총 투자액은 4,800달러뿐이었다. 연평균 수익이 10퍼센트였다고 치면, 65세 때 이 쌍둥이가 손에 쥐는 돈은 어느 쪽이 많았을까?

이제 독자들은 제시된 시나리오에 답하는 요령을 잘 파악하고 있을 것이다. 즉, 명백히 정답이라고 여겨지는 것들이 사실은 항상 틀린 답이었기 때문이다. 이번 사례에서도 답은, 그렇다, 질이다. 65세가 되었을 때 질의 돈은 25만 6,650달러인데 반해, 존이 얻는 돈은 21만 7,830달러이다. 물론 이유는 존이 다른 것에 집중하던 사이 뒤처졌던 8년을 만회할 수 없었다는데 있다.

이 책의 저자인 개리는 여러 해에 걸쳐 수백 명의 사람에게 지속해서 이 문제를 내보았다. 대부분 답이 틀렸다. 그 이유로는 몇 가지를 들 수 있다. 복리로 계산되는 수익이 해가 거듭되면서 얼마나 늘어나는지 이해할 수 없었다는 것도 그 중 하나다(인플레이션의 유해한 효과와 정반대라고 생각하면 된다).

하지만 우리는 다른 한 가지 요인을 더 찾아냈는데 그건 바로 큰 숫자에만 주목하여 작은 숫자를 가볍게 보는 경향이 있다는 것이다. 이 때문에 질이 투자한 8년이라는 기간은 존의 37년에 비하면 너무나도 짧고, 존의 총투자액 2만 2,000달러에 비하면 질의 4,800달러는 턱없이 부족하게 보이는 것이다. 여러분이 이러한 사고(사람들에게는 작은 숫자를 경시하는 경향이 있다)를 '마음의 회계'라는 개념과 관련지어 생각한다면 우리는 너무 기쁠 것이다. 여러분이 이제 행동경제학자처럼 생각하기 시작했다는 의미니까. 질과 존의 이야기가 더욱 특별한 의미가 있는 것은 작은 숫자를 신중하게 생각하지 않으면,

시간이 흘러 엄청난 영향을 받게 된다는 점을 이해할 수 있어서다.

1만 2,000달러를 주고 신차를 구입할 때 500달러짜리 스테레오를 추가로 설치하는 것이 자주 일어나는 일은 아니다. 하지만 그런 소소한 지출이 장기간에 걸쳐 지속적으로 일어난다면 이야기는 달라진다. 그러한 비용은 갈수록 눈덩이처럼 불어나기 때문이다. 일상생활에서 이를 '스타벅스 효과'라고 부른다. 이처럼 대부분의 사람들은 아침에 마시는 커피 한 잔 값이 1년간 쌓이면 1,000달러에 육박한다는 사실을 깨닫고는 놀란다.

개인 경제 영역에서 이러한 실수는 주식이나 채권을 자주 거래하는 개인 투자자들의 놀랄 만큼 저조한 실적에서 가장 자주 (그리고 가장 명백하게) 나타난다. 거래마다 발생하는 수수료나 거래 비용이 총수익을 깎아 먹는 경우가 너무 많은 것이다. 건당 보면 얼마 안 되는 금액 같아도 이런 비용이 쌓이면 결국 이익을 잠식한다.

이와 비슷한 현상은 뮤추얼펀드에서도 볼 수 있다. 뮤추얼펀드는 각종 조사에 드는 비용, 인건비 그 밖의 운용 비용이 수수료로 제시되어 있다(법에 의해 투자회사는 이러한 정보를 공개하게 되어 있다). 뮤추얼펀드의 수수료 비용은 낮은 경우 펀드 자금 0.2퍼센트 수준이며, 높은 경우는 3퍼센트가 넘는 곳도 있다. 이 비율은 투자하는 유가증권의 종류(예를 들면, 해외 주식 매매에는 높은 비용이 든다)와 운용사의 '탐욕'에 달려 있다. 수수료율을 보면 운용사가 매년 자신의 계좌에서 얼마를 빼가는지 알 수 있다. 예컨대, 수수료로 2.5퍼센트를 내고 있다면 투자금 100달러당 2.5달러를 가져간다는 뜻이다.

많은 투자자가 수천 개의 펀드 중 투자할 상품을 고를 때, 겉보기에 별거 아닌 숫자 같으면 이런 비용을 무시하고 만다. 이는 큰 실수다. 시간이 지날수록 더욱 그렇다.

이렇게 생각해보자. 이 책을 집필하던 기간에 미국에서 운용되던 모든 뮤추얼펀드의 평균 수수료 비용은 1.5퍼센트였다. 연평균 10퍼센트의 수익률을 가정하고 다양한 수준의 비용을 적용해보면, 시간이 지남에 따라 그 작은 숫자가 발휘하는 효과가 놀라울 만큼 분명해진다.

예를 들어, 초기 투자 비용이 1만 달러라고 할 때, 수수료가 0.5퍼센트면 3년간 투자자가 수수료로 낼 비용은 181달러가 된다. 수수료가 1퍼센트면 360달러로 두 배가 될 것이고, 1.5퍼센트라면 538달러로 뛰게 된다. 그리고 이러한 차이는 해가 갈수록 더욱 벌어진다. 예를 들어, 15년이 넘는 기간 동안, 수수료가 낮은 펀드는 당신의 잠재적 투자 수익에서 7퍼센트 미만을 챙기는 반면, 수수료가 높은 펀드는 거의 20퍼센트를 낚아채 간다!

1만 달러의 투자처	기간 3년 후	5년 후	15년 후
수수료가 높은 뮤추얼펀드	1만 2772달러	1만 5036달러	3만 3997달러
수수료가 낮은 뮤추얼펀드	1만 3129달러	1만 5742달러	3만 9013달러

※ 연평균 10퍼센트의 수익률을 가정한 것임

부자의 생각법, 부자의 행동 방식

네 번째 조언

체크 포인트

다음과 같은 증상이 있으면, 당신은 숫자에 대한 무지로 돈을 잘못 사용할 가능성이 있다.

- 지난해에 핫했던 뮤추얼펀드에 투자한다.
- 공제액이 매우 낮은 보험을 가지고 있다.
- 인플레이션과 구매력의 관계를 충분히 이해하지 못하고 있다.
- 투자할 때 수수료나 운용 비용을 그다지 신경 쓰지 않는다.
- 복리의 영향을 무시하거나 신용카드 결제 대금이 이월되도록 내버려 둔다.
- 복리에 대해 충분히 이해하지 못하고 있다.

여러분을 확률 이론 전문가나 아이비리그의 수학 교수로 만들 생각은 없다. 하지만 몇 가지 엄격한 규칙에 따라 생활한다면 숫자에 대한 무지로 발생하는 문제들을 쉽게 극복할 수 있을 것이다.

단기적인 성공에 현혹되지 않는다

뮤추얼펀드건, 실적 배당형 연금이건, 주식 선택에 성공한 특정 증권회사건 전년도에 인기가 있었던 투자 대상을 맹목적으로 따르면 안 되는 데는 많은 이유가 있다. 그중 가장 중요한 이유를 꼽으라면 일 년간의 실적이 의미가 있는가를 구분하는 방법이 전혀 없다는 것이다. 그 실적은 단순히 행운이 따라준 결과일 수도 있는 것이다.

실제로 10년 실적이 평균 이상이었다고 하더라도 어쩌다 잘 나갔던 해가 한두 번 있었을 뿐이고, 나머지는 그냥 그런 경우도 있다. 이 때문에 뮤추얼펀드나 연금 등의 투자 대상을 평가할 때는 1~2년 동안 잠깐 좋았던 성적에 현혹되어서는 안 된다.

또 장기간의 실적을 볼 때도 매년 결과에 주의를 기울여야 한다. 10년 동안 최상위 성적을 유지하고 있으면, 운이라기보다는 투자방법이나 운용 능력이 탁월해서 그렇다고 섣불리 속단해 버리기 쉽다. 그러나 주의해야 한다. 그 10년간의 성공을 이끌어온 사람들은 이미 그 회사에 없을지도 모르는 것이다.

평균 주가에 관심을 둔다.

과거의 실적을 기준으로 삼을 수 없다면, 어떻게 해야 투자 대상(특히 뮤추얼펀드)을 정확히 선택할 수 있을까?

은행이 토스터를 무료로 나눠 주기 시작한 이래, 투자나 저축을 하는 이들에게 일어난 일 중에서 뮤추얼펀드가 최고라고 믿는 우리에게 이는 정말 골치 아픈 문제다. 다른 사람들과 함께 자금을 투자하여 여러 가지 유가증권에 일괄 투자하는 것은 수많은 이점이 있다. 저렴하게 위험을 분산시킬 수 있다는 점(개인 투자자들이 180개 회사의 주식을 보유하기에는 비용 측면에서 거의 불가능하지만 미국에서 판매되는 일반적인 뮤추얼펀드는 보통 이 정도 종목에 투자하고 있다), 전문가가 자금을 운용한다는 점(뮤추얼펀드 관리자가 하루 종일 투자 대상을 평가한다), 자금이 유동적이라는 점(실제로 필요할 때 언제라도 현금화할 수 있다) 등이 그것이다.

많은 사람이 뛰어난 성적을 올릴 수 있는 펀드매니저의 존재에 대해 과한 환상을 품고 있다는 것은 이미 언급한 바 있다. 물론 그렇게 뛰어난 능력자가 없다는 것이 아니라 그런 사람을 찾아낼 가능성이 매우 희박하다는 것이다. 투자회사가 펀드 판매를 촉진하거나 평가하는 데 곧잘 사용하는 실적 평가용 숫자가 종종 생각했던 것보다 훨씬 더 운에 좌우된다는 것을 이해하고 이를 명확히 인지하기를 바란다.

평균 이상의 수익을 올리는 펀드매니저를 찾을 수 있다면 행운이다. 하지만 발견하기 힘들다면 주식 시장 그 자체에 투자하는 것이 더 나은 결과를 가져다줄 수 있다. 그리고 바로 이것이 우리가 제안하고자 하는 것이다.

특히 최근에 큰 인기를 끌고 있는 뮤추얼펀드의 일종인 인덱스펀드에 투자하는 것이 좋다. 인덱스펀드는(알고 있는 내용이라면 사과한다) 주가지수에 영향력이 큰 종목들 위주로 구성된 펀드로, 펀드 수익률이 주가지수를 따라가도록 하는 상품을 말한다. 대표적인 것이 S&P500 인덱스펀드다. 이 인덱스펀드는 S&P500 주가지수를 구성하는 500개 주식에 비례하여 투자하기 때문에 미국 주식 시장을 가장 잘 대변하는 것으로 여겨진다. 이것이 미국 30대 기업들의 주식만을 대표하는 다우존스 산업평균지수와는 다른 점이다.

'뛰어넘을 수 없거든 그냥 쫓아가라.' 인덱스펀드의 모토다. 평균을 뛰어 넘는 실적을 올리는 펀드매니저를 발견한다는 보장이 없다면, 이렇게 적어도 시장 전체의 움직임을 따라가는 인덱스펀드에 투자하는 것이 상책일 수 있다.

현재는 모든 종류의 인덱스펀드가 이용 가능하다. 미국(S&P 500으로 대표되는) 대기업의 일반 실적을 반영하는 인덱스펀드는 물론, 국제 주식 시장, 미국 채권, 미국 중소기업 주식 등의 실적을 반영하는 인덱스펀드도 있다. 또 인덱스펀드는 빈번히 사고 팔아야 할 필요가 없다는 이점까지 있다. 인덱스에 포함된 주식들이 그렇게 자주 변하지 않기 때문이다.

그러한 이유로 비용(그리고 청구된 세금)은 일반적으로 펀드 중에서 가장 낮다. 변화가 큰 다른 뮤추얼펀드에 반드시 붙는 높은 수수료와 운용 비용을 절약할 수 있으므로 처음부터 높은 실적과 이익이 보장된 것이나 다름없어 이 또한 금상첨화다.

시간이 언제 내 편이 되는지 안다

시간이 흘러(인플레이션으로 인해) 구매력이 저하되는 것을 무심코 간과해버리기 쉽다는 것에 주의하기 바란다. 또 구매력을 유지하려면 주식에 투자하는 것이 제일 좋은 방법이라는 것도 기억해야 한다. 주가 상승은 소비자 물가의 전반적인 상승을 훨씬 앞질러온 오랜 역사가 있다. 또한, 장기적 목표를 위해 저축은 가능한 한 빨리 시작하는 편이 현명하다는 것도 잊지 말자. 당신의 돈에 이자가 붙는 기간이 길면 길수록 나중에 거둬들일 이익도 늘어나기 때문이다. 이러한 원리는 돈을 빌리는 것에도 적용된다. 신용카드 연체액이 8,000달러가 있는 사람을 한번 생각해보자. 이 사람은 일 년에 18퍼센트의 이자를 청구받고 매월 최저 한도액을 반환한다(시작은 200달러). 그런데 매달 50달러만 더 내면, 완불까지 거의 5년이 걸리는 것을 3년 반 만에 끝낼 수 있다. 그렇게 해서 이자로 나갈 돈을 1,000달러 넘게 절약할 수 있다.

주택담보대출도 마찬가지다. 확정이율 6퍼센트, 30년 원금 분할상환 조건으로 10만 달러를 빌려서 한 달에 599달러를 내는데 매달 50달러씩 더 갚는다면 약 2만 4천 달러의 이자를 절약할 수 있고 대출 기간도 약 5년 단축할 수 있다.

기준율에 따른다

앞서 사람들이 기준율을 너무 쉽게 무시해버린다고 했던 것을 떠올려주기 바란다. 그렇게 해도 괜찮은 경우가 있는 것도 사실이다. 기준율은 일반적인 가능성을 나타내는 것일 뿐, 장래를 확실하게 예측할 수 있는 것은 아니기 때문이다. 2월의 미네소타에도 맑고 따뜻한 날이 가끔 있다. 다만 그것을 예측하려면 운에 의존할 수밖에 없다. 예년에는 볼 수 없던 기상 현상이 따뜻한 기후가 이어지리라 예측할 수 있게 한다면 겨울 코트를 세탁소에 맡겨버려도 좋을 것이다. 하지만 그러한 징후가 없다면 코트를 손이 닿는 곳에 두는 것이 최선이다.

이와 같은 예에서 예측이나 도박(투자)은 '그렇게 하지 않는 편이 좋다'는 특별한 이유가 없는 한 기준율에 따라 행동해야 한다는 것을 알 수 있다. 이에 우리가 위에서 언급했던 조언들을 다시 한번 반복하고자 한다(중복됨을 양해해주기 바란다. 충분히 그럴 만한 가치가 있기 때문이다).

다른 투자 대상보다 주식이 높은 수익을 기록한 역사를 생각해보면, 특별한 이유가 없는 한 투자 포트폴리오 중에 주식이 차지하는 비율을 최대로 높여야 한다(제2장에서 '100의 법칙'을 참고하자). 또한 인덱스펀드의 유효성은 오랜 세월에 걸쳐 증명되어 온 것이므로 이를 반대할 강력한 근거가 없는 한 적극적으로 투자하도록 한다.

세부 사항을 잘 읽는다

뮤추얼펀드에 투자하겠다면 수수료에 관한 세부적인 사항을 꼼꼼히 살펴야 한다. 그것은 안내 책자 등에 명확히 기재되어 있다. 펀드 운용사는 투자자로부터 돈을 받기 전 반드시 안내 책자를 보내도록 법률에 의무화되어 있다. 원칙적으로 수수료가 일 년에 1퍼센트 이상 드는 경우는 피해야 한다. 1퍼센트나 그 절반이나 별반 크게 차이가 없는 것처럼 느낄지도 모른다. 하지만 시간이 흐르면 그것은 수천 달러의 손실로 이어진다. 마찬가지로(우리는 보통 권하지 않지만) 개별 회사의 주식에 투자할 때도 거래 비용이 차곡차곡 쌓여 이익을 갉아먹는다는 사실을 잊지 말기 바란다.

투자를 잘 하고 있는 것 같은데, 돈이 불어나지 않는다면 예상보다 높은 거래 비용이 그 이유 중 하나일 수 있다. 그런데 이유가 단 하나라면, 다음 몇 장에서 살펴보겠지만, 당신이 스스로 생각하는 만큼 주식투자를 잘하는 사람이 아닐 수 있다.

제5장

절대 닻을 내리지 말라

부질없는 편애가
내 돈을 먹어 치운다

Behavioral
Economics

다음은 레스토랑 두 곳을 소개한 가이드북 내용이다. 어느 쪽이 매력적으로 느껴지는가?

CASE 1 첫 번째 레스토랑은 이 지역에서 최상급으로 손꼽히는 곳이다. 촛불이 은은하게 빛나고, 로맨틱한 분위기가 그윽한 식당에서 디너를 즐길 수 있다. 나무로 조각한 천장, 대리석 벽난로 그리고 벽에는 태피스트리(tapestry, 색실을 짜 넣어 그림을 표현하는 직물 공예)가 걸려있다. 대표메뉴는 마르살라풍 송아지 요리, 필레미뇽 스테이크, 버터에 구운 새우가 있다. 최고의 서비스를 자랑한다.

CASE 2 두 번째 레스토랑은 이 지역에서 몇 안 되는 전국적으로 이름난 가게로 그 명성이 자자하다. 하나에서부터 열까지 최고의 식사 경험을 위해 준비되어 있다. 고급스러운 인테리어가 눈길을 끄는 이 레스토랑은 특히 해산물과 송아지 요리가 전문이다. 소고기와 가금류를 이용한 요리도 상당히 좋다. 대표적인 메인 코스로는 랍스터 뉴버그(버터와 생크림을 사용한 요리), 마데이라풍 송아지 요리, 비프 웰링턴 등이 있다.

결정을 내릴 때 그것이 선택의 문제인지, 거절의 문제인지에 따라 최종 판단에 크게 영향을 미친다는 것은 이미 설명했다. 예를 들어, 오디오를 선택할 때 '이런 것은 사면 안 된다'라고 생각하는 경우와 '이런 것을 사야 돼'라고 생각하는 경우에 그 선택은 달라진다. 전자의 경우에는 각 제품의 단점을 찾으려 하지만, 후자의 경우에는 장점을 보려고 하기 때문이다.

이제 우리는 사람들의 의사결정에 큰 영향을 미칠 수 있는 일련의 행동경제학적 경향을 설명할 것이다. 이들 습관이나 경향은 서로 미묘하게 다르지만, 사람들이 부정확하거나 불완전한 정보에 기초하여 재정적인 결정을 내리게 만든다는 공통점이 있다.

첫 번째로 '앵커링(anchoring, '닻 내리기 효과'라고도 함)'이 있다. 앵커링은 객관적인 판단이나 의사결정과 아무 관계도 없는 사실이나 숫자를 쓸데없이 고집하는 경향을 일컫는 말이다.

두 번째로 소개할 것은 '확증 편향(confirmation bias)'이라고 알려진 것인데, 앵커링에서 발생한 문제를 더욱 악화시키는 작용을 한다. 이는 최초에 받은 인상이나 선택(선입견)을 확증하는 정보를 찾아내어, 그것에만 지나치게 집중하는 경향을 말한다. 일단 어떤 생각에 꽂히면 그 선입견에 반하는 의문에는 관심조차 가지지 않으려는 경향과 맥락을 같이하므로 이는 한편으론 '인정 회피' 성향이라고도 할 수 있다.

대부분의 행동경제학적 원리와 마찬가지로 이 같은 경향들은 자체가 흥미롭고 놀랄 만한 것인 동시에, 생활의 가장 기본적이고 중요한 측면(사람들이 정보를 처리하고 평가하는 방법)에서 깊은 의미를 지닌다. 하지만 이들 경향이 가장 중요한 의미가 있는 경우는 어떻게 소비·저축·대출·투자에 관한 결정을 내려야 하는지를 이해하고자 할 때다.

부질없는 편애가 내 돈을 먹어 치운다

앞에 나온 두 곳의 레스토랑 소개 글이 서로 너무 비슷해 선택하는 데 상당히 애를 먹겠지만, 당신만 그렇게 느낀 것이 아니다. 대학교의 마케팅 전공 교수인 에드워드 루소(J. Edward Russo)와 동료인 마거릿 멜로이(Margaret Meloy), 빅토리아 메드백(Victoria Medvec)도 이와 유사한 소개 기사를 학생들에게 보여주었다. 학생들도 손님 입장으로는 레스토랑 두 곳 중 어느 쪽이 특별히 뛰어나다고는 생각하지 않았다. 어느 쪽을 선택하든 오십보백보라는 의견이 대부분을 차지했던 것이다. 루소와 그의 동료들은 이런 결과를 이미 예상하고 있었다. 사실 그 소개 기사는 두 레스토랑에 대한 평가가 같은 수준에서 나오도록 신중하게 작성된 것이다.

그러나 루소와 그의 동료들이 다른 그룹의 학생들에게 방법을 바꾸어서 소개 기사를 보여주고 선택을 하라고 하자 다른 결과가 나왔다. 이 학생들에게는 레스토랑 두 곳에 관한 상세한 묘사를 동시에 보여주지 않고, 예를 들어, 첫 번째 레스토랑의 대표메뉴가 '필레미뇽 스테이크'라면, 두 번째 레스토랑은 '비프 웰링턴'하는 식으로 서로 대응되는 사항들을 짝지어 보여주었다. 이렇게 짝을 지어 정보를 제시할 때마다 학생들에게 어느 쪽을 선택할지를 물었다. 그러고는 마지막에 두 레스토랑에 관한 모든 정보를 보여준 후 학생들에게 최종 결정을 내리게 했다.

이번에는 학생들이 두 레스토랑의 차이를 확실히 느꼈으며,

한쪽을 택하는 것을 전혀 어렵게 생각하지 않았다. 학생들이 어떤 레스토랑을 더 선호했는지는 사실 중요하지 않다. 중요한 것은 어느 쪽을 선택하든 가장 먼저 제시됐던 조합에서 선택했던 레스토랑이 최종적인 선택으로 이어졌다는 사실이다. 실제로 모든 정보가 제시된 후에도 84퍼센트의 학생들이 맨 처음에 제시받았던 조합에서 선택했던 것과 동일한 레스토랑을 선택했다.

 그렇다면 왜 한쪽 그룹의 학생들은 두 레스토랑의 차이를 거의 혹은 전혀 느끼지 못했고, 다른 쪽 그룹에서는 그 차이를 크게 느낀 것일까? 원인은 바로 '확증 편향(루소와 그 동료들이 부르는 방식으로는 '선호 편향')'이다. 명칭이 무엇이든 이것이 의미하는 것은 일단 선택해버리고 나면(아무리 소소한 것이라 하더라도), 사람들은 그다음에 주어지는 새로운 정보를 자신이 선택한 것에 유리하게 해석하는 경향이 있다는 것이다. 또는 기존에 머릿속에 있던 생각이나 감정에 맞지 않는 새로운 정보를 쉽게 무시하게 된다는 것이다.

 그런 이유로 어떤 학생이 필레미뇽 스테이크보다 비프 웰링턴을 선택하기로 했다면, 이 학생에게는 그 뒤에 나오는 모든 사항들이 그가 선택한 두 번째 레스토랑을 지지하는 쪽으로 기우는 것이다. 설사 두 번째 레스토랑에 자신의 취향과 맞지 않는 요소가 있었다고 하더라도 별로 중요하게 여기지 않았을 것이다. 아마도 이런 식으로 말이다. "고급스러운 인테리어(두 번째)보다는 로맨틱한 분위기(첫 번째)가 좋긴 한데, 뭐 내가 밥 먹으러 가지 연애하러 가나?"

확증 편향의 이면에 있는 심리는 견실한 의사결정마저도 배척하게 만들 수 있다. 의사결정을 연구하는 사람들은 둘 중 하나를 선택하지 않으면 안 되는(예컨대, 두 직장 중에 어느 쪽을 선택해야 할지, 또는 두 채의 집 중 어느 쪽을 사야 할지 등) 상황에서는 종이에 칸을 그어 각 선택지의 장단점을 적어보라는 조언을 종종 한다.

하지만 이 방법으로 효과를 본 사람은 거의 없다. 대부분 중도에 포기하며 이렇게 소리친다. "이게 다 무슨 소용이야. 내가 원하는 건 이게 아니야!" 이미 선택하고자 하는 쪽은 처음부터 정해져 있었기 때문에 다른 결과로 점점 기울게 되면 도중에 반발하는 것이다.

확증 편향은 거의 모든 의사결정에 영향을 미친다. 어떤 문제에 대해 일단 어떤 감정을(설령 무의식으로라도) 품게 되면, 그 생각에서 벗어나기가 무척 어려워진다. 그러한 편향은 특정 인물이나 상품, 투자에 유리하게 작용하는 때도 있는가 하면, 그 반대의 경우도 있다. 처음에 받은 인상 때문에 무언가를 싫어하게 되었는데 그 후에 좋은 점을 보더라도 그러한 감정이 변하지 않았던 경험은 누구에게나 있을 것이다.

선거 입후보자를 봤다거나 상사를 처음 만났던 날을 떠올려 보기 바란다. 상대에 대해 일단 어떤 느낌을 받은 다음에는 새로운 정보를 그 첫인상에 끼워 맞추려 했을 것이다.

"첫인상이 중요한 것은 바꿀 수 있는 두 번째 기회가 없기 때문이다!"라는 옛말은 사람들이 생각하는 것보다도 훨씬 더 정곡을 찌르는 말이다. 한 가지 생각이 머릿속에 남으면, 결국 고착되어 버리는 경우가 많다. 그것을 깨부술 수도 있겠지만, 그러려면 거대한 망치가 필요하다.

실제로 확증 편향은 사람들이 보통 쇼핑할 때 결국 맨 처음 봤던 물건을 구매하는 경우가 많다는 업계의 법칙과도 관련 있다고 추측할 수 있다. 그것이 실제로 그런지는 확실히 알 수 없다. 하지만 만일 그렇다고 한다면, 예컨대 처음에 보았던 바지가 마음에 들면 가게 안을 돌아다니면서 보이는 다른 바지는 이제 눈에 들어오지 않게 된다는 것이다. 혹은 두 번째로 본 바지는 처음에 본 것과 색상은 같아도 디자인이 마음에 들지 않는다고 느낄지도 모른다. 이유야 어쨌든 처음에 보았던 바지보다 좋은 것은 찾을 수 없다는 얘기다.

그건 그렇다고 치고, 이런 편향 때문에 의사결정이 왜곡되고 결과적으로 돈을 낭비하게 된다면 이야기는 달라진다. 처음부터 끝까지 객관적으로 선택지를 평가할 수 있다면 불필요한 낭비를 줄이고 좀 더 절약할 수 있을 것이기 때문이다.

사실 '고객의 판단은 조정할 수 있다(최초의 인상에 기초해 어떤 제품 또는 서비스를 마음에 들도록 '프로그램'할 수 있다)'라는 것은 마케팅과 판매의 기본 원리 중 하나다. 너무 뻔하고 단순하게 들릴지 모르지만, 사실은 매우 중요한 것이다. '측정 효과(measurement effect)'라 불리는 경향을 고려해보면, 누군가에게 무언가를 할 계획인지 물어보는 것만으로도 그것을 할 가능성이 커진다. 그리고 이것은 생각보다 광범위한 영향을 미친다. 만약 사람들에게 다음 날 투표할 계획인지 물어본다면 질문을 받은 사람은 받지 않은 사람보다 투표에 참여할 가능성이 약 25퍼센트 높아진다. 또한, 몇 년 전 실시된 대규모 전국 설문 조사에 따르면, 내년에 자동차를 구매할 의향이 있는지 질문을 받은 응답자는 그렇지 않은 응답자에 비해 자동차를 구매할 가능성이 더 커졌다.

이전에 한 파티에서 이야기가 한창인 도중에 개리의 친구가 합류하게 된 적이 있다. 마침 어떤 사람이 특정 뮤추얼펀드는 높은 수수료를 내고서라도 살 가치가 있다고 설명하던 참이었다(의사들과 마찬가지로 금융부 기자들이 여는 파티에서의 화제는 실로 희한하다). 하지만 개리의 친구('행크'라고 부르기로 하자)는 어떤 이유에서라도 그런 높은 수수료를 내는 것은 원치 않았다.

행크는 목청을 높이며 말했다. "뮤추얼펀드가 실적을 얼마나 올리는지 그런 건 아무래도 좋아. 같은 실적을 내면서도 수수료가 싼 회사가 분명 있을걸." 개리는 그 의견에 찬성했지만, 행크 또한 사실은 수수료가 높은 다른 뮤추얼펀드에 투자하고 있다는 것을 알고 있었다. 개리는 그 점에 대해서는 언급하지 않았지만(우정을 지키는 데는 신중함이 필요하다), 이것이야말로 '확증 편향'의 살아있는 예가 아닐까 하고 생각한다.

행크는 그 뮤추얼펀드가 실적도 우수하고 유명한 펀드매니저가 담당한다는 친구의 권유를 받고 투자를 했다. 수수료가 의미하는 바를 알게 되었을 때는 이미 자신이 투자한 뮤추얼펀드에 '편향(偏向)'을 갖게 되어 수수료 따위는 크게 중요하지 않게 되었고, 나중에 들어온 새로운 정보도 객관적으로 평가할 수 없었다. 그러나 이 파티에서는 다른 펀드에 대해 맨 처음 접하게 된 정보가 높은 수수료였기 때문에 그 밖의 실적이나 매니저 평판과 같은 다른 정보는 귀에 들어오지 않았다. 일단 한가지 생각이 머릿속에 들어앉자, 다른 것들이 중요하게 여겨지지 않게 된 것이다.

마케팅 담당자들은 이 점을 잘 활용한다. 그래서 광고에 수

십억 달러를 들이는 것이다. 상품이나 브랜드를 사람들의 마음속에 '앵커링'하는 것만으로도 사람들이 그것을 살 확률이 높아지기 때문이다. 그리고 일단 한번 구매를 하고 나면 확증 편향이 작용해 얼마간은 그 물건만 찾게 된다. 앵커링의 목적은 어떤 상품이든(뮤추얼펀드든, 침대든, 콘플레이크든, 자동차든) 그에 대해 좋은 이미지를 갖도록 유도하고, 그 후에 받아들이는 정보를 호의적으로 해석하게 하는 것이다. 그리고 실제로 그렇게 된다. 그런데 특정 제품을 편애하는 브랜드 로열티(확증 편향의 의붓자식) 덕분에 구매자는 수천 달러를 손해 보고 있다. 그 이유는 예를 들어 만약 혼다자동차에 관심이 편중된다면 혼다에 관한 정보는 호의적으로 받아들일 것이고, 닛산자동차의 정보에는 덜 호의적이게 된다. 관련된 정보 중에서 특히 눈여겨봐야 할 것은 가격인데, 코넬 대학교 마케팅학과 교수인 딕 위딩크(Dick R.Wittink)와 매사추세츠주의 케임브리지 코너스톤 연구소의 라훌 거(Rahul Guah)가 공동으로 실시한 연구에 따르면, 자동차를 새로 바꿀 때 기존에 타던 것과 똑같은 자동차 브랜드를 선택한 사람은 다른 브랜드를 타다 바꾼 사람보다 더 많은 돈을 쓴다고 한다. 그것도 훨씬 많은 돈을 말이다.

   3,000명의 신차 구매자의 데이터를 분석해보았더니, 뷰익

(Buick)의 충성 고객은 다른 브랜드에서 뷰익으로 바꾼 사람보다 평균 1,051달러를 더 썼다. 메르세데스 '신봉자'인 경우 평균 7,410달러 넘게 더 많이 썼다. 이들이 '확증 편향'을 연구했던 것은 아니지만, 그 같은 관련성을 놓칠 리 없었다. 뷰익의 소유자는 처음부터 그 브랜드를 편애하고 있었기 때문에 제품 이외의 부분(딜러가 제시하는 가격 등)에 의문을 품는 경우가 적었을 것이다. 한편, 뷰익에 특별한 애정이 없는 사람들은 차를 바꿀 때 가격을 깎는다든지, 다른 조건을 요구한다든지 하는 경우가 많았다.

이러한 결론은 이 연구의 또 다른 조사 결과를 보면 한층 더 뒷받침된다. 자동차 교체 시기가 빠를수록 브랜드에 대한 애착이 더 강하다는 사실이다. 자동차의 소유 기간이 길면 길수록 수리해야 하는 상황도 더 많아지게 마련이지만, 자동차를 금세 바꿔버리는 사람은 브랜드에 대한 좋은 감정이 상할 법한 문제를 그다지 경험하지 않을 가능성이 크다. 아무리 확증 편향이 있다고 해도 고장난 점화장치에 고운 눈길을 보내기는 어려울 것이다. 따라서 소유 기간이 길어지면 길어질수록 이 같은 상황도 늘어나기 때문에 확증 편향을 극복하기가 한결 수월해진다.

앵커링이 당신의 생각에 영향을 미치는 방법

중앙아시아를 거의 모두 지배했던 몽골 제국의 지도자 칭기즈칸은 불행하게도 현재의 헝가리를 침공했을 때 죽고 말았다. 다음의 두 문제에 대답해주기 바란다.

❶ 이 사건이 일어난 것은 서기 151년보다 전일까, 후일까? ('151'이라는 숫자는 뉴욕시의 우편번호 끝 세 자리 숫자 '028'에 '123'을 더한 것이다)
❷ 칭기즈칸이 죽은 것은 몇 년도일까?

실타래처럼 얽히고설킨 대부분의 행동경제학적 원리와 마찬가지로 확증 편향도 다른 심리적 경향의 원인이자 결과다. 그중에서도 앵커링은 가장 극복하기 어려운 것이다. 앵커링은 우리 모두에게 있는 심리적 경향을 설명하기 위한 비유적인 용어다. 이는 어떤 사고방식이나 사실에 집착하며, 그것을 미래의 결정에 있어 평가 기준으로 삼는 경향을 말한다.

앵커링의 힘이 유독 강력한 것은, 자신이 그로부터 영향을 받고 있다는 사실을 깨닫지 못하는 경우가 많기 때문이다. 이를 이해하기 위해 다시 역사 퀴즈로 되돌아가 보자. 다시 한번 눈을 크게 뜨고 두 문제에 가능한 한 신중하게 대답해보기 바란다.

눈치챘을지 모르겠지만, 첫 번째 문제는 말하자면 '기만' 내지는 '함정'이다. 서기 151이라는 숫자를 머릿속에 각인시키는 데 그 목적이 있는 것이다. 여러분도 그 숫자가 정확히 맞는다고 생각하지 않았을 것이다. 아무리 생각해도 서기 151년은 너무 이르다. 하지만 또 막상 정확한 연도를 생각해내려 하면, 151이라는 숫자가 계속 마음에 걸려 판단을 흐리게 만든다. 이 문제에 내린 여러분의 최종 결론은 서기 151년에 근접한 시기일 것이다(하지만 실제로 칭기즈칸이 죽은 때는 서기 1227년이다).

이런 결론을 내게 될지 우리는 어떻게 알았을까? 몇 해 전, 코넬 대학교의 루소는 MBA 지원자 500명에게 이와 비슷한 문제를 냈다. 이때는 훈족의 왕 아틸라(Attila)가 패배한 해를 물었다. 루소는 문제 1의 기준 연대에 해당하는 숫자를 학생 자신이 직접 만들도록 했다. 즉, 각자의 전화번호 끝 세 자리 수에 400을 더하게 한 것이다.

흥미롭게도 학생들이 제시한 기준 연대가 400에서 599의 범위에 있는 경우, 그들이 아틸라가 패배한 해라고 답한 것은 평균 서기 629년이 되었다. 하지만 학생들이 만든 기준 연대가 1200에서 1399 사이에 있는 경우, 아틸라가 패배한 해의 평균치는 988년이었다. 학생들은 스스로 만들어낸 기준 연대에 아무 의미가 없다는 것을 잘 알고 있었음에도, 아틸라가 패배한 해의 답을 내는 데 영향을 받았던 것이다. 즉, 기준 연대가 최근일수록 아틸라가 패배한 해도 최근이 되었다(그러나 그 사건이 실제로 일어난 해는 서기 451년이다).

물론 영리한 독자들은 학생들에게 그들의 전화번호 마지막 세 자리 숫자에 400을 더하도록 한 트릭이 어느 정도 정확한 기준 숫자가 나오게끔 설계된 것은 아닌지 물어볼 수도 있다. 하지만 이 같은 가정에는 무리가 따른다. 전화번호 끝 세 자리는 000에서 999까지 있다.

하지만 더욱 중요한 것이 있다. 다른 많은 실험에 의해서도 사람들은 (해당 문제와는 무관하다는 것을 알면서도) 의미 없는 숫자에 좌우되는 경향이 있다는 사실이 밝혀진 것이다.

예를 들어, 트버스키와 카너먼은 한 실험 참가자들에게 UN에 가입되어있는 아프리카 국가의 비율이 어느 정도인지를 물었다. 우선 실험 참가자들 앞에서 1부터 100까지의 숫자가 있는 둥근 숫자판을 돌렸다. 이어 참가자들에게 정답이 이제 막 돌다가 멈춘 숫자판의 숫자보다 큰지 작은지를 물었다. 놀랍게도 참가자들의 대답은 그 숫자가 분명 우연히 나온 것임에도 불구하고 그 결과에 크게 영향을 받았다. 카너먼과 트버스키는 이렇게 쓰고 있다.

"이 문제에 대한 대답의 평균은 처음 숫자판에서 10이 나온 그룹에서는 25였고, 65가 나온 그룹에서는 45였다."

카너먼과 트버스키의 실험에 참가한 사람들이 자신들의 의식이 숫자판을 돌려 무작위로 나온 숫자에 앵커링되어, 그것에 영향을 받아 아무 관계도 없는 문제에 답을 내렸다는 사실을 알게 되면 상당히 놀랄 것이다. 무엇보다도 그 숫자에는 아무런 의미가 없다는 것을 알고 있었는데도 말이다. 하지만 어떤 숫자나 생각에 앵커링되어, 그것을 기준점으로 돈과 관련된 중대한 결정을 내리는 경우가 얼마나 많은지 알면 여러분 또한 어리둥절해질 것이다.

집 구하기 수난

몇 년 전 행동경제학자 유리 사이먼손(Uri Simonsohn)과 조지 로웬스타인(George Loewenstein)은 소비자에게 유익하거나 해로운 영향을 미칠 수 있는 앵커링의 흥미로운 사례를 보여주었다. 그들은 연구에서 사람들이 새로운 곳으로 이사할 때, 이전의 부동산 시장에서 앵커링된 가격을 고수한다는 점을 발견했다. 부동산 가격이 비싼 도시에서 이사 온 사람들은 싼 도시에서 이사 온 사람들보다 비싼 아파트에 세를 내고 들어갔다. 이 현상은 개인의 재산, 세금 또는 다른 기타 이유에 상관없이 나타났다. 비싼 도시를 떠나 저렴한 곳으로 이주한 사람들은 필요한 것보다 더 (혹은 형편보다 더) 큰 집을 사는 경향이 있었다. 반면 부동산값이 싼 도시에서 비싼 도시로 이주한 사람들은 집을 사는 비용에 대한 기준을 높이지 않고 더 작은 집에 정착하는 경향이 있었다. 이 앵커링을 극복할 방법이 하나 있다. 새로운 곳으로 이사하게 되면, 집을 사기 전에 먼저 1년 동안은 세 들어 살아보라. 그러면 기존의 낡은 닻을 버리고 새로운 환경에 적응하는 데 도움이 될 것이다

결혼이나 약혼을 했거나, 혹은 하려고 생각한 적 있는가? 그렇다면 다이아몬드 반지는 가격이 얼마나 한다고 생각하는가? 사람들은 이 질문에 흔히 '월급 두 달 치'라고 답한다. 이 표현은 이 문제에 답할 때 흔히 쓰는 기준치가 되었다. 다이아몬드 업계가 열심히 광고해댄 성과다. 하지만 그것은 완전히 말도 안 되는 이야기이다. 결혼반지 가격은 자신이 감당할 수 있는 금액이면 된다. 하지만 두 달 치 월급은 이미 결혼반지 가격의 기준점이 되어 버렸다. 두 달 치 금액을 기준 가격으로 잡으면, 사람들은 보통 그 이상의 돈을 쓸 것이 거의 확실하다는

사실을 다이아몬드 판매업자들은 간파하고 있었던 것이다.

왜 그런 것일까? 결혼반지에 그 정도의 돈도 쓰지 않으려는 사람을 '짠돌이'로 생각하게끔 만들어 놓았기 때문이다. 어느 누가 약혼자에게 그런 모습으로 비치고 싶겠는가? 이러한 배경을 모른다면 (혹은 설령 안다고 해도) 그들은 결국 두 달 치 급여에 맞먹는 금액에 앵커링 될 것이다. 한편, 애초에 두 달 치 월급 이상의 돈을 쓸 사람들 또한 어쨌든 그렇게 할 것이다. 그들은 자신 같은 사람들이 아니라, 자신만큼 돈을 가지고 있지 않거나 약혼자를 그만큼 사랑하고 있지 않은 사람들을 위해 기준치라는 것이 존재한다고 생각하기 때문이다.

여기에는 실제로 두 가지의 다른 문제가, 혹은 두 종류의 앵커링이 있다는 것에 주의하기 바란다. 그것들은 모두 실로 위험한 것이다.

해당 상품에 대한 지식을 거의 가지고 있지 않을 때 대부분의 사람은 앵커링의 영향을 특히 쉽게 받는다. 예를 들어, 사람들은 다이아몬드가 '실제로' 얼마인지 잘 모르기 때문에 일반적으로 받아들여지고 있는 가격에 사로잡히게 된다. 확신이 없기 때문이다. 그보다 더 좋은 방법을 모르기 때문에 굳이 닻을 거두려 하지 않는다. 붙어 있는 가격표가 사람들을 현혹하는 것이라는 사실을 아는 경우라도, 숫자판을 돌려나온 의미 없는 숫자에 좌우되는 사람들처럼 그냥 그렇게 홀린 듯 속아 넘어간다. 당신이 다른 나라의 시장에서 상인이 터무니없는 가격을 부른다는 것을 알았다고 해도 과연 적절한 가격을 알 수 있겠는가? 앵커링으로 인해 상인이 부르는 가격에서 벗어나지 못하고(그들의 표적이 되었다는 것을 알면서도) 많은 돈을 내고 말 것이다.

마케팅학과 교수 브라이언 완싱크(Brian Wansink), 로버트 켄트(Robert J. Kent), 스티븐 호치(Stephen J. Hoch)가 함께 실시한 한 연구에 따르면, '개당 50센트' 혹은 '4개에 2달러'로 각각 표기되어 판매되는 캔은 몇 개의 상품을 살지 고민하는 사람들의 생각에 영향을 미쳤다. 물론, 고객들은 '4개에 2달러'가 표기된 상품을 마주했을 때 36퍼센트 더 많은 캔을 구입했다. 또 다른 연구에서, 간식 상품 매대에 '스니커즈—얼려먹으면 더 맛있습니다' 혹은 '스니커즈—얼려 먹으면 더 맛있는 18개입 상품'을 각각 표시해두었다. 물론 앵커링에 의해 소비자들은 18개입이 명시된 상품을 38퍼센트 더 구매하는 경향이 있었다.

집을 매매한 경험이 있는 사람이라면 사는 측과 파는 측이 강력한 앵커링의 힘에 어떠한 영향을 받는지를 잘 알고 있을 것이다. 다음 두 이야기를 통해 이 점을 더 살펴보자.

첫 번째는 '몰리'라는 여성의 이야기다. 얼마 전 몰리는 뉴욕에서 아파트를 물색하고 있었다. 센트럴 파크가 보이는 곳에 위치한 침실 두 개를 갖춘 근사한 아파트가 눈에 쏙 들어왔다. 주인은 110만 달러를 불렀고, 당시 그 정도 아파트에 적당한 시세였다(뉴욕이라는 것을 잊지 마라). 하지만 몰리의 친구는 최근 비슷한 아파트를 95만 달러에 구입했다. 그 친구가 아파트를 산 것은 부동산 가격이 상승하기 직전이었지만, 몰리는 그 숫자에 앵커링 되어버리고 말았다. 그래서 집주인이 너무 높은 가격을 부른 것이라고 단정 지었다. 몰리는 그 집이 마음에 무척 들었고 살 수 있는 여력도 있었다. 하지만 일주일 동안 가격이 높다는 불평만 늘어놓다가 중개인에게 주인이 가격을 좀 더 내릴 의사는 없는지 물어봐 달라고 부탁했다. 그러는 사이, 주인이 제시한 가격을 순순히 내겠다는 다른 구매자가 나타났다. 그러나 걱정하지 말라. 결국, 몰리는 그 아파트를 샀으니까. 다만 한 가지 안 좋은 소식이 있다면, 그녀가 그 집을 사는 데 125만 달러를 냈다는 것이다. 처음보다 15만 달러나 높은 가격을 주고 말이다.

이러한 상황은 부동산 시장이 활황일 때 종종 일어난다. 반면 부동산 시장이 얼어붙을 때는 앵커링의 위험이 판매자에게 작용한다. 다음은 조지와 루이스 부부의 이야기다.

몇 해 전, 조지와 루이스 부부는 세인트루이스 교외에 있는 자택을 부동산에 내놓았다. 조지가 댈러스에 직장을 얻어 이사해야 했기 때문이었다. 부동산 중개인은 26만 5,000달러에 내놓을 것을 제안했다. 이는 그 동네에서 지난 몇 개월 동안 판매된 가격보다 약 1만 달러가 싼 가격이었다. 중개인이 그 가격을 제안한 이유는 첫째, 두 사람은 댈러스에 집을 사기 위해 집을 빨리 팔아야 할 필요가 있고, 둘째 두 사람의 집은 주변의 집들보다 조금 작다는 것이었다.

하지만 조지와 루이스(두 사람은 그 집을 20만 달러에 구입했다)는 그 지역의 다른 집이 얼마에 팔리고 있는지를 알고 있었기 때문에 27만 5,000달러에 내놓겠다고 우겼다. 실제로 두 사람은 처음에 26만 달러, 두 번째에 26만 5,000달러에 사겠다는 제의가 들어왔던 것을 거절해버렸다. 자신들의 집이 다른 집에 비해 떨어지지도 않고, 그 정도 가격을 받을 가치가 있다고 확신했기 때문이다. 그래서 두 사람은 기다리고 또 기다렸다. 그러나 불행하게도 두 사람이 그 도시를 떠난 2개월 후(최초에 가격을 제시하고 나서 5개월 후) 세인트루이스의 대규모 항공회사가 수천 명의 종업원을 일시에 해고하고 말았다. 두 사람의 근처에 살고 있던 관리직 직원도 다수 포함해서 말이다. 시장에는 갑자기 매물이 넘쳐나게 되었다. 그 대부분이 몇 개월간 빈

집으로 있던 조지와 루이스의 집보다 크고 상태도 좋았다. 부동산업자는 7개월이 지나서야 겨우 두 사람의 집을 사겠다는 사람을 찾을 수 있었다. 최종 매매가는 23만 달러, 중개인이 처음 제안했던 가격보다 3만 5,000달러나 낮은 가격이었다.

자기 암시의 강력한 힘

앵커링의 대단한 위력을 느꼈는가? 앵커링에 사로잡히면 큰 손해를 입을 수 있다는 점도 중요하지만, 여기서 꼭 짚고 넘어가야 할 것은 이 두 가지 이야기 속 인물들이 유별나게 고집이 세거나 어리석어서 이런 일을 겪었을 것이란 속단을 해서는 안 된다는 점이다. 앵커링은 사람을 가리지 않는다. 특정 분야에 지식이 풍부해서 그쪽으로는 경험이 부족한 사람들과는 다를 것 같은 사람도 앵커링의 영향에서 쉽게 벗어날 수 없다는 사실을 기억하자.

1987년에 애리조나 대학교의 경영학 교수인 그레고리 노스크래프트(Gregory B.Northcraft)와 마가렛 닐(Margaret A.Neale)이 수행한 실험 결과를 생각해보자. 두 사람은 투싼(Tucson) 지역의 부동산 중개인을 연구 대상으로 했다. 우선 무작위로 고른 중개인 그룹을 어떤 집으로 데리고 가서 가격을 평가해줄 것을 의뢰했다. 중개인들은 가이드와 함께 내부를 둘러보고 집에 대한 정보와 함께 공시가 6만 5900달러가 표기된 10쪽짜리 소책자를 받았다. 이들이 산출해낸 감정가는 평균 6만 7811달러였다. 충분히 적정한 가격이었을까? 중개인들은 자신의 경험(평균 7년)과 모든 관련 자료를 바탕으로 한 시장 지식을 적용해 가격을 산정했다. 하지만 여기서 잠시. 노스크래프트와 닐이 다른 부동산 전문가들을 데려왔을 때 어떤 결과가 나왔는지 비교해보자. 그들에게도 마찬가지로 내부를 보여주고 똑같은 소책자를 배부했다. 한 가지 다른 점은 공시가를 8만 3,900달러라고 했다는 것이다. 그러자 이들이 내린 감정가의 평균은 7만 5,190달러였다. 처음 그룹보다 7,000달러나 높아진 것이다. 집도 주어진 정보도 모두 동일했다. 유일하게 다른 점은 앵커링(공시가)이었다. 집의 평가에 극적인 영향을 미치는 데는 이것만으로도 충분했던 것이다. 그런데 그에 못지않게 놀라운 사실은 중개인들이 앵커링의 영향을 받았다는 점을 전혀 모르고 있었다는 것이다. 가격을 매긴 근거를 물었을 때 고려한 요인 중 한 가지로 공시가를 들었던 사람은 25퍼센트에도 미치지 않았다.

    이처럼 앵커링은 우리가 내리는 거의 모든 금전적인 결정에 영향을 미친다. 그 결정과 관련된 분야에 전문가라거나 이미 앵커링이 될만한 가격이 설정되어 있다는 사실을 알고 있더라도 그것은 변함없다. 익숙하지 않은 바다일수록 특정 숫자에 닻을 내리는 경향이 특히 강해진다는 것은 아무리 강조해도 지나침이 없다. 그 바다에서의 경험이 적으면 적을수록 살기 위해 뭐라도 붙잡고 놓지 않게 되는 것이다.

전문지식이 없는 분야에서 금전적인 결정을 내리는 경우, 앵커링에 사로잡히면 거래의 어느 편에 있더라도 실수를 저지르고 말 것이다. 만약 당신이 생명보험에 가입하는 '구매자' 쪽이라면, 상대가 보여주는 일반적인 수준의 보상 범위와 보험료에 쉽게 좌우될 것이다. 능수능란한 보험 설계사는 이렇게 말하기만 하면 된다. "손님 연령대라면 보통 200만 달러까지 보장되는 월 납입금 300달러의 보험에 가입되어 있습니다." 그리고 그것이 교섭의 출발점이 된다. 당신은 보상 범위를 100만 달러로 낮추고 월 할부금을 150달러로 내리고 싶지만 그렇게 하면 너무 인색하거나 미래에 대한 생각이 없는 사람으로 보일까 걱정된다. 하지만 실상 지금의 나이와 건강 상태를 생각한다면 그것도 너무 많은 것인지 모른다.

'판매자'일 때도 앵커링으로 인해 특정 숫자(예컨대, 최초의 구입 가격)가 머릿속에 남아 필요 이상으로 그것에 집착해버리게 된다. 이는 앞서 논했던 현상(떨어지고 있는 주식을 계속 쥐고 있고,

올라가고 있는 주식을 팔아버리고 마는)의 또 한 가지 원인이라고 할 수 있다. 한 주를 50달러에 샀다면 그 가격은 앞으로 그 주식의 가치를 평가할 때 앵커링 역할을 한다. 사실, 어떤 주식의 가치 기준을 정하려고 그 주식을 살 필요는 없다.

2007년에 내비게이션 기기를 만드는 가민(Garmin)이라는 회사의 주가가 주당 78달러로 최고치를 찍었다. 다음 해인 2008년, 주가가 66달러로 떨어지자 싸다고 느낀 투자자들이

진정한 할인의 시점은? 몇 해 전, 개리가 홍콩에서 일하고 있을 때 동료인 마지가 골동품을 몇 개 사왔다. 그중 아주 오래된 화병 하나가 약 500달러라고 했다. 마지의 설명에 따르면, 가게 주인이 처음에는 1,000달러를 불렀지만, 흥정 끝에 반으로 깎았다는 것이다. 그 때문에 그녀는 그 화병을 매우 저렴하게 샀다는 것을 믿어 의심치 않았다.

이 또한 앵커링의 대표적 사례다. 마지는 주인이 제시한 가격이 실제보다 훨씬 높게 매겨져 있다는 것을 알고 있었다. 하지만 가게 주인은 화병 가격을 1,000달러에 앵커링하고 그 가격을 기준으로 흥정을 시작한 것이다. 그렇다고 마지가 사기를 당한 것은 아니다 어찌 됐든 그녀는 만족하니까.

여기서 알아두어야 할 것은, 가격이 확실하지 않은 물건을 더 높은 가격을 주고도 살 마음이 있다면 그것은 진짜 할인은 아니라는 점이다. 마지가 그 화병에 500달러 이상을 낼 마음이 없었거나, 다른 가게에서 좀 더 싼 화병을 발견했더라면, 그 가격에서 진정한 할인이 시작되었을 것이다.

대거 매수하기 시작했다. 그들은 78달러라는 가격에 사로잡혀 있었던 것이다. 불행히도 주가는 그해 말 16달러까지 떨어졌고 이 책을 쓰는 시점에도 최고가의 3분의 1도 안 되는 가격에 거래되고 있다. 그 주식의 최고가에 닻을 내렸던 투자자들에게는 동정을 금할 길이 없다. 주가의 하락이 해당 기업의 현재 재무상태나 향후 전망이 바뀌어 정당하게 하락했다고 해도, 원래의 매입가(또는 최고가)를 기억에서 지우기란 어렵다. 닻을 끌어올리는 것은 생각보다 어려운 일이다.

앵커링이 얼마나 쉽게 일어날 수 있는지에 대한 또 다른 관점이 있다. 톰과 그의 대학원 동료 클레이턴 크리처(Clayton Critcher)는 최근 제품 이름에 포함된 숫자가 사람들의 판단에 어떤 영향을 미칠 수 있는지 알아보는 일련의 실험을 했다. 한 연구에서, 그들은 참가자들에게 'P97' 혹은 'P17' 스마트폰에 대한 정보를 제공하고 유럽의 스마트폰 판매 비율을 측정하도록 요청했다. 결과적으로 'P97' 스마트폰 정보를 제공받은 참가자들이 판매 비율을 더욱 높게 예측했다. 또 다른 연구에서는 참가자들에게 각각 '스튜디오 97' 또는 '스튜디오 17' 레스토랑 식사에서 어느 정도의 금액을 지출할 의사가 있는지를 물었다. 우리는 이 실험의 결과를 예상할 수 있다. 평균적으로, 참가자들은 기꺼이 '스튜디오 97' 레스토랑 식사비용에 1/3

더 지불할 의사가 있다고 대답했다. 소비자들은 이 점을 주의해야 할 것이다!

당신이 간과하고 있는 것

CASE 눈앞에 카드 네 장이 놓여 있다고 상상해보자. 카드의 한쪽에는 문자가, 다른 한쪽에는 숫자가 프린트되어 있다. 지금 카드의 윗면에는 A, B, 2, 3이 나와 있다. 여기서 가능한 한 최소한의 카드를 뒤집어 다음의 명제가 유효한지 판단해보자.
"한쪽 면에 모음이 프린트된 카드의 뒷면에는 짝수가 프린트되어 있다."
이 명제가 참인지 거짓인지 판단하려면 어떤 카드를 뒤집어야 할까?

이 책의 서론에서 우리는 많은 행동경제학적 장해를 극복하는 열쇠는 지식이라는 우리의 신념을 표명하였다. 여러분의 사고방식이나 행동 패턴이 어느 한쪽으로 치우치기 쉽다는 사실을 인식하면, 그것을 고치는 방법도 더 쉽게 찾을 수 있다. 개중에는 고치기가 특별히 어려운 것도 있는 게 사실이다. 이

장에서 논하고 있는 경향이 특히 그러하다.

이미 살펴본 것처럼 제시된 가격이 사람들을 기만하기 위해 설정되어 있다는 것을 뻔히 알면서도 그 '닻'을 무시하기가 어렵다. 그것이 적정 가격이 아니라는 것을 알지만 그렇다고 적정 가격이 얼마인지, 또는 얼마를 깎아야 좋은지는 알 수 없다.

확증 편향 또한 극복하기 어려운 건 마찬가지다. 이를 위해선 사람들이 보통 부자연스럽게 느끼는 것, 즉 신념이나 기호에 반하는 것을 억지로 찾아내야 하는 일이기 때문이다.

이는 앞에서 제시한 카드 문제를 사람들이 해결하는 방법에서도 잘 나타난다. 대부분 명제가 옳다는 것을 증명하기 위해 A와 2, 또는 A만 선택한다. 모음 카드의 뒷면이 짝수인지, 짝수 카드의 뒷면이 모음인지 보기 위해서다.

하지만 그 두 장의 카드가 명제를 충족시킨다고 해도 문제는 해결되지 않는다. 왜 그럴까? 숫자 3 카드의 뒷면이 모음일지도 모르기 때문이다. 그렇게 되면 모음 카드 뒷면은 짝수라는 명제가 거짓이 된다. 그러므로 정확하게 하자면 A 카드(뒷면이 짝수인지 확인하기 위해)와 3 카드(뒷면이 모음이 아니란 것을 확인하기 위해)를 선택해야 한다. 지금 우리가 설명하려고 하는 바로 이 문제 때문에 우리의 설명이 이해하기 어려울 수도 있다는 점은 물론 아이러니하다.

사람들은 이미 알고 있거나 알고 있다고 생각하는 사실을 확인하는 것을 더 자연스럽다고 느낀다. 이러한 이유로 어떤 규칙을 증명하려 할 때 그것을 부정하는 정보가 아닌 지지하는 사실을 더 찾는 경향이 있다. 사람들이 "숫자 2 카드를 확인해봐야지. 뒷면에 자음이 있을지도 모르니까"라고 말하는 것도 이 때문이다. 하지만 2 카드 뒷면이 자음이라고 한들 뭐가 어떻단 말인가. 그 결과로 알 수 있는 것은 '짝수 카드 뒷면이 자음일 수도 있다'일 뿐이다. 이는 '한쪽 면에 모음이 프린트된 카드의 뒷면에는 짝수가 프린트되어 있다'라고 하는 명제를 증명하는 것도 반증하는 것도 아니다.

무슨 말인지 모르겠다고? 걱정할 필요 없다. 중요한 내용은 바로 이것이니까. 적극적으로 반증할 수 있는 정보를 찾지 않으면(이 문제에서 숫자 3 카드를 고르는 유일한 이유는 제시된 명제가 거짓이라는 것을 증명하기 위해서다) 확증 편향과 앵커링의 영향에서 벗어나기가 훨씬 어려워진다. 다음의 조언을 돈과 관련된 의사결정에 활용하기 위해서는 이를 마음에 새겨둘 필요가 있다.

부자의 생각법, 부자의 행동 방식

다섯 번째 조언

체크 포인트

다음과 같은 증상이 있으면, 당신은 '확증 편향' 또는 '앵커링'에 사로잡혀 있을 가능성이 있다.

- 협상과 흥정에 능하다고 자신한다.
- 충분한 조사 없이 소비나 투자를 결정한다.
- 마땅한 이유도 없이 특정 브랜드에 강한 집착을 한다.
- 구입 가격보다 싸게 주식을 팔고 싶지 않다.
- 스스로 가격을 평가하기보다는 판매자가 부르는 가격에 의존한다.

생각해보면, 확증 편향에서 비롯되는 갖가지 우려할 만한 문제들은 한마디로 요약이 가능하다. '사람은 듣고 싶은 것만 듣는다'가 바로 그것이다. 그들은 자신의 신념을 확인하는 정보에는 귀를 기울이지만, 그렇지 않은 정보에는 이런저런 이유를 달거나 무시해버린다. 결과적으로 사람들은 부정확하고 부실하고 실로 어리석은 정보에 기초하여 많은 결정을 내린다.

실제로 톰은 연구를 통해 다음과 같은 사실을 발견했다.

사람들은 무언가를 믿고 싶을 때는 관련된 정보를 세심하게 살피며 이런 말을 한다. "이걸 믿어도 되나?" 이런 기준에 부합하기란 다소 쉽다. 진실임이 의심스러운 명제들도 그것을 지지하는 최소한의 증거는 있기 때문이다. 반대로 무언가를 믿고 싶지 않을 때 사람들은 이렇게 자문한다. "이걸 꼭 믿어야만 해?" 이러한 장애를 극복하기란 매우 어려운 일이다. 극히 사소한 결함이라도 따지고 들면 그 명제는 틀렸다고 말할 수 있기 때문이다. 이는 민사사건과 형사사건에서 유죄의 기준이 다른 것과 유사하다고 할 수 있다.

안타깝게도 이와 같은 편향의 존재를 '인식하는 것'과 그것을 '극복하는 것'은 별개의 문제다. 우리는 자기 자신의 행동을 객관적으로 볼 수 없는 어려움이 있다. 예컨대, 톰이 개리를 좋아해서 개리가 저지르는 얄미운 짓을 개리의 매력으로 여긴다 해도, 톰은 자신의 판단이 확증 편향의 영향을 받은 것이라고는 생각하지 않는다. 개리가 매력이 있어서 그렇다고 생각할 뿐이다. 따라서 이에 대한 우리의 조언은 다음과 같다.

타인의 의견을 경청한다

돈이 드는 중대한 결정을 내릴 때는 다른 전문가의 의견을 듣거나 다른 사람들에게 상담을 받도록 한다. 이에 대한 중요성은 아무리 강조해도 지나치지 않다. 분명 이들도 여러 가지 악습에 사로잡혀 있을 가능성이 있다. 하지만 그들의 근심거리는 당신과는 다른 요인에서 기인한 것인지도 모르며, 다른 사람의 문제를 파악하는 게 자기 자신의 문제를 파악하는 것보다 어쨌든 훨씬 쉽다. 그리고 오늘날, 인터넷을 통해 이러한 앵커링 문제를 극복하는 것이 더욱 쉬워졌다(비록 다른 문제가 존재하지만, 제7장에서 자세히 다루겠다). 특히 인터넷 게시판이나 채팅창은 확증 편향을 극복하거나 앵커링을 끊어내는 효과적인 방법이다. 그러한 장소의 익명성은 사람들이 가진 진실에 대한 감각과 무관하게 진정한 목소리를 낼 수 있게 한다. 그리고 이러한 엄청난 양의 의견이나 체험담은 소비자나 부모, 혹은 집주인으로서 가질 수 있는 편견을 극복하는 것에도 도움이 된다.

불확실할 때는 조사를 한다

가지고 있는 지식이 적으면 적을수록 실제로 결정을 내릴 때 그다지 중요하지 않은 정보에 휩쓸리고 현실성 없는 가격에 앵커링 당하기 쉽다. 그래서 쇼핑할 때는 비교하는 것이 중요하다. 제일 싼 가격을 찾기보다는 정확한 기준점을 찾기 위해서다. 의미 없는 정보를 무시하는 법도 알아야 한다. 무언가를 팔 때는 처음 샀을 때의 가격을, 그리고 살 때는 다른 사람이 얼마에 샀는지를 의식해서는 안 된다. 스스로 조사해야 한다. 그것도 꼼꼼하게.

예를 들어, 집을 팔 때는 적당한 가격을 알아보기 위해 부동산 중개인에게 시세 분석을 요구하면 된다. 그러면 최근 그 지역에서 팔린 집의 가격이 보통 어떻게 되는지 알 수 있다. 하지만 그 가격에 팔린 집에 자신의 집과 동등한 조건인지, 팔렸을 당시와 지금 시장 상황이 동일한지 확인해야 한다.

경제 상황이 변했다면 현실과 동떨어진 가격에 닻을 내려버릴 위험이 있다. 그렇게 되면 당신의 집을 사겠다는 구매자가 3개월 이상 나타나지 않을 수도 있다. 시장 상황이 괜찮다면 살 생각이 있는 사람도 '이 집에 무슨 문제가 있는 건 아닐까?' 하고 의심하기 시작하고 결국 원래 생각했던 것보다 낮은 가격을 받게 될지도 모른다.

한편, 집을 사는 사람은 공시가에 좌우되어서는 안 된다. 경매에서 어떤 그림을 쉽사리 1만 달러라고 평가하게 되는 것은 경매가 단지 그 가격에서 시작됐기 때문인 경우가 많다. 실제로 우리는 가격이 적당한지 확인하기 위해 감정인을 고용하지도 않고, 그렇다고 스스로 발품을 팔아 조사를 하지도 않은 채 집을 입찰하는 사람들이 많다는 사실에 항상 놀라곤 한다. 전문가의 의견(경험에 의한 조언이라면 더 좋고)을 듣기 위해 돈을 들이는 것은 사람을 혼란스럽게 만드는 앵커링 가격을 극복하는 최고의 방법의 하나인 경우가 많다.

예를 들어, 생명보험에 가입할 때 수수료만 내면 되는 재무설계사를 고용하는 것도 좋은 방법이다. 내용의 복잡성 정도에 따라 75달러에서 500달러 정도의 수수료를 내면 자신에게 가장 잘 맞는 보장 내용이 있는 보험을 가장 싼 가격에 가입할 수 있게 도와준다. 마찬가지로 주택담보대출 상담사나 자동차 구매 서비스 분야의 사람들은 앵커링이나 확증 편향에 사로잡히지 않고 가격을 평가할 수 있는 전문지식을 가지고 있다.

그러나 어떠한 방법을 취하든 여러분이 사소한 숫자나, 세부 사항들에 과하다 싶을 만큼 신경을 써야 결국 돈을 낭비하게 될 가능성을 줄일 수 있다.

현실적이고 장기적인 안목을 갖는다

이 조언은 이 책의 어느 부분에 붙여도 어울릴만한데 여기서 간단히 소개하겠다. 돈에 관한 결정을 내릴 때, 너무나도 많은 사람이 단기 기억력에 문제가 생기는 것처럼 행동한다. 이것 때문에 앵커링으로 인한 피해가 발생할 수 있다. 주식투자 붐이 일면 사람들의 머릿속에 너무 많은 비현실적인 숫자가 주입되어 위험하리만치 높은 기대치가 형성된다. 반대로 시장이 침체기에 들어서면 사람들은 또 지나칠 정도로 비관론자가 된다. 실상은 어떨까? 장기적으로 보면 주식의 연평균 수익률은 9퍼센트, 채권은 5퍼센트를 보여왔다. 위험을 수반하면서도 어쨌든 수익은 수익이다. 단, 장기적으로 보았을 때의 이야기다.

최소한의 금액도 최대한으로 인식하라

최근 신용카드에 관한 연구를 통해 어찌 보면 당연할 수도 있는 몇 가지 중요한 조언을 얻을 수 있다. 영국 워릭 대학교의 심리학자 닐 스튜어트(Neil Stewart)는 신용카드 청구서에 대한 최소 지불 요건의 여부가 사람들이 매달 지불하는 금액에 영향을 미치는지 관심을 가졌다. 전체 잔액을 지불할 의사가 있는 사람들의 경우, 최소 지불 요건을 필요로 하지 않았다. 그러나 청구서의 일부만 지불하는 경향이 있는 사람들은 이에 대해 긍정적인 반응이었다. 스튜어트의 연구에 참여한 사람들 중에 최소 지불 요건이 제시되었을 때 그에 찬성한 신용카드 이용자들은 이를 반대한 사람들에 비해 평균 43퍼센트 낮은 금액을 지불하였다. 카드 발급 회사들이 가장 좋아하는 고객은 적은 비용을 오랜 기간 꾸준하게 내서 불어나는 이자까지 꼬박꼬박 지불하는 이용자들이다. 여기서 우리가 해주는 조언은 단순하다. 카드 발급 회사가 당신의 재정 상황에 닻을 내리지 않도록 주의하라.

겸손해진다

사람들이 자신을 높게 평가하는 이유 중 하나는 자기가 틀려놓고도 인식하지 못하는 때가 많아서다. 결과적으로 어리석은 결정을 내렸다는 것이 증명되어도 사람들은 종종 능숙한 변명거리를 생각해내기 때문에 자신감은 절대 무너지지 않는다. 주식 브로커들 사이에는 실제로 이런 농담이 있다. "주가가 오르면 자기가 주식을 잘 고른 것이고, 주가가 떨어지면 브로커가 이상한 주식을 추천했기 때문이라고 생각한다."

사람들은 객관적인 패배 속에서 주관적인 승리를 잡아채는 탁월한 비결을 터득하고 있다. 분명 자신의 판단을 신뢰하는 것(자신에게 최대의 이익을 끌어내는 결정 능력이 있다고 믿는 것)은 개인적 발전을 위해서는 꼭 필요한 요소다. 하지만 지나친 신뢰나 자신감은 무분별하고 수익성 없는 결정을 내리게 만들 수 있다. 다음 장에서 보겠지만, 자신감 과잉은 여러분이 생각하는 것보다 흔한 현상이다.

제6장
자기 과신의 함정
돈을 잃는 것은 시간문제다

CASE 켄터키주의 주도(州都)는 어떻게 발음될까? '루이빌'일까, '루이스빌'일까? 여기서 자신이 정답이라는 데 몇 달러를 걸겠는가? 5달러? 50달러? 아니면 500달러?

아마 이 장의 내용이 이 책을 쓸 때 가장 다루기 어려웠던 주제였다고 할 수 있겠다. 주제가 복잡해서가 아니라 우리의 메시지가 이 책의 기본적인 전제와 정면으로 대립하는 것처럼 보일 수 있기 때문이다. 물론 그 전제는 '독자 여러분을 포함한 모든 개인은 자신의 실패를 통해 배울 수 있다'라는 것이다. 즉, 자신의 행동경제학적 결점을 숙지하고 이해함으로써 그것을 수정하고 금전적인 자유를 얻을 수 있다는 말이다.

하지만 이 장의 주제는 경계심을 촉구하기 위한 것이다. 자동차 경주에서 카레이서에게 상태가 좋지 않음을 경고하기 위해 노란 깃발을 흔드는 것처럼 말이다. 이 장의 핵심을 이루는 사고는 무작정 사람들에게 희망을 안겨주는 내용이 아니다. 말하자면, '당신은 스스로 생각하는 것만큼 현명하지 못하다' 라는 이야기다. 뭐 괜찮다. 그건 우리도 마찬가지다.

사실, 심리학자들이 인간의 본성을 탐구하기 시작한 이래 사람들이 자신의 능력이나 지식, 기술을 쉽사리 과대평가한다는 증거는 엄청나게 많이 밝혀졌다. 좋게 말하면, '낙관주의'라고도 할 수 있겠다. 그것은 인간이 무언가를 성취할 때 추진력이 되며, 활기찬 인생을 살아나가는 버팀목이 되기도 한다. 어쨌든 자기 전 읽어 주는 동화책 속 주인공 기차가 "난 못해, 난 못해!"하며 투덜대는 이야기를 자식들에게 들려주고 싶은 사람이 어디 있겠는가?

그러나 엄밀히 말하면 이런 낙관주의는 일종의 자기 과신이다. 그리고 이것이 금전적 문제에 이르게 되면, 가령 자기가 알고 있거나, 안다고 생각하는 주식에 큰돈을 투자했다가 낭패를 보는 것처럼 큰 손해를 입게 될 수도 있다.

실제로 켄터키주 주도를 어떻게 발음하는지 알고 있다는 데 얼마의 돈을 걸려고 했는지에 따라, 당신은 이미 500달러를 잃은 것인지도 모른다. 눈치챘겠지만, 이 장의 서두에서 제기한 문제는 '자기 과신'에 빠지기 쉬운 경향을 이용한 것이다. 사람들은 'Louisville'의 's'는 발음되지 않는다고 확신하며(실제로 그러하지만), 내기에 이길 수 있으리라고 굳게 믿어버린다. 하지만 켄터키주의 주도는 프랭크포트(Frankfort)다.

반칙이라면 반칙이다. 우리는 독자를 속였다(또는 속이려 했다). 유죄가 맞다. 하지만 우리의 주장이 옳다는 데는 변함이 없다. 자신을 높게 평가할 타당한 이유가 있는 사람들 사이에서조차도 자기 과신은 만연해있다. 몇 해 동안의 많은 연구 결과, 의사, 변호사, 엔지니어, 심리학자, 증권 분석가 등의 사람들이 내린 판단에서 과도한 '자기 과신'을 찾아볼 수 있음이 밝혀졌다. 예를 들어, 민사사건을 다루는 변호사 중 68퍼센트가 본인이 이길 것이라고 믿는다고 한다. 물론 승소할 수 있는 경우는 50퍼센트에 불과하다. 알고 있다고 생각하는 만큼 실제로 알고 있을 때조차도, 알아야 할 것들이 훨씬 더 많다는 사실을 아마 더 중요하게 생각해야 할 것이다.

이 장에서는 '자기 과신'의 만연함과 그 심리적 기반, 또 그것이 금전적 결정에 어떠한 악영향을 미치는지를 살펴보기로 한다. 또 행동경제학적 특성 가운데 자기 과신을 극복하는 것이 왜 가장 어려운지 설명하고, 그 어려움을 극복하는 방법을 제시할 것이다.

배짱 게임

`CASE 1` 승객을 태우지 않은 보잉747 여객기의 중량을 추정해보자. 정답이 두 개의 숫자 사이에 들어갈 확률이 90퍼센트가 되게끔 최대 추정치와 최소 추정치 두 개의 숫자를 골라라.

`CASE 2` 이번에는 달의 지름을 추정해보자. 마찬가지로 정답이 두 개의 숫자 사이에 90퍼센트의 확률로 들어갈 수 있도록 최대-최소 추정치 두 개를 골라라.

이 장이 성공적이려면 극복해야 할 문제가 두 가지 더 있다. 우리가 자기 과신이 만연해있으며 그것 때문에 문제가 많다고 입 아프게 떠들어도 여러분은 정작 자신과는 상관없는 문제라고 생각할 확률이 높다. 지금 우리가 말하고 있는 이 경향으로 인해 여러분은 자기 과신이 본인에게는 해당하지 않는다고 굳게 믿는다.

우선, 자기 과신이라는 것이 항상 오만한 태도를 가리키는 것은 아니다. 예를 들어, 자신이 쇼핑에 서툴다는 것을 잘 알고 있다고 하더라도, 실제로는 본인이 생각하는 것보다 더 못할 수도 있는 거다.

그리고 자기 과신은 다른 사람에 비해 자신의 자질을 비현실적으로 높게 평가하는 식으로 나타나는 경우가 많다. 1981년에 스웨덴에서 자동차 운전자들을 대상으로 실시한 조사에서 이러한 경향의 전형적 사례를 찾아볼 수 있다. 이 조사에서 90퍼센트의 사람들이 자신의 운전기술은 평균 이상이라고 대답했다. 많은 응답자가 상당히 의심스러운 사실을 자신에게 우호적으로 해석했다는 것만은 분명하다. 독자는 이러한 '레이크 워비건 효과(Lake Wobegon effect: 이러한 명칭은 개리슨 키일러Garrison Keillor의 소설에 나오는 '모든 여자는 강하고, 남자는 잘생겼으며, 아이들은 보통 이상인' 가상의 공동체 이름과 관련이 있다)'는 자신과는 거리가 먼 이야기라고 생각할지도 모른다.

자, 그렇다면 이건 어떤가. 당신과 '진짜 닮았다'라는 사람을 실제로 보았을 때 당신은 보통 어떤 반응을 보이는가? 당신이 대부분의 사람과 다르지 않다면 깜짝 놀라거나 심지어 경악을 금치 못할지도 모른다. "말도 안 돼! 내가 저렇게 생겼어?" 이런 사례만 보더라도 우리는 자기 자신에 대해 다른 사람들이 생각하는 것보다 훨씬 더 좋은 이미지를 가지고 있다는 것을 알 수 있다.

헬스클럽의 비밀

자기 과신은 다양한 모양으로 나타나며, 그중 하나는 불필요한 낙관주의다. 몇 년 전 밝혀진 연구에서 경제학자인 스테파노 델라 비냐(Stefano Della Vigna)와 울리크 말멘디어(Ulrike Malmendier)가 미국의 헬스클럽 세 군데의 기록을 분석한 결과, 이용객이 월간 혹은 연간 회원권을 끊는 것보다 건당 운동비를 내는 것이 경제적으로 유리하다는 것을 밝혔다. 즉, 장기적인 약정에 따른 '할인'이 있더라도 회원들은 하루 치 혹은 10회 이용권 등을 통해 낸 것보다 회원제로 더 많은 돈을 냈다. 헬스광이라고 생각하는 사람도 헬스클럽 비용을 정당화할 만큼 헬스클럽에 자주 가지는 않는 것으로 보인다. 그렇다면 왜 회원들은 계속 필요 이상의 돈을 내고 다녔을까? 그들은 운동에 대한 본인의 의지를 과대평가했으며, 앞으로 헬스클럽을 방문할 횟수 역시 과대평가했다. 결과적으로 자신이 예상한 것보다 헬스클럽에 자주 다니지 않았기 때문에 횟수당 비용보다 더 많은 돈이 들게 되었다. 때때로 높은 희망은 그저 희망에 지나지 않는다.

이러한 연구를 한 사람들 사이에서는 자기 과신 현상이 곳

곳에서 발견된다는 것 정도는 논쟁거리도 되지 않는다. 사실, 조금만 생각해봐도 자기 과신 현상은 사회 각계각층에 널리 퍼져 있음을 알 수 있다.

특히 금전과 관련해서는 더욱 그렇다. 생각해보라. 자기 과신에 빠진 사람이 많지 않다면 사업을 시작하는 사람의 수도 이렇게 많지는 않을 것이다. 대부분의 창업자는 성공 확률이 매우 낮은 걸 알면서도 도전한다. 그들의 낙관주의(자기 과신에 빠져 있다는)가 잘못되었다는 것은 새로운 사업을 시작한 사람들 절반 이상이 창업 후 5년 내 망한다는 사실이 증명한다. 바꿔 말하면, 창업자들 대부분이 성공을 가로막는 장애를 극복하는데 필요한 자질을 갖추었다고 믿고 있지만, 그 역시 오해다.

이쯤에서 우리는 자기 과신이라는 것이 무엇을 의미하는지 분명히 밝혀두고자 한다. 자기 과신이 철저하게 오만의 형태로 모습을 분명히 드러낼 수도 있지만, 우리는 그와 같은 의식적 오만을 이야기하려는 것이 아니다. 또 자신에게 특별한 재능이 있다고 생각하는 사람이 있고, 그렇게 생각하지 않는 사람도 있다는 것을 이야기하는 것도 아니다(사실이긴 하지만). 심리학자들의 자기 과신에 관한 연구에 의하면 건강한 자아와 자존심을 가진 대부분의 사람은 자신의 능력과 지식, 기술이 어떤 수준이건 간에 일관성 있게 과대평가한다고 한다. 개리와 코비 브라이언트(Kobe Bryant)에게 100번의 자유투 시도에서 몇 번이나 성공할 수 있을지 예측해달라고 요청했다면, 개리는 35번을, 코비는 90번을 말할 것이다. 물론 두 사람 모두 자기 과신에 빠져 있을 가능성이 크다.

연구자들은 이러한 현상이 여러 상황에서 나타나고 있다는 것을 꾸준히 증명해왔다. 그중에서도 1970년대에 사라 리히텐슈타인, 비르크 피쉬호프, 로렌스 필립스에 의해 행해진 일련의 연구가 유명하다. 이 연구에 참가한 사람들은 우선 몇 가지 사실에 기반한 간단한 질문(예컨대, "키토Quito는 에콰도르의 수도인가?")에 답한 후, 자신의 대답이 맞을 가능성을 추측했다(예컨대, "나는 키토가 에콰도르의 수도라는 것을 60퍼센트 확신한다"). 참가자들은 자신의 대답이 맞을 가능성을 항상 과대평가했다. 하지만 자신의 대답이 100퍼센트 맞다는 것을 확신했던 문제도 정답률이 80퍼센트에 불과했다.

사소한 문제에 대한 응답만을 다루었다 하여, 이 실험 결과의 의의를 인정하지 않으려는 사람이 있을지도 모르겠다. "외국의 수도에 대해 누가 그렇게 진지하게 알려고 하겠나?", "좀 더 관심이 있는 문제나 배울 것이 있는 문제였으면 분명 다른 결과가 나왔을 것"이라는 식으로 말이다.

그래서 실제로 그렇게 했던 연구자가 있었다. 사람들이 더 관심 있어 하고 무엇보다도 잘 알고 있던 주제(바로 자기 자신1)에 관한 질문을 했던 것이다. 스탠퍼드 대학교의 심리학자 리 로스(Lee Ross), 동료인 밥 밸론(Bob Vallone), 데일 그리핀(Dale Griffin), 사브리나 린(Sabrina Lin)은 학기 초에 학생들에게 "수강을 중도에 포기할 것인가?", "동아리에 가입할 것인가?", "향수병에 걸릴 것 같은가?" 등의 질문을 했다. 평균적으로 학생들의 84퍼센트가 자신이 한 답에 확신이 있다고 답했다. 그러나 그해 말 모은 자료에 따르면, 학생들이 했던 대답에 일치하는 정도는 70퍼센트밖에 되지 않았다. 게다가 자신의 예측에 100퍼센트 확신이 있었던 경우에서조차 실제로 그대로 된 경우는 85퍼센트뿐이었다.

특정 분야의 전문가조차 이러한 현상을 쉽게 판단할 수 없다. 심리학자 필 테틀록(Phil Tetlock)은 저명한 정치과학자, 경제학자, 국무부 자문위원은 물론 TV에 나오는 연설가에 이르기까지 미래가 어떻게 전개될 것인지 예측하는 일을 가진 다양한 사람들로부터 2만 5천 개 이상의 예측을 수집하는 데에 수년의 시간을 보냈다. 이 전문가들은 인종차별 반대 운동의 성공이나 프랑스계 캐나다인들의 독립을 위한 활동 그리고 고르바초프(Gorbechev)의 글라스노스트(glasnost, 소련의 고르바초프 정권이 내세운 방침 중 하나로 정부가 가진 정보 일부를 공개하고 언론 통제를 완화하는 정책을 뜻한다) 진행 상황 등을 예측했다. 그들은 세 가지 미래 상태 중 어떠한 것이 가장 높은 가능성을 가지는지, 즉 기존 추세가 강화될 것인지 혹은 현상이 유지될 것인지, 반대로 기존 추세가 뒤바뀔 것인지를 특정화했다. 또한, 그들은 자신들의 예측에 얼마나 확신이 있는지 보여주었다. 이미 짐작했겠지만, 이 전문가들은 자신을 과신하는 경향이 있었다. 그들의 80퍼센트가 자신이 옳다고 확신했을 때 실제로는 60퍼센트 미만의 정답률을 보였으며, 100퍼센트 확신했을 때조차 80퍼센트도 되지 않는 정답률을 보였다.

일단 듣고 나중에 믿어라

가끔 사람들이 자기 자신에 대한 자신감보다 더 좋아하는 단 하나는 다른 사람에 대한 자신감이다. 바로 그 점이 미디어에서 틀려도 아는 척하는 전문가들의 성공을 설명한다. 심리학자 돈 무어는 지원자들에게 사진을 보고 그 사람의 체중을 정확히 추측하면 현금을 제공하는 연구를 진행했다. 8회의 실험 동안 참가자들은 전문가들로부터 '조언'을 구할 수 있었고, 전문가들은 각자의 자신감으로 예상치를 넓거나 좁은 범위로 제안했다. 실험이 진행됨에 따라 분석력이 떨어지는 전문가는 사람들이 일반적으로 피해갔다. 그러나 형편없는 전문가들도 자신감을 지속해서 보였을 때(추측 수치를 좁은 범위로 제한했을 때) 지원자들은 계속 그들의 조언을 따랐다! 여기서 교훈은, 회색의 세계에서 우리는 그것이 틀렸다고 믿을만한 이유가 있음에도 불구하고 흑과 백으로 분명히 나누어지는 답을 선호한다는 것이다.

자기 과신을 이해하기 위해, 그리고 그것이 어떻게 당신에게 슬그머니 다가오는지 알기 위해 이 장의 첫머리에서 언급한 문제를 다시 살펴보자. 다시 한번 진지하게 생각해서 정답 범위 90퍼센트를 설정할 숫자 두 개를 선택해보자. 다시 말해, 실제 정답이 선택한 범위 내에 9달러를 걸어도 안전한 대답을 생각해보아라.

끝났다면 답을 확인해보자. 긴장할 필요는 전혀 없다. 승객을 태우지 않은 747 여객기의 무게는 약 175톤, 달의 지름은 약 3,480킬로미터다. 두 문제의 답 모두 당신이 정한 추정치에 들지 않을 것이다. 실제로 대학교의 에드워드 루소(J. Edward Russo)가 시카고 대학교의 심리학자 폴 슈메이커(Paul J. H. Shoemaker)와 함께 이 두 문제를 포함한 10개의 비슷한 문제를 1,000명이 넘는 미국과 유럽의 기업 임원에게 풀게 했더니, 대부분이 4문제에서 7문제를 맞추지 못했다.

그렇다면 어째서 이것이 자기 과신의 증거가 된다는 것일까? 그것은 이 문제를 푼 사람들 대부분이 그 주제에 대해 자신들이 얼마나 무지한지, 그리고 정답이 반드시 들어갈 수 있는 범위를 설정하는 것이 얼마나 어려운지 충분히 이해하지 못했기 때문이다. 그래서 대다수는 자신의 무지를 충분히 보완할 수 있을 만큼 두 숫자의 간격을 충분히 넓히지 않았던 것이다.

이렇게 생각해봤더라면 어땠을까? "747 여객기의 무게는 통 모르겠으니 가능한 한 작은 숫자와 큰 숫자를 고르자." 그랬다면 두 숫자의 간격을 충분히 넓혔을 것이다. 하지만 그러는 대신 사람들은 여객기의 실제 중량과 달의 지름을 추정하고, 거기에서 위아래로 범위를 넓혀 두 개의 숫자를 결정하는 방법을 선택했다. 그러나 솔직히 말해, 보잉이나 NASA에 근무하지 않는 한 처음에 추정한 숫자는 완전히 빗나갈 가능성이 크다. 그러므로 더욱 대담하게 범위를 설정할 필요가 있었다. 아무 근거가 없는 추정을 고집하는 것은 자기 과신에 충만했다는 확실한 증거다.

한편, 자기 과신과 그것의 원인이 무엇인지 생각해보는

또 다른 방법은 행동경제학자가 말하는 '계획 오류(planning fallacy)'를 살펴보는 것이다. 이는 본질적으로 인간의 가장 흔한 약점 중 하나에서 비롯되는 현상이다. 바로 '예정대로 일을 마치지 못하는 것'이 그것이다. 이러한 오류가 존재한다는 사실을 하나하나 입증할 필요는 없을 것이다. 일을 완료할 때까지 예상보다 훨씬 더 오랜 시간이 걸리는 경우가(우리도 마찬가지) 주위에 빈번하기 때문이다.

1994년 《저널 오브 퍼스낼리티 앤 소셜 사이콜로지(Journal of Personality and Social Psychology)》지에 흥미로운 연구 논문이 발표되었다. 그것은 심리학과 학생들에게 논문이 완성될 때까지 어느 정도의 시간이 걸릴지 최대한 정확하게 보고할 것을 요구한 실험 보고서였다. 그 논문의 집필자 중 한 사람인 브리티시 콜롬비아주 사이먼프레이저 대학교의 로저 뷸러(Roger Buehler)는 '논문 작성이 최대한 순조롭게 진행될 경우'와 '논문 작성이 최악으로 더디게 진행될 경우' 각각의 시간이 얼마나 걸릴지 예측하여 보고하도록 했다. 그 결과 학생들이 가장 가능성이 크다고 예측한 평균 일수는 33.9일이었다. 일반적으로 학생들이 논문을 완성하는 데 그 정도가 걸린다고 생각했다는 것이다. 순조롭게 잘 진행될 경우의 예측 일수는 평균 27.4일이었다. 한편, 최악인 경우의 평균 예측 일수는

48.6일이었다. 하지만 결국 실제로 학생들이 논문을 완성시키는 데 걸린 평균 일수는 예정 일수를 훨씬 뛰어넘는 55.5일이었다. 어떤 추정치를 사용하느냐에 따라(최상, 최악, 또는 가장 가능성이 큰 경우) 학생들은 논문을 완성하는 데 걸린다고 예측한 시간보다 평균 14퍼센트에서 102퍼센트 정도를 더 초과하였다. 내 이야기인가 싶어 뜨끔한 사람이 분명 있을 것이다.

계획 오류는 많은 공공사업이 완료될 때까지 왜 그렇게 긴 시간이 소요되고, 왜 항상 예산을 초과하는지를 설명해주기도 한다. 예를 들어, 1957년 호주 정부는 시드니에 오페라 하우스 건립 계획을 세웠다. 완공 예정 연도는 1963년이고 총비용은 700만 달러가 예상되었다. 그러나 규모를 대폭 축소한 오페라 하우스의 최종 개관연도는 1973년이었으며, 총비용은 무려 1억 200만 달러나 들었다.

마찬가지로, 1976년 하계 올림픽 개최지로 몬트리올이 선정되었을 때, 시 당국은 총비용 1억 2,000만 달러를 들여 트랙과 필드 경기장을 세계 최초로 격납식(格納式) 지붕의 스타디움으로 짓는다고 발표했다. 물론 올림픽은 예정대로 개최되었지만, 스타디움에 지붕이 생긴 건 1989년이 되어서였다. 그리고 총비용 1억 2,000만 달러는 지붕 건설에만 들었다. 다시 말해, 지붕 만드는 비용이 올림픽 경기장을 짓는 데 들어가야 했을 총

예산과 거의 맞먹었다. 같은 액수인데 왜 '거의 맞먹다'라는 표현을 썼을까? 그것은 우리가 화폐 착각에 사로잡히지 않고 인플레이션율을 고려했기 때문이다.

쇼미더머니

이쯤 되면 도대체 자기 과신이 돈과 관련한 결정에 어떤 영향을 미친다는 건지 궁금해하는 독자가 있을 것이다. 분명 사람들은 전 세계의 수도 이름이나, 비행기의 무게, 또는 대학 논문을 완성하는 데, 또는 오페라 하우스를 건설하는 데 얼마나 걸리는지 잘 모르고, 그런 정보에 자신이 얼마나 무지한지도 잘 모른다. 또한, 정부의 공공사업에 예상치도 못할 만큼 많은 세금이 들어가기도 하는데, 사람들은 보통 이런 일들을 과소평가하는 것도 사실이다.

하지만 이런 것들이 개인의 돈 문제와 어떤 관계가 있다는 것일까? 공교롭게도 많은 관련이 있고 그중 하나는 현실적인 문제와 직결되어 있다. 사람들은 자기 과신으로 인해 자신들의 경제 상태를 실제보다 더 좋다고 생각하는 경향이 있다는 것이다.

1996년에 국제 FP 협회(International Association of Financial

Planning)가 미국인 부모를 대상으로 시행한 조사 결과에 대해 생각해보자. 18세 미만의 자녀를 둔 응답자의 83퍼센트가 자산계획을 세우고 있으며, 이들 중 4분의 3이 장기적으로 안정성 있게 재정 상태를 유지할 자신이 있다는 응답을 했다. 하지만 그들 중 자녀의 교육을 위해 저축을 하고 있다고 응답한 사람은 절반도 되지 않았으며, 투자, 자산 배분, 보험, 예금, 유산 상속, 토지 등과 같은 기본적인 자산계획에 착수했다고 응답한 사람은 10퍼센트에도 미치지 않았다. 이들의 자신감은 과연 합리적인 것일까? 그럴 수도 있겠지만 상당히 불안하다. 이것은 자기 과신이 불러온 중요한 재정적 결과의 하나인 '준비 부족'이다.

다른 하나는 사람들 대부분이 잘 알지도 못하는 제품이나 서비스에 많은 돈을 쏟아부으려고 한다는 것이다. 분명 이것은 게으름과 체념의 결과인 경우가 많다. 가령, 당신은 노트북에 대해서 아는 것이 아무것도 없다. 그걸 알고 있으면서도 별로 신경 쓰지 않는다. 당신이 혹시 애플이라는 브랜드를 들어본 적 있다면, 그리고 맥(Mac)의 광고를 좋아한다면, 이 둘의 관계를 알고 있는가? 그래, 애플이 바로 그 맥이다! 우리도 맥의 팬이지만 이 부분에서 우리가 더 도울 수 있는 건 없다. 우리가 도울 수 있는 부분은 많은 사람이 자신들은 알고 있다고 생각하지만, 사실은 전혀 알지 못하는 것에 지출 결정을 내리고 있는 점을 지적하는 것이다.

얼마 전 이를 설명하기 딱 좋은 상황이 발생했다. 개리의 친구 이야기인데 그는 러닝머신을 물색하고 있었다. 마침 몇 주 전, 개리는 12종류가 넘는 러닝머신 사용 후기 기사를 얼핏 본 적이 있었다. 그래서 친구에게 그 기사를 읽어볼 것을 권했지만, 친구는 그다지 흥미를 보이지 않았다. 헬스클럽 트레이너와 상담해서 필요한 정보를 모두 얻을 수 있다고 생각했던 것이다. 친구는 X 업체의 러닝머신을 구입했지만 그것은 보증 기간이 끝난 지 3주 만에 고장이 나버렸고, 결국 1,100달러를 손해 보았다.

그 일이 있고 난 뒤, 친구는 개리가 말한 그 러닝머신 기사를 찾아보았다. 아니나 다를까 X 업체는 평균 이하의 평가를 받고 있었다. 사용 후기 중에는 X 업체의 제품이 오랫동안 심한 쿵쾅거림을 견디지 못한다는 평도 있었다. 이는 그 제품에 나쁜 소식이지만 개리의 친구에게는 더 나쁜 소식이다.

이 이야기로 우리가 전달하고자 하는 바는 아주 얕은 지식으로도 얼마나 커다란 자신감을 형성할 수 있는가 하는 데 있다. 개리의 친구는 오만과는 거리가 먼 사람이었다. 애당초 러닝머신을 잘 알고 있다고 생각하지도 않았으니 말이다. 사실 그는 얼마간의 시간을 들여 러닝머신을 알아보았다. 관련 정보를 찾아보고, 가게를 돌아다니고, 다니는 헬스클럽 트레이너하고도 이야기를 나누었다. 문제는 오만함이 아니라(그는 자신이 러닝머신의 전문가라고는 생각하지 않았으므로) 자기 과신에 있었다. 그는 얼마간의 조사로 러닝머신에 대해 충분한 정보를 가지게 되었다고 속단했다. 자기 능력을 과대평가한 것이다.

중개 수수료를 아낄 수 있다고? 천만의 말씀!

자기 과신이 성행하고 있다고 여겨지는 또 하나의 분야가 부동산, 특히 주택 분야다. '주택 매매에서 'FSBO(업계 용어로 '피즈보')'라는 머리글자는 '소유주에 의한 직접 매매(For Sale By Owner)'를 의미한다. 매년 주택 소유자의 약 20퍼센트가 부동산 업자를 통하지 않고 직접 집을 팔고자 한다. 그러면 6퍼센트의 중개 수수료를 절약할 수 있다.

그러나 피즈보의 의미가 '자기 과신에 의한 매매(For Sale By Overconfident)'로 돌변하기란 참 쉬운 것이다. 직접 집을 팔아 보겠다는 사람들 대부분이 그러한 업무의 복잡함을 과소평가하는 한편, 자신이 잘 해낼 거라고 능력을 과대평가하기 때문이다. 실제로 미국 주택소유자협회(United Homeowners Association)에 따르면, 매년 대부분의 피즈보가 결국에는 부동산 중개인을 다시 찾는다고 한다.

　더욱 중요한 것은 직거래가 제대로 이루어졌다고 해도, 사람들이 생각하는 것만큼 경비를 아끼지는 못한다는 것이다. 오히려 거액의 손해를 보는 경우도 심심치 않게 발생한다고 한다. 수수료 6퍼센트를 아끼려다가 경험 부족으로 오히려 너무 싼 가격에 집을 팔게 되어 결국은 손해를 본다는 것이다. 수수료를 절약한 것은 분명하지만 부동산 업자에게 의뢰한 경우와 비교해 손에 들어오는 돈은 더 줄어들고 만다. 정확한 통계는 얻을 수 없지만, 아마도 10퍼센트 정도 줄어드는 것으로 추정된다.

　여기에는 몇 가지 이유가 있다. 예컨대, 피즈보를 하는 판매자 중에는 집을 헐값에 넘겨 수천 달러를 날리는 사람들이 있다. 많은 주택 소유자들은 처음에는 집값을 너무 과대평가하여(앞에서 말한 소유 효과의 일례다) 결과적으로 구매자가 생기기까지 너무 오랜 시간이 걸린다. 시장에 매물로 나와 있는 시간이 길어지면 길어질수록 '어딘가 결함이 있는 것은 아닐까?' 하고 의심하는 구매자들이 늘어나고, 동시에 가격은 내려가게 마련이다.

　반면, 믿을만한 부동산 업자에게 맡기면 지식과 기술을 총

동원하여 최선의 방법으로 집을 시장에 내놓으며(이것이 중요하다), 개인이 끌어모으기에는 도저히 불가능한 수의 구매 희망자를 모을 수 있다. 이에 따라, 확대된 수요로 인해 서로 경쟁이 붙어 공급자는 집값이 올라가는 사치스러움을 맛볼 가능성이 높아진다. 아직은 주택 구매자의 85퍼센트가 집을 구할 때 부동산 중개소를 찾기 때문이다. 그리고 요즘에는 집을 구하는 사람도 피즈보를 하려는 사람의 의도를 잘 알고 있다. 중개수수료를 아껴보려는 의도를 잘 알기 때문에 자신도 시장가보다 더 저렴하게 집을 사서 그 혜택을 보려고 하는 것이다.

<u>세상은 불공정하다.</u>
<u>당신은 손해를 보게 되어 있다.</u>

확실히 말해두지만, 위에 언급한 것이 반드시 '직접 집을 판다고 절약하는 건 아니다'라든지 '모든 부동산 업자는 수수료받은 만큼 알아서 해준다'라는 것을 의미하지는 않는다. 단지 자기 과신이 원인이 되어 여러 가지 면에서 손해를 볼 가능성이 있음을 나타낸 것일 뿐이다. 여기서 이 장의 핵심으로 마침내 오게 되었다. 이를 제대로 전달할 수만 있다면 이 장 전체의 목적은 달성되는 셈이다. 이는 투자와 관련된 문제다. 사람에

따라서는 이 책 중에서 가장 논의의 여지가 있는 것이며, 놀랄 만한 주장이라고도 여길 것이다. 본론으로 들어가 보자.

투자 정보 서비스 산업에서 일하는 전문가까지는 아니라 해도(실상 대부분의 전문가조차도), 어떤 방법으로든 실제로 투자 포트폴리오를 운용하는 사람들은 대부분 자기 과신에 빠져 있다고 할 수 있다. 말하자면, 특정 주식 및 채권(또는 실제로 운용되고 있는 뮤추얼펀드나 부동산 투자신탁 등)에 대한 투자 능력이나 지식에 충분한 자신감을 가지고 있는 사람들 대부분이 착각에 빠져 있을 가능성이 높다는 것이다.

실제로 그런 사람들 대부분이(아마 당신도 포함될 것이다) 취미로 하는 경우를 제외하고는 투자 대상을 스스로 선택한다는 것 자체가 무리다. 그 같은 사람들(아마도 당신)은 몇 가지 인덱스펀드에 자금을 배분하고 투자 프로그램 채널도 바꿔야 할 것이다. 이들이(그리고 당신도) 투자 활동을 통해 기대해야 할 최고의 결과는 주식 시장의 평균 수익을 얻는 것이다. 그것은 그다지 나쁜 결과는 아니다.

그러면 독자 여러분을 모욕(?)하는 것은 이쯤에서 그만하고 우리의 주장을 검토해보자. 그 핵심은 개인 투자자들 대부분이 주식이나 채권을 능숙히 고를 수 있다고 생각하는 것이 큰 잘못이라는 것이다. 성공할 가능성은 톰과 개리 둘이서 한 팀을 이루어 윔블던 테니스 대회에 나가 우승을 노리는 것과 비슷한 수준이 되지 않을까.

다음에 대해 더 생각해보자. 앞에서 본 것과 같이 일반적인 뮤추얼펀드의 매니저들(온종일 투자 아이디어에만 매달리는 사람들)이 주식 시장 전체의 평균적인 수익률만 올릴 수 있어도, 그것은 행운이라고 할 수 있다. 실제로 이러한 펀드매니저들의 성적은 대개 주가지수 평균 수익률보다 나쁜 해가 대부분이다. 10년 남짓 동안 모든 투자회사의 약 75퍼센트가 시장 평균을 밑도는 성적밖에 올리지 못하고 있다.

'극소수'의 펀드매니저들만이 일관되게 시장 평균을 웃도는 성과를 낸다. 그리고 '극소수'의 투자자들만이 주식 선택에 매우 뛰어난 실력을 발휘하여 몇 년 내에 이름을 날린다. 하지만 여기서 주의할 점은 '극소수'라는 단어다.

사실 대부분의 사람들이 하는 투자는 신문 주식란에 다트를 던져 투자처를 정하는 것이나 다름이 없다. 그러면서 가치 투자를 한다느니, 오를 타이밍을 기가 막히게 찾아낸다느니 하며 주식투자에 능숙하다고 생각하는데, 문제는 이런 자신감이 아무런 근거가 없다는 것이다.

이 같은 사실은 1998년 캘리포니아 대학교 데이비스 캠퍼스의 테렌스 오딘과 브래드 바버(Brad Barber)가 발표한 연구로 더욱 분명해졌다. 기억하다시피 오딘은 최근 많은 시간을 들여 전국적으로 성행하는 대형 디스카운트 주식 브로커와 거래한 수만 명의 개인 투자자를 연구했는데, 그 결론 중 하나가 '투자자들은 반드시 오르는 주식을 팔고, 떨어지는 주식은 보유한다.'였다.

최근의 연구에서 오딘과 바버는 그에 못지않게 중요한 발견을 했다. 그것은 거래 횟수가 잦은 개인의 투자 성적이 '특히' 나쁘다는 것이다. 1991년 2월부터 1996년 12월까지 오딘과 바버는 6만 가구 이상의 계좌 데이터를 이용해 개인 투자자의 일반적인 주식투자 성적을 분석했다. 이 기간 중 평균적인 가구의 연평균 수익은 17.7퍼센트였다. 이 숫자는 이 기간 동안 관련된 기준 인덱스의 연평균 수익(17.1퍼센트)과 거의 같은 수준이다. 중요한 것은 가장 많은 거래를 했던 20퍼센트 가구(매월 포트폴리오의 약 10퍼센트를 교체, 전체 세대의 평균 교체율은 6.6퍼센트)의 연평균 수익은 10퍼센트였다는 것이다.

이에 대해 좀 더 생각해보자. 주식을 너무 자주 사고파는 사람들은 자신이 주식을 선택하는 능력이 다른 투자자들보다 뛰어나다고 믿는다. 그러나 실제 성적은 평균적인 투자자들을 훨씬 밑돌고 있었다. 이것이야말로 자기 과신 발현이 아니고 무엇이겠는가.

오딘과 바버는 이렇게 이야기한다. "빈번히 주식을 사고파는 개인 투자자들이 결국 나쁜 성적을 올리는 현상은 사람들의 자기 과신이라는 충분히 실증된 경향을 통해 설명할 수 있다. 우리 메시지의 핵심은 주식 매매가 당신의 재산을 위험에 빠뜨린다는 것이다."

이는 우리의 핵심 메시지이기도 하다. 주식을 선택하는 것이 어렵다는 것은 잘 알고 있지만, 시장 수익률보다 성과가 좋은 펀드매니저를 고르는 데는 자신 있다고 여기는 사람들은 특히 더 명심하길 바란다. 수천 명의 펀드매니저 중에 시장 평균을 웃도는 성적을 올리는 사람은 극히 소수에 불과하다. 우리가 알고 있는 한, 개별 뮤추얼펀드를 평가할 수 있는 신뢰할 만한 방법은 아직 고안되어 있지 않다. 개별 주식이나 채권을 올바르게 평가할 수 없는 것과도 같다. 나중에 이야기하겠지만, 뮤추얼펀드에 투자하는 평균적인 개인 투자자는 뮤추얼펀드 자체보다 믿을 수 없을 정도로 성적이 나쁜 것이 보통이다. 이 놀랄만한 사실에는 몇 가지 원인이 있지만, 우리가 생각하는 원인은 대부분의 개인 투자자가 자신들이 투자에 대해 잘 알고 있다고 과신하기 때문이라고 믿고 있다.

하지만 문제는 '왜 사람들 자기 과신에 빠져들었는가'가 아닌 '왜 계속 자기 과신 상태로 있는가' 하는 것이다. 알다시피 자기 과신의 문제점은 사람들이 대부분 타고난다고 여기는 낙관주의적 성향에 있는 것은 아니다. 그것 때문에 세상은 계속 진보할 수 있다고 보면 낙관주의는 바람직한 것이다. 진짜 문제는 경험을 통해서도 그 같은 무조건적인 낙관주의가 변하지 않는 데 있다. 솔직히 말하면, 우리는 실패를 통해서도 충분히 배우지 못하는 것이다.

생각해보자. 우리가 말하는 것만큼 자기 과신이 심각한 문제라고 한다면 속히 개선되어야 마땅하다. 그 학습 과정은 다음과 같이 진행되는 것이 이상적일 것이다. "우리는 스스로를 늘 높게 평가한다. 그러나 세상은 우리에게 누가 실력자인지를 보여준다. 이제 우리는 점점 자신감을 잃고 더욱 현실적으로 우리가 가진 지식과 기술을 바라볼 수 있게 된다……." 하지만 실상에서 이런 일은 일어나지 않는다.

뷸러, 그리핀, 로스 세 사람은 계획 오류를 분석하는 과정에서 사람들이 그러한 종류의 낙관주의나 자기 과신에 사로잡히는 몇 가지 이유에 대해 논했다. 그중 하나는 과거의 경험보다 미래의 계획에 눈을 돌리는 버릇을 좀처럼 떨쳐낼 수 없기 때문이라는 것이다. 우리는 어떤 계획이 예정대로 정해진 시간에 완수되는 구체적인 이유를 얼마든지 상상할 수 있다. 하지만 최선의 상황을 고려하여 세우는 계획은 예상치 못한 원인이 반드시 개입하게 되어있다. 특정한 계획의 세부 사항에만 초점을 맞추다 보면 우리는 스스로를 문제의 '내부'에 가두어 버리고, 처음 예상한 대로 일이 진행되지 않은 것에는 관심도 두지 않게 된다. 우리의 경험상 이와 비슷한 현상은 투자자에게도 일어난다. 지금까지 서술한 것 이외에도 원인이 되는 몇 가지 습관이 있다. 그것은 독자 여러분에게도 친숙하게 느껴질 것이다.

잘 되면 내 능력 덕분
안 되면 운이 나쁜 탓

보통 사람들이라면 자기 과신에서 쉽게 빠져나올 수 없는 이유를 이런 식으로 설명하려 할지도 모른다. "사람들이 항상 자기 과신에 빠져있는 것은, 성공의 기억은 얼마든지 떠올릴 수 있지만 실패한 기억은 지워버리거나 잊어버리기 때문이다." 아주 틀린 말은 아니다. 현실에서는 패배보다 승리를 더 오래 기억하려는 심리적인 힘이 작용한다.

그중 하나는 '사후 과잉 확신 편향(hindsight bias)'이라고 불리는데, 이는 약 40년 전 심리학자 바루크 피쇼프(Baruch Fischhoff)에 의해 자세히 연구되었다. 피쇼프는 일련의 획기적인 실험을 통해 히브리 대학교 학생들에게 리처드 닉슨 미 대통령이 중국을 방문하는 역사적인 일에 대해 추측하도록 하였다. 그는 그들에게 특정 외교 및 여행 관련 사건이 발생할 가능성에 대한 확률을 제시하도록 요구했다. 방문 이후, 피스코프는 학생들에게 주기적으로 문제의 사건(혹은 불발된 사건)에 대한 그들의 예측을 기억하도록 했다. 결과적으로, 학생들은 자신의 예측을 잘못되게 기억했을 뿐만 아니라 그들 스스로가 더욱 똑똑해 보이려고 했다. 학생들은 일어난 것으로 기억되는 사건에 대해서는 낙관적으로 예측했다고 기억했으며, 반대로 일어나지 않은 사건에 대해서는 비관적이라고 예측했다고 기억했다. 전문가들의 예측 데이터를 분석하는 심리학자 테틀록은 이러한 참가자들에서 일정한 흐름을 발견했다. 그들은 그들의 예측의 가능성을 체계적으로 왜곡하여 이후 발생한 사건에 더 큰 가능성을 부여하고, 그렇지 않은 사건에는 더 낮은 가능성을 주었다고 '회상(recalling)'한 것이다. 그들은 또한 (다른 모든 사람과 마찬가지로) 실패한 예측에 대해 부연 설명을 덧붙이려는 경향을 보였다. "옐친이 그 탱크에 올라타지 않았더라면 혁명이 일어나지 않았을 텐데…", "만약에 그들이 탈퇴를 투표로 정했더라면…" 이러한 설명은 구체적으로 예측하는 데에 실패할 가능성을 열어두어 추측하는 능력과 전반적인 믿음을 유지할 수 있도록 한다. 우리 인간은 자신에 가득 차 본인을 되돌아보게 만드는 교활한 버릇을 형성해왔다.

일부 독자들은 여기서 의문을 제기할지도 모르겠다. 때때로 실패의 기억이 그 어떤 것보다 가장 선명히 기억에 남기도 하기 때문이다. 예를 들어, 만약 당신이 예전에 단어 하나 때문에 스펠링 대회에서 우승을 놓쳤다면, 실패의 원인이 된 그 단어를 죽을 때까지 잊지 못할 것이다.

하지만 여기에는 자기 과신을 고스란히 유지하는 장치가 숨어 있다. 즉, 설령 실패를 기억할지라도 그것을 앞으로 유리하게 인식되도록 마음대로 해석해버리는 것이다.

하버드 대학교의 심리학자 아일린 랭거(Eileen Langer)는 이러한 현상을 "앞면이 나오면 내가 잘해서 이긴 것, 뒷면이 나오면 운이 나쁜 것"이라고 묘사했다. 즉, 사람들은 자신의 행동이나 신념이 틀리지 않았다는 것이 인정되면 그럴 수 있는 능력이 있다고 스스로 생각하는 반면에, 자신의 행동이나 신념이 틀린 것으로 밝혀지면 그 원인을 불가피한 다른 요인의 탓으로 돌려버린다는 것이다. 결국, 사람들은 성공과 실패를 반복하면서 미래에 대한 굳건한 낙관주의를 가지고 살게 된다. 그러다가 조금만 운이 따라주거나, 타이밍이 잘 맞으면 다음번에는 더 잘될 것이라고 낙관한다. 실제 사례를 들어보자.

개리의 지인 중 한 사람은 1996년 어플라이드 머티어리얼즈(Applied Materials)에 투자했다. 컴퓨터 제조업체가 칩을 만드는 데에 필요한 기계를 그 회사가 독점 공급하고 있었기 때문이다. 이듬해 그 회사의 주식이 급등했을 때 그는 주변 사람들의 부러움을 한몸에 받았다. 그는 자신의 성공이 다른 사람들보다 '식견'이 높았기 때문이라고 자랑스럽게 설명했다. 그는 컴퓨터 칩이 모든 상황에서 사용되고 있고 업체들은 끊임없이 최신 설비를 도입할 필요가 있다는 점을 파악하고 있었다고 했다. 좋은 주식을 고르는 눈에 대한 그의 자신감은 급상승했다.

그 와중에 1997년 아시아의 경제 위기로 인해 모든 반도체 장비업체의 주가가 폭락하는 사건이 일어났다. 그러나 투자 안목에 관한 그의 자신감은 전혀 흔들리지 않았다. 아시아의 재난이 어플라이드 머티어리얼즈의 이익에도 영향을 준다고 누가 예측할 수 있었겠는가? 하지만 당시 반도체 장비의 50퍼센트를 아시아 국가들이 구매했다는 것을 알고 있었다면 충분히 예측할 수 있었을 것이다. 이것이 하나의 답이다. 또 하나의 더욱 확실한 답은 개리의 친구(그는 반도체 업계에 종사하지는 않았다)는 칩 제조 기계를 만드는 회사의 미래를 평가하는 데 적합한 사람이 아니었다는 것이다.

그러나 개리의 친구가 컴퓨터 업계에서 일하고 있었다면 어땠을까? 만약 그가 반도체 제조 사이클의 극심한 변동을 알고 있었다면 어떻게 되었을까? 그렇게 되면 그가 하이테크 기업에 투자할 자격이 있다고 할 수 있지 않을까? 이 문제에 답하기 전 다음 내용을 살펴보자.

가장 잘 아는 데 투자하면, 진짜 돈을 벌까?

우리가 언급하려고 하는 투자자의 자기 과신에 대한 마지막 원인은 복합적이다. 이는 앞서 설명했던 소유 효과의 변종이라 할 수 있다. 소유 효과로 인하여 사람들은 자기 것에 대해서는 그렇지 않은 것에 비해 유독 높은 가치를 부여한다. 하지만 이 원리는 구체적인 사물 이외에 생각에도 동일하게 적용된다. 다시 말해, 자신의 개인적인 체험을 통해 알고 있는 것에 대해(단지 직접 경험했다는 이유만으로) 지나치게 가치를 두는 경향이 있는 것이다.

이를 증명하기 위해 1997년 뉴욕 컬럼비아 대학교의 금융학 교수 거 휴버만이 실시했던 연구를 살펴보자. 휴버만은 전 세계 어느 국가에서나 투자자들 대부분이 해외 회사의 주식보다 자국 회사의 주식을 더 많이 가지고 있다는 사실에 관심을 가졌다.

국내에 투자하는 것이 더 편하다는 사실이 한 가지 이유인 것은 분명하다. 다른 국가의 법률이나 환율을 고려할 필요가 없기 때문이다.

하지만 휴버만은 그것과는 다른 요인이 작용하고 있는 것은 아닐까 생각했다. 즉, 투자자들은 자신의 투자처에 대해 (그것을 잘 알고 있다는 데서 오는) 안도감을 느끼고자 하는 심리가 있다는 것이다. 그럴듯하게 들리는 이것도 어쩌면 자기 과신의 또 다른 예일지 모른다. 자기가 투자한 회사와 주식이 좀 더 친숙하다는 이유만으로 그에 대한 자기 지식을 과대평가하는 것이기 때문이다.

휴버만은 자신의 이론을 시험해보기 위해 미국의 (당시) 7개 '베이비 벨(Baby bell: 1970년대 정부 주도로 미국 전화 전신 회사인 AT&T를 분할할 때 설립된 지역 기반 통신기업)'의 주식 소유 기록을 검토했다. 이 연구 결과, 몬태나주를 제외한 모든 주(州)에서 타지역 베이비 벨 주식보다 자기 지역의 베이비 벨 주식을 보유하고 있는 사람들이 훨씬 많다는 것이 밝혀졌다. 그럴 수도 있다고 생각할지도 모르겠다. 지역 통신사가 좋은 투자처라면 당연히 자기한테 가장 익숙한 회사에 투자하지 않겠는가? 그에 대한 반박은 자기 지역의 통신사가 7개의 베이비 벨 중 최고의 업적을 올리고 있다고는 할 수 없다는 것이 될 수 있다.

사실 그럴 확률은 평균적으로 6대 1이다. 해당 투자자들이 자기 지역의 베이비 벨이 뛰어나다고 증명할 만한 조사를 했다고는 생각하기는 어렵다. 즉, 투자자들은 자기 지역의 통신사에 (단지 자기가 사는 지역이라는 이유만으로) 다른 회사보다 호감을 가지고 있었다는 결론이 나올 수밖에 없다.

최근에는 이러한 방식(알고 있는 것에 투자하는 것)이 점점 더 일반화되고 있다. 여기에는 엄청난 수익률을 기록한 피델리티 마젤란(Fidelity Magellan) 펀드를 13년간 운용한 피터 린치(Peter Lynch), 그리고 그보다 더 큰 수익률을 보이고 있는 성공적인 지주회사 버크셔 해서웨이(Berkshire Hathaway)의 회장 워런 버핏과 같은 전설적인 투자자들이 한몫하고 있다.

던킨도너츠의 커피를 매우 좋아해서 그 기업의 주식에 거액을 투자한 린치의 이야기, 버핏이 코카콜라의 주식이 급등하기 전에 투자를 결정한 이유가 체리 맛 콜라에 중독되었기 때문이었다는 이야기 등은 실제로 종종 화젯거리가 된다.

마찬가지로 '아는 곳에 투자하기' 방식은 직장인들이 일반적으로 퇴직연금 자산의 3분의 1 이상을 자신이 근무하는 회사의 주식에 배분한다는 사실에 적어도 일부 책임이 있다. 이 같은 전략은 정말 위험하다. 당신의 가장 큰 투자, 즉 당신의 직업이 직장의 운명과 연결되어 있기 때문에, 퇴직연금 자산을 회사 주식에 투자함으로써 한 바구니에 너무 많은 달걀을 담은 셈이 된다. 대부분의 자산 운용 전문가들이 401(k) 플랜 중 10퍼센트 이상 자기 회사 주식으로 보유하지 말라고 권하는 것도 이 때문이다.

어쨌든 이러한 모든 것들의 공통점은 친근함을 느끼는 것과 알고 있는 것을 쉽게 혼동해버린다는 사실이다. 어떤 회사의 제품을 사용해보고서, 또는 회사의 전략을 잘 알고 있어서 투자했다가 돈을 벌었다는 각각의 사례에 대해, 그러한 지식으로 투자를 정당화하기엔 충분하지 않다는 증거를 다섯 가지는 들 수 있다.

대표적인 예가 아메리칸 익스프레스다. 이 카드의 많은 플래티넘 고객들은 회사의 서비스, 전략, 고객층이 경쟁사보다 우월하다고 확신했기 때문에 아멕스의 주식에 자신만만하게 투자했다. 그러나 투자자들이 예상하지 못한 것은 아멕스가 다른 많은 금융기관처럼 신용문제에 취약했다는 것이다. 그래서 세계 경제가 위기를 맞자 주가는 맥을 못 추고 급락했다.

너무 많은 것은 좋지 않다

일부 투자자들이 자사주 주식을 너무 많이 소유하고 있는 이유가 있다. 바로 주식이 큰 이익이 될 때다. 행동경제학자 슐로모 베나르치(Shlomo Benartzi)의 2001년 연구에 따르면, 지난 10년 동안 전체 주식 시장의 하위 5번째에 해당하는 회사의 직원들은 본인 퇴직연금의 약 10퍼센트만을 자사주 주식에 할당하였고, 이는 금융 전문가들이 추천한 것과 대략 비슷했다. 그러나 같은 기간 동안 주가가 주식 시장에서 상위 5위권에 들었던 회사의 직원들은 저축의 약 40퍼센트를 자사주 주식에 할당했다. 이것은 매우 과한 숫자다. 믿지 못하겠다면 엔론(Enron, 세계최대 에너지기업이었으나 파산함-옮긴이)이나 GM 또는 메릴린치(Merrill Lynch, 미국에 본사를 둔 세계최대의 증권회사로 뱅크 오브 아메리카에 인수되어 초대형 투자은행으로 자리매김했다-옮긴이)에서 일하는 사람들에게 물어보라.

부자의 생각법, 부자의 행동 방식

여섯 번째 조언

체크 포인트

다음과 같은 증상이 있으면, 당신은 자기 과신으로 인해 손해를 볼지도 모른다.

- 충분한 조사도 없이 거액을 쓰기로 결정해버린다.
- 투자에 성공하면 자신만만해지고 실패하면 변명을 늘어놓는다.
- 자신은 언제나 '시장의 승리자'라고 생각한다.
- 중개 수수료 할인이나 온라인 거래로 주식을 자주 거래한다.
- 부동산 업자를 끼지 않고 집을 파는 것은 간단하고도 이익이 되는 방법이라고 생각한다.

개별 구매보다 패키지 상품이나 연간 회원권을 선호한다.
- 자기가 투자하는 곳의 수익률을 모른다.
- 자신이 알고 있는 것에 투자하면 성공이 보장된다고 믿는다.

이 장의 목적이 자기 과신을 머릿속에서 완전히 지워버리는 것으로 생각하는 독자들이 있을지도 모르겠다. 하지만 그렇지는 않다. 여러분 중에는 본인이 생각하는 것처럼 정말 뛰어난 두뇌의 소유자가 있을지도 모른다. 우리는 제2의 피터 린치나 워런 버핏이 투자의 세계에서 성공하는 것을 방해할 생각은 조금도 없다.

우리의 목표는 두 가지다.

첫째는 여러분 대부분이 시장 전체의 동향에 연동하는 인덱스 뮤추얼펀드에 집중적으로 투자하도록 설득하는 것이다. 이에 대해서는 다른 장에서도 언급했으므로 여기서는 길게 논하지 않겠다. 하지만 한가지 확실히 해두고 싶은 것은, 투자자의 대부분이 (모든 정황상 불가능한데도) 시장을 이길 수 있다고 믿다가 얻을 수 있는 이익도 놓치고 만다는 것이다.

두 번째 목적은 첫 번째 목적을 달성하는 것이 간단하지 않다는 믿음을 어느 정도 전제하고 있다. 대부분의 독자는 개별 주식, 채권, 뮤추얼펀드에 투자를 계속해나갈 것이다. 그 한 가지 이유는 자신의 투자기술에 여전히 자신을 가지고 있는 데다, 그것이 재미있기 때문이다. 특별히 문제 될 건 없다. 재미있기만 하다면……. 단지, 강조하고자 하는 것은 자신의 능력을 스스로 과대평가하고 있을지 모르기 때문에 투자의 방법(또는 돈을 쓰는 방법)을 십분 재고해야 한다는 것이다. 이것만 이해시킬 수 있다면, 이 장의 목적은 어느 정도 달성되었다고 본다.

우리는 여러분을 기분 나쁘게 하려는 것이 아니다. 단지 겸손해지길 바랄 뿐이다. 그래서 여러분이 돈을 잃거나 이득을 놓치는 실수를 덜 할 수 있게 되길 희망한다.

투자자여, 너 자신을 알라

아마도 당신은 스스로 생각하는 것만큼이나 뛰어난 투자자일지도 모른다. 하지만 우리의 경험에 따르면, 많은 사람이 자신의 투자 성적을 과대평가하고 있다. 실패하면 그럴싸한 변명으로 포장을 하거나 수익률을 계산할 때 제대로 정산하지 않는다. 바꿔 말하면, 시장에서 얻은 연평균 15퍼센트의 수익은 수수료나 세금을 계산에 넣는다면 실질적으로는 10퍼센트, 심한 경우에는 5퍼센트일지도 모른다는 것이다. 매일, 매주 또는 매월 단위로 주식을 사고파는 투자자라면 특히 그러하다.

우리는 그런 방법에는 반대하지만, 그래도 반드시 그렇게 하고 싶다면 투자기록을 꼼꼼히 살피고, 들어간 비용들을 반드시 확인할 필요가 있다. 그런 작업에 필요한 계산은 복잡하기 때문에 투자기록용 소프트웨어를 이용하는 것도 좋다. 또는 서점에서 투자 계산 방법에 관한 책을 사는 것도 시도해볼 만하다. 하지만 경고 하겠다. 그러다가 당신의 자존심은 무너질지도 모른다.

투자 기회를 놓친 것을 자책하는 성향이 있는 사람들은 다음 사항들을 실천해보기 바란다. 적어도 1개월에 걸쳐 자신이 생각하고 있는 투자처를 모두 종이에 써본다. 그리고 나서 그 종이를 어딘가에 쑤셔 넣어둔다. 일 년 정도 지나 그 종이를 꺼내 선택했던 주식이 어떻게 되었는지를 확인한다. 시장 평균을 웃돌고 있는 것도 몇 개 있을지 모른다. 하지만 평균을 밑도는 주식도 그만큼, 혹은 그 이상 있지 않은가?

이러한 방법들도 혼자만 옳다고 생각하는 기억에 사로잡히지 않기 위한 유용하면서도 재미있는 방법이 될 수 있다.

최상에서 25퍼센트를 빼고, 최하에서 25퍼센트를 더한다

유감스럽게도 자기 과신과 낙관주의가 사람들에게 얼마나 큰 문제인지를 정확히 측정하는 기준은 없다. 그러나 자기 과신을 제대로 조절하려면 예측하는 정도의 상방과 하방에 '자기 과신 할인(overconfidence discount)'을 적용해야 한다.

이 개념은 생활의 몇몇 영역에서는 이미 당연한 경험 법칙이 되어있다. 예를 들어, 주택 소유자들에게 많은 전문가는 건축업자의 개축 견적에 (비용과 완공 시기 모두에 대해) 10퍼센트를 더하라고 조언한다. 우리의 경험에 따르면 25퍼센트로 하는 편이 좋다고 생각하지만……. 그러나 자신이 안심할 수 있는 숫자라면 몇 퍼센트든 상관없다.

양극단으로 할인 작업을 실행해야 한다는 점을 명심해야 한다. 예를 들어, 주식투자를 고려한다면, 보유하고자 하는 기간의 현실적인 주가 동향을 스스로 예상하도록 한다. 또 그 회사의 상황이 나빠졌을 때 주가가 어느 정도 떨어질지도 생각해 본다. 그리고 나서 낙관적인 예측에서 25퍼센트를 제하고 비관적인 시나리오에는 25퍼센트를 더한다. 좋은 경우와 나쁜 경우를 비교 고찰한 후, 그래도 투자할 가치가 있다고 생각되면 계획을 진행한다. 만일 그렇지 않다면 그만두는 편이 낫다. 어쨌든 이러한 작업을 통해 그 투자에 대해 무시했거나 잊었던 측면들을 생각할 수 있게 되는 것만은 분명하다.

따로따로 생각하라

장기적인 약정이나 이익에 대한 과신은 종종 '할인' 패키지 및 구독, 멤버십을 결제하게 만든다. 그러나 이러한 결제에 사인하기 전에, 해당 제품이나 서비스를 몇 달 동안 체험하여 실질적으로 얼마나 사용할 것인지 결정하는 것이 좋다. 이에 드는 '추가' 비용은 장기적으로 볼 때 훨씬 더 많은 금액을 절약할 수 있게끔 도와준다.

세 가지 질문 해보기

자기 과신은 너무나도 강력해서, 이에 맞서기 위해서는 실제로 결정을 내리지 않을 때 결정을 위한 규칙을 세우는 것이 필요하다. 이는 중요한 선택을 해야 할 때 참고할 수 있는 일종의 체크리스트를 뜻한다. 그리고 우리는 당신이 이를 하지 않을 것을 알기 때문에 (우리는 지극히 현실적이다) 중요한 결정을 내릴 때 참고할 수 있는 간단한 규칙을 알려줄 것이다. 결정하기 이전에 세 가지 질문을 해봐라. 어떤 질문이 적합할까? 이유는 모르지만, 그것들은 대부분 "왜?"로 시작할 것이다. TQM(Total Quality Management, 종합적 품질 경영)이나 Six Sigma(기업경영 전략의 일종)와 같은 기업 품질 관리 철학의 '다섯 번의 왜(Five Whys)' 접근 방식에서 채택된 이 아이디어는 큰 결정에 대해 조금 더 깊이 파고드는 습관을 길러야 한다고 말한다. 또한, 중요한 질문에 답하기 이전에 최소한의 자신을 마주하는 것이 필요하다고 한다. 혹시 투자를 염두에 두고 있다면, "왜 이 투자를 해야 하는가?"라고 자신에게 물어라. 그리고 만약 대답이 대충 예감에 따른다거나 친구 짐이 추천했다는 이유라면 "좋은 예감이 든 이유는 무엇인가?" 혹은 "짐은 왜 이 주식이 상승세를 탈 것이라 예상했는가?"라고 자문해보라. 그에 대한 답이 짐이 지금껏 투자 종목을 잘 찍었기 때문이라면, "내가 그걸 진짜로 어떻게 알아?"라고 되물어보라. 이러한 질문들은 조금 바보처럼 들릴 수 있지만, 좋은 아이디어를 얻을 수 있게 해준다. 또한, 이를 통해 자신감 극복 시스템의 도움을 받을 수 있을 것이다.

다른 사람들에게 과정에 대한 견해를 듣는다

지극히 상식적인 이 조언은 자기 경험에만 높은 평가를 하는 사람들을 위한 영양제라고 할 수 있다. 하지만 우리의 제안은 여러분이 생각하는 것과는 다를지도 모른다. 물론 투자나 구매를 고려할 때 친구나 식견이 있는 사람의 의견을 듣는 것이 좋은 생각인 것은 분명하다. 그러나 만약 그들도 마찬가지로 자기 과신에 빠져 있다면 어떻게 될까? 예를 들어, 개리의 친구가 헬스클럽 트레이너에게 러닝머신에 대해 물어봤다고 달라진 점이 있었나?

우리 생각은 조금 다르다. 금전적으로 중요한 결정을 내릴 때는 신뢰할 만한 친구나 전문가에게 자신의 결정 '과정'에 관해 물어볼 것을 권한다. 달리 말하면, 그들이 자신의 결정에 동의하는지 그 여부를 묻지 말고, 그러한 결정에 이르게 된 자신의 과정이 신중하고 치밀했는지 묻는 것이다.

만약 개리의 친구가 상담을 해왔다면 개리는 이렇게 말했을 것이다. "기사에 나온 의견을 무시하는 것은 현명한 생각이 아니야. 어쨌든 직접 써보고 비교도 해보고 판단을 한 거니까."

하지만 다른 사람의 조언을 구하라고 권유하면서도 우리는 다시 한번 경고의 노란 깃발을 흔들어야겠다. 다음 장에서 언급하겠지만, 사람들은 다른 사람의 의견이나 행동에 지나치게 영향을 받는 경향이 있기 때문이다. 당신은 스스로 생각하는 것만큼은 현명하지 않을 수 있겠지만, 다른 사람들보다는 현명할 수도 있다는 말이다.

제7장

정보에도 등급이 있다
다른 사람들이 하니까 나도 한다?

CASE 조지와 제인은 최근 크라이슬러(CHRYSLER)의 타운 앤 컨트리(Town and Country)라는 신형 미니밴을 2만 8,000달러에 구입했다. 신중히 검토를 거듭한 끝에 결정한 것이었다. 그런데 희한하게도 그 후 몇 개월 동안에 생판 모르는 사람들로부터 그 차를 사고 싶다는 제의가 연달아 들어왔다. 게다가 부르는 값도 점점 내려갔다. 두 사람이 보기에 차는 아무런 문제도 없었다. 주행거리는 수천 마일, 흠집이 한두 군데 나 있었지만, 엔진 소리는 아주 좋았다. 그럼에도 불구하고 조지와 제인은 크라이슬러를 구입한 가격의 절반에 되팔아야 하는지를 고민하게 되었다. 뭔가 안 좋을 수도 있겠다 싶은 마음에 은근히 걱정되었기 때문이다.

과연 두 사람은 차를 팔아야 할 것인가?

다른 사람들이 가격을 계속 낮춰 부른다고 그 미니밴을 팔아야 한다는 말인가? 이 문제가 황당해서 실소하지는 않았는지. 하지만 그 전에 이 생각을 해보자. 만약 조이와 제인이 팔아치우려는 것이 크라이슬러의 미니밴이 아니라 크라이슬러의 주식(한 주당 28달러에 1,000주를 샀지만, 최근 14달러로 내려 가버린 것)이라면, 어떻게 조언하겠는가? 대부분의 사람들은 두 사람에게 속히 크라이슬러의 주식을 팔아버리라고 권할 것이다. 실제로 우리는 그러리라 확신한다. 수백 년 동안의 주식 시장 역사를 보면, 많은 투자자들이 그렇게 행동하는 경우가 아주 많다는 것을 알고 있기 때문이다.

투자자들은 확고한 이유에서 회사나 뮤추얼펀드의 주식을 사들이지만, 주가가 내려가기 시작하는 순간 금방 팔아치운다. 전혀 모르는 사람들이 그 주식에 매기는 가격이 자신이 매수했을 때의 가격보다 떨어지면 서둘러 팔아 치우는 것이다. 반면, 많은 투자자들이 어떤 주식(또는 그림, 부동산, 기타 모든 것)에 점점 높은 가격을 매기는 것도 생판 모르는 다른 사람들이 그렇게 하기 때문이다. 월스트리트에서는 이를 '부화뇌동 매매(investing with the herd)'라고 부른다. 또 이러한 자금 운용 방법의 확산은 '대세는 좋은 친구(The trend is your friend)'라는 증권업계의 또 다른 교훈으로 표현된다. 달리 말하면, 도로를 달릴 때 표지판을 이기려 들지 말라는 것이다. 대부분의 투자자들이 앞다투어 좋다고 하는 주식을 나만 찬성하지 않을 이유가 있겠는가?

앞 장에서 논한 자기 과신에 사로잡혀 있는 사람들조차 레밍(lemming: 설치류의 한 무리. 특히 북유럽에 사는 노르웨이 레밍은 '집단자살'로 유명하다)처럼 집단행동에 휘말리는 경우가 있다. 자기 과신으로 인해 특정 투자나 기업에 대해 시장의 '스마트머니(시장의 흐름 변화를 가장 먼저 파악하고 반응하는 투자기관이나 투자자들을 일컫는 말—옮긴이)'가 어떤 생각을 하는지 파악하고 그에 따라 투자 결정을 내릴 수 있는 능력이 있다고 스스로 과대평가하기 때문이다.

물론 사람들이 다른 사람들의 행동을 따라 하는 경향이 있다는 것은 심리학에선 일반적으로 통용되는 원리다. 이는 저명한 사회 심리학자 솔로몬 애쉬(Solomon Asch)의 '동조 실험'을 통해 증명된 것으로 널리 알려져 있다. 1950년대 여러 획기적인 실험에서, 애쉬는 실험의 참가자들에게 일련의 판단 질문에 답하도록 요청했다. 그림 속 세 개의 선 중 같은 길이의 선은 무엇인지 묻는 질문이었다. 이는 혼자 있는 공간이었다면 쉽게 답할 수 있는 질문이었다. 그러나 애쉬가 미리 오답을 말하도록 지시받은 다른 '참가자'가 있는 방의 사람들은 덩달아 오답을 내놓았다. 실제 참가자들은 세 번 중 한 번의 빈도로 다른 참가자의 대답에 동의하는 모습을 보였다. 그리고 넷 중 셋은 최소 한 번은 명백하게 틀린 다수의 의견을 따랐다. 다른 이들의 행동을 순순히 따르는 것은 때때로 불확실성에서 파생된다. 우리는 무엇을 해야 할지 정확히 모르기 때문에 다른 이들을 따르는 것이다. 몇 년 전, 사회학자 매튜 살가닉(Matthew Salganik)은 1만 4,000명의 음악 소비자가 익숙하지 않은 노래를 다운로드하는 인공 음악 시장을 구축하는 연구 프로젝트를 주도했다. 참가자들은 이미 다운로드한 횟수에 따라 순위가 매겨진 노래를 볼 수 있게 되자, 그것들을 따라 듣기 시작했다(다운로드 수가 나열되었으나 순위는 지정되지 않은 경우, 그 효과가 덜 두드러지게 나타났다). '스마트 카트' 기술을 사용한 실험 역시 유사한 경향을 보였다. 소비자들이 진열된 제품을 지나갈 때, 많은 사람이 해당 제품을 선택했다는 정보를 얻게 되면 그 제품을 직접 구매할 가능성이 더 크다는 것이 입증된 것이다.

브레인스토밍을 잘 하는 법

최근 행동경제학자 댄 애리얼리가 흥미로운 실험을 했다. 그와 동료는 노스캐롤라이나의 인기 있는 맥줏집에서 웨이터가 되어 교대로 서빙을 했다. 서빙을 했던 고객 절반에는 주문을 받기 전 주문 가능한 맥주 메뉴를 소리 내어 읽어 주었다. 나머지 절반에는 메뉴를 읽어준 것은 똑같았지만, 손님에게 직접 주문서를 작성하도록 했다. 흥미롭게도, 고객들은 주문할 내용을 글로 적어낼 때보다 말로 소리 내어 주문할 때 더 다양한 종류의 맥주를 선택했다. 이것은 아쉬(Asch)의 실험 참가자들로부터 동조를 얻어낸 대중적 이미지에 대한 우려의 또 다른 예지만, 여기서는 반대의 결과를 낳았다. 맥줏집 고객들은 아마도 동료들에게 독창적인 사람으로 보이길 원했기 때문에 말로 주문할 때 아무도 주문하지 않은 브랜드를 골랐을 것이다. 그러나 드러내지 않을 수 있는 상황에서는 그들의 진짜 선호가 나타날 가능성이 더 컸다. 이는 브레인스토밍을 할 때나 그룹 내에서 정직한 의견의 교환이 중요할 때 명심해야 할 교훈이다. 팁을 하나 제시하자면, 회의 이전에 사람들에게 작은 아이디어나 의견이라도 미리 제출하도록 하라. 그렇게 하면 아마 본인들이 실제로 생각하고 있는 것을 표현할 것이다. 동료의 압력, 규범의 준수 또는 잘 해나가기 위한 공조 등 그것을 뭐라고 부르든 간에 우리 삶에서 개인의 결정은 집단이나 공동체의 이데올로기로부터 여러 가지 크고 작은 영향을 받고 있다.

'다른 사람들도 모두 봤으니까'라는 이유만으로 영화를 보러 간 적은 없는가? 또는 베스트셀러라는 이유만으로 책을 사본 적은 없는가? 누구나 그런 경험들이 있을 것이다. 주변과 맞추려는 이러한 경향은 대체로 유익하다. 이는 사회가 원활하게 기능하는 한 가지 이유가 된다. 모든 이들이 일반적인 행동 기준을 따르지 않는다면 자동차를 운전할 때마다 항상 정면충돌의 공포를 느껴야 할 것이다. 나아가 법률을 제정하거나 정부를 조직하는 것도 가능하지 않을 것이다. 이를 위해서는 특정 이데올로기(예를 들면, 민주주의)나 법률에 따른다는 대부분의 동의가 필요하기 때문이다.

그리고 많은 경우 우리는 모두 표면적으로 주변에 따른다. 이것이 문제가 되는 경우는 자신들의 이익에 어긋날지도 모르는 거대한 습성이나 대세를 따를 때다. 경제적인 측면에서 생각하자면, 다른 사람의 판단을 무작정 따라 하다가 잘못된 투자에 말려들거나 합당한 투자 기회를 놓쳐버리거나 하는 경우를 들 수 있다.

알다시피, 우리의 관심사는 '가격이 결정되는 방식', 또는 더 정확히 말하면 '다른 사람들이 가격을 결정하도록 허용하는 방식'에 있다. 어떤 의미에서 다른 사람들이 어떻게 생각하는지는 매우 중요한 문제임이 분명하다. 아름다움은 보는 사람의 눈에 달렸지만, 가치는 사는 사람의 눈에 달린 문제라는 이야기다.

우리는 이 책이 권당 250달러의 가치가 있다고 생각할 수 있겠지만 독자가 그렇게 생각하지 않는다면 어쩔 수 없다. 이와 마찬가지로 조지와 제인이 미니밴을 팔려고 한다 해도, 실상 거기에는 다른 사람이 기꺼이 지불해줄 만한 가치밖에 없는 것이다. 이는 어디까지나 조지와 제인이 차를 팔기를 원한다는 가정 하에서의 이야기다. 팔려는 마음이 없다면 크라이슬러의 가치를 결정하는 것은 그들 자신밖에 없다. 그러나 실제로는 외부로부터의 압박에 의해 언제 사고팔지를 강요받는 경우가 훨씬 많다. 이들은 대세를 이루는 의견과 행동에 따라 가치를 결정해버리게 된다. 그렇게 해서 종종 좋은 결과를 얻을 수도 있겠지만, 대개는 안 좋은 결과가 나오게 마련이다.

이 장에서는 '군중(herd)'이 어떻게 형성되는지, 그리고 사람들이 놀랄 만큼 쉽게 군중의 일부가 되는 이유는 무엇인지를 살펴보기로 한다. 우리는 이 같은 현상이 가장 이해하기 쉬운 형태로 나타나는 주식투자에 초점을 맞춰 이야기를 진행해나갈 생각이다.

하지만 이를 통해 도출되는 원리는 대중을 따라가게 만드는 거의 모든 금전적 결정에 적용된다. 이 문제는 매우 복잡하다. 다른 사람들(친구, 재무 컨설턴트, 애인, 일반 대중)의 의견에는 적어도 개략적으로는 뭔가 들어두어야 할 부분이 있기 때문이다. 돈 관리에 있어서 언제 대세를 따르고, 언제 독자적으로 행동해야 할지 이해하는 것이 큰 의미가 있는 것도 그런 이유 때문이다. 다시 언급하겠지만, '변덕스러운' 군중에게 조언을 구하는 사람들은 결국에는 노력한 보람도 없이 돈을 잃어버리게 된다.

늘 평균 이하의 수익을 올리는 투자자들에게

`CASE 1` 1988년부터 2008년까지 주식형 뮤추얼펀드는 평균 8.4퍼센트의 수익을 기록했다. 한편, 채권형 뮤추얼펀드의 평균 수익은 7.4퍼센트였다.

`CASE 2` 1988년부터 2008년까지 주식형 뮤추얼펀드에 투자한 투자자는 평균 1.9퍼센트의 수익을 올렸다. 한편, 채권형 뮤추얼펀드에 투자한 투자자는 평균 1퍼센트에도 미치지 못

하는 수익을 냈다.

질문: 이 두 이야기에서 잘못된 지점은 어디일까?

위에서 언급한 두 이야기는 모두 사실이다. 아마 매우 의아하게 생각될 것이다. 이는 '민간 제트 여객기는 평균 3만 5000피트 고도로 비행하지만, 승객들은 1만 5000피트의 고도로 비행한다'는 것과 마찬가지이기 때문이다.

어째서 이런 일이 있을 수 있을까? 어떻게 뮤추얼펀드(배당률이 높아 일반적으로 개인이 투자하는 데는 최고의 선택이라고 여겨지는)가 투자자들을 완전히 배신한 것일까? 어떻게 뮤추얼펀드는 그것을 보유하고 있는 사람들보다 많은 수익을 올릴 수 있었던 것일까?

그 이유는 간단하다. 대부분의 사람들은 충분한 조사를 끝낸 몇 개의 뮤추얼펀드(인덱스펀드가 이상적)에 투자하여 좋든 나쁘든 오랫동안 보유하는 것(전형적인 '사놓고 기다리기 buy and hold' 전략)이 아니라, 최대의 수익을 올리기 위해 이런저런 뮤추얼펀드로 갈아타기를 했던 것이다.

이와 같은 경향은 최근 들어 점차 일반화되고 있다. 뮤추얼펀드의 수가 급증하고 있고, 입수할 수 있는 정보도 많아졌기 때문이다. 전형적인 뮤추얼펀드 주주들(미국에서만 약 9,000만 명)의 주식 보유 기간은 1970년에는 16년에 달했지만, 최근에는 4년도 채 되지 않는다. 그러나 이 숫자는 평균에 불과하다. 실제로는 수백만 명의 투자자들이 온라인에 접속만 하면 간편하고 빈번하게 주식을 거래할 수 있다.

보유한 주식보다 높은 수익을 올리는 주식으로 능숙하게 교체할 수 있다면 문제가 되지 않겠지만 그렇지 못하기 때문에 문제가 된다. 이는 무작정 사람들을 따라 투자하는 실수를 저질렀기 때문이다. 이 주식 저 주식을 거래하는 사람들은 일종의 주식투자 판 '대장 놀이'를 하는 경우가 많다. 보유한 주식의 가격이 아주 조금씩 천천히 상승하는 것을 기다리지 못하고, 며칠 새 폭등한 주식이나, 다른 투자자들이 몰려들어 자산이 급증했다는 투자회사에 돈을 쏟아붓는 것이다. 이런 투자회사는 때때로 모닝스타(Morningstar)와 같은 평가회사나 투자 관련 잡지, TV 프로그램 등에서 추천되기도 한다.

하지만 불행히도 막대한 수익을 좇아 대세를 따랐을 때는 이미 대세가 끝나갈 무렵인 경우가 많다. 여기에는 두 가지 이유가 있다.

첫째, 투자회사의 성적이 최고가 되는 때는 그 전략의 수명이 다하기 바로 직전인 경우가 많기 때문이다(프롤로그에서 언급한 '평균으로의 회귀'라는 표현을 기억하고 있는가?).

예를 들어, 인터넷 회사들이 급성장하던 시기에 그 회사들의 주식을 사서 큰 성공을 거두었던 투자회사들을 떠올려보라. 만약 당신이 1990년대 후반에(많은 투자자가 그랬듯이) 그러한 시류에 편승했다면, 소위 '닷컴 버블(dot-com bubble, 인터넷 사업 발전에 따라 발생한 거품 경제 현상)'이 마침내 터졌을 때 상당한 타격을 받았을 것이다.

두 번째 이유가 바로 여기에 있다. 대열에서 앞장서지 않는 한, 새로운 투자회사로 바꾸었을 때는 이미 가격이 오를 대로 오른 다음이라는 것이다. 군중 틈에서 투자를 했다 하더라도 군중의 꼬리에 부자연스럽게 매달려 있을 뿐이다. 결국, 많은 투자자들의 투자 행태는 가격이 뛰기 직전에 팔아서 가격이 떨어지기 시작하는 펀드에 돈을 쏟아붓는 방식이다. 그리고 이런 악순환이 반복된다.

혹시 지금까지의 내용이 "상승세에 있는 주식을 급하게 버리지 말고, 하락세에 있는 주식을 계속 가지고 있지 말라"는 앞선 우리의 권고와 모순된다고 생각되는가? 전혀 그렇지 않다.

평균적인 우량주는 이번 달의 '반짝 종목(비정상적인 급등세를 보인 후 급락으로 치닫는 주)'과는 다르다. 그러므로 보유하고 있는 동안 지속적으로 상승해온 주식은 이제까지 올린 이익을 놓치고 싶지 않다는 이유만으로 팔아서는 안 된다. 좋은 주식이라면 주가는 계속 상승하게 되어있다.

이 같은 투자에 대한 정보(상승하는 가격에 반영된 견실한 업적과 투자자의 자신감)는 최신 '인기주'에 대한 투자 정보(간접적으로 듣게 되는 폭등하는 수익)와는 그 종류가 다르다는 점을 주의하라. 후자보다는 전자를 따라야 한다는 것은 두말할 것도 없다.

개인 투자자의 수익이 그들의 자금을 운용하는 투자회사의 수익보다 낮은 것은 다름 아닌 이 '싸게 팔고, 비싸게 사는(sell low, buy high)' 수법 탓이다. 《머니》지에서 뮤추얼펀드 칼럼을 담당하고 있는 제이스 츠바이크가 제공한 다음의 사례를 인용해보겠다. 1997년 츠바이크는 《머니》지의 기자인 말콤 피치(Malcolm Fitch), 증권거래위원회의 전 경제 전문가 찰스 트루친커(Charles Trzcinka)와 함께 미국 투자회사의 수익에 대한 종합적인 분석에 착수했다. 이 데이터는 1996년에는 1,000개 사 이상의 기업으로부터 보고를 받은 것이었다. 그 결과, 1996년에 수익을 올린 12개 이상의 투자회사에 자금을 맡겼으면서도 실제로는 손해를 본 투자자가 있었다는 사실이 드러났다. 또한, 많은 투자자들이 손해는 보지 않았어도 예상을 훨씬 밑도는 수익밖에 올리지 못했던 것으로 드러났다.

츠바이크는 PBHG 코어 그로스(Core Growth)를 예로 들어

이를 설명했다. PBHG 코어 그로스는 1996년 초에 5,000만 달러 이상의 자산을 집중 운용한 투자회사로, 그해 초 3개월간 S&P 500지수가 28퍼센트 상승하는 동안 32.8퍼센트의 수익을 올렸다.

하지만 문제는 그해 PBHG 코어 그로스에 투자했던 사람들이 대부분 수익을 올리지 못했다는 것이다. 계산인즉슨 다음과 같다.

3월 말 이 투자회사의 자산은 3,100만 달러였다. 하지만 일사분기의 실적이 놀라울 만큼 높자(신문과 광고에서 대대적으로 떠들어댔다), 이에 혹한 투자자들이 벌떼처럼 몰려들었다. 이 때문에 5월과 6월에 PBHG 코어 그로스의 자산은 2억 달러 이상 늘어났다. 하지만 불행히도 이 회사는 삼사분기와 사사분기에 3.8퍼센트의 손실을 냈다. 이로 인해 연간 32퍼센트 이상의 수익을 올렸음에도 불구하고, 투자자들은 평균 3퍼센트의 손실을 입고 말았다.

무분별한 투자

우리가 그저 당연한 말을 하는 것처럼 보일 수도 있다. 심지어 경험이 가장 부족한 투자자조차 불확실한 투자에 황소처럼 달려드는 것은 돈을 잃는 지름길이라는 것을 알고 있다. 이는 2008년 글로벌 주식 시장이 한꺼번에 붕괴되었을 때 뼈저리게 느낄 수 있었으며, 1990년대 후반과 20세기 초 닷컴 버블이라 부르는 시기에는 더욱 말할 것도 없었다. 일종의 열광이라고밖에 설명할 수 없는 이 상황에서 투자자들은 다른 이들이 부자가 되는 동안 인터넷 발전의 흐름에 뒤처질까 두려워 웹 기술과 연관된 것으로 보이는 회사의 가치를 통해 주가를 높이는 데에 혈안이 되어있다. 그러나 군중이 양방향으로 움직인다는 것을 기억하는 사람은 많지 않다. 우리가 우려하는 것은 실제로 은퇴 자산 관리 포트폴리오에 베팅하는 것이다. 지금으로부터 10년이 지나면 많은 투자자들이 현재 우수한 회사 주식에 지불되는 가격을 되돌아보고 그렇게 많은 금액을 벌 수 있었던 기회를 놓친 것에 대해 안타까워할 것이다. 그러나 이는 군중의 목소리에 지나치게 귀를 기울였기 때문에 생겨난 문제이다. 그 당시 당신은 다른 목소리는 전혀 들리지 않았을 것이다. 우리는 이 책의 이전 개정판에 이와 관련된 예시들을 소개했으며, 이는 다시 살펴볼 가치가 있다.

클린턴 대통령이 당선되고 의료보험제도의 개혁을 대대적으로 선전하기 시작한 직후의 일이다. 사업의 규모(의료산업 정책이 모두 실행되려면 당시 미국 경제의 7분의 1 규모가 될 것이라고 예상되었다)를 보면 개혁을 실행하기 위한 적절한 방법조차 생각하기 어렵게 되자 투자자들은 당연히 의료 관련 회사의 미래를 염려하기 시작했다.

이 같은 우려는 쉽게 비관론으로 기울었다. 제시된 목표가 '증대하는 의료비용의 삭감'이었다는 것을 생각한다면 그도 무리는 아니다. "의약품 회사, 특히 제약업체는 이익에 타격을 받게 될지도 모른다. 지난 10년 동안 이들 기업이 보여준 탁월한 주가의 신장은 약품 판매에 의한 막대한 이익으로 얻어진 것이기 때문이다"라는 것이 '큰 손'들의 의견이었다. 이렇게 되면 모든 의약품 업체의 주가는 내려갈 것이며, 의약품 업체인 존슨앤드존슨(Johnson&Johnson)과 같은 우량 기업도 예외는 아닐 것이라고들 했다.

실제로 전문 투자자들이 1992년 보유하고 있던 존슨앤드존슨의 주식을 팔기 시작하자 개미들이 줄줄이 그 뒤를 이었다. 1993년 초에 한 여성이 주식을 내다 판 이유를 설명했다. 이는 존슨앤드존슨의 주식을 매도한 사람들 모두가 느낀 일반적인 감정을 요약한 것이라고 할 수도 있었다.

"의료 개혁이 어떻게 될지는 사실 알지도 못한다. 하지만 정부가 손을 댄 분야가 잘될 턱이 없지 않은가."

이러한 생각이 만연한 결과 존슨앤드존슨의 주가는 18개월

만에 59달러에서 36달러까지 급락했다.

하지만 이 같은 시장 예측에는 한 가지 결점이 있었다. 의료 개혁은 절대 실현되지 않는다는 것이 아니다. 존슨앤드존슨의 실제 사업 내역에 주의를 기울였다면 투자자는 다음과 같은 사실을 깨달았을 것이다.

❶ 존슨앤드존슨은 약품 이외에도 베이비 샴푸, 콘택트렌즈, 반창고(Band-Aid) 등 많은 상품을 만들고 있다.
❷ 일반적으로 의료비용이 침체되어 있음에도 불구하고 존슨앤드존슨의 이익은 계속 늘어나고 있다.

하지만 의료 개혁 문제와 관련하여 너무 많은 투자자가 다른 투자자들이 존슨앤드존슨에 내리는 평가에 귀를 기울였다.
그 대가는 무엇일까? 존슨앤드존슨의 주가는 36달러로 바닥을 찍은 다음 1997년 말에 두 배 가까이 상승했다.

온 세상이 무대일 필요는 없다

1990년대 후반, 코넬 대학교의 톰과 그의 동료들은 사람들이 왜 그리도 다른 사람들과 비슷해지려고 노력하는지 그 이유를 모색했다. 그것은 '스포트라이트 효과(spotlight effect)'라고 불리는데, 읽어보면 깨닫는 바가 있을 것이다. 실험은 다음과 같이 진행되었다. 톰의 집단은 어떤 연예인의 얼굴이 그려진 티셔츠를 착용하는 게 가장 촌스럽다고 여겨질지 조사한 다음('수상자'는 배리 매닐로우였다), 실험 도우미에게 다른 학생들이 설문지를 작성하기 전에 그 티셔츠를 입도록 했다. 그리고 잠시 후 그를 방에서 불러내어 얼마나 많은 학생이 그 티셔츠를 발견했는지 추측해 보도록 질문했다. 평균적으로 티셔츠 착용자들은 다른 학생들의 거의 절반이 눈치챘다고 추측했으나, 실제로는 5명 중 1명만이 티셔츠를 알아보았다. 여기서 핵심 교훈은 생각보다 적은 수의 사람들이 당신을 신경 쓰고 있다는 것이 아니라, 다른 사람들이 당신을 어떻게 생각하는지를 생각하는 데 당신이 무척 신경을 쓰고 있다는 점이다. 이것이 중요한 이유는, 당신이 무엇을 사든 다른 사람들이 그것을 신경쓸 것이라는 생각에 영향받기 때문이다.

군중은 우왕좌왕한다

닷컴 버블이나 의료 개혁에 대한 투자자들의 과잉 반응은 식은 죽 먹기와 비슷하다. 두 예시 모두 패러디가 가능할 정도로 극단적이기 때문이다. 그러나 우리는 논증을 확증하기 위해 두 가지 예시를 들먹일 수밖에 없다. 서로 다른 전개에도 불구하고, 인터넷의 비약적인 발전과 의료 개혁에 대해서는 그 기간에 신문과 잡지에서 상세히 다루어졌고, 우리는 이에 기초해 주가 동향을 검토했다. 투자의 대세가 어떻게 시작되고, 그 희생양이 되지 않으려면 어떻게 해야 좋을지를 이해하기 위해서는 이 같은 사실이 매우 중요하다. 우선 그 배경을 조금 언급해보기로 한다.

여러 가지 사회적 메커니즘이 획일적 행동의 주요 원인(또는 자극)이 된다는 것은 여러 경로를 통해 확인되고 있는 사실이다. 사람들은 여러 방법으로 다른 사람들을 따르는 법을 배우거나, 순응하는 것을 법을 배운다. 또 순응이 어떤 모습으로 나타나야 하는지 지시하는 단서를 해독하는 법을 배운다. 이 같은 메커니즘의 하나를 '제재'라고 부를 수 있을지도 모르겠다.

아이들은 쉬는 시간에 소란을 일으키면 꾸중을 듣는다는 것을 배운다. 성인은 '폭행은 허용되지 않는다'라는 것을 체포될 때 깨닫는다. 또 과세 유예의 퇴직연금에서 미리 돈을 빼면 안 된다는 것을 조기인출에 대한 10퍼센트 위약금이 징수될 때 깨닫는다.

'제재'의 반대가 '장려'다. 수업 태도가 좋으면 선생님에게 칭찬을 듣는 것은 잔디를 예쁘게 손질해두면 이웃 사람들의 칭송을 듣는 것과도 같다. 이와 같은 '강제'에는 명료한 것도 있고(예컨대, 사람들에게 퇴직에 대비한 저축을 장려하기 위해 정부가 세금 감면 우대를 해주는 것), 함축적인 것도 있다(유행하는 아이템을 착용했는데 사람들이 '멋지다'라고 해주니 계속 그것을 하고 다니는 것).

하지만 어떠한 메커니즘이라도 예상 밖이거나 혼란스러운 상황에 처한다면 다른 사람을 따르고 싶은 바람이나 경향은 더욱 강해진다.

여느 때는 자신감으로 충만한 회사의 최고경영자를 낯선 영역(예컨대, 에베레스트 등반대)에 내버려 두면, 그는 임원실에 있을 때와는 달리 셰르파(히말라야산맥에 사는 티베트인으로, 히말라야 등반대의 짐 운반과 길 안내로 유명하다)가 하는 대로 따라 할 것이다. 진공 상태에 있을 때는 어떤 선택지에도 매력을 느끼게 된다. 즉, 어떻게 하면 좋을지 전혀 모를 때, 특히 위험이나 불안을 느끼고 있는데 다른 사람들은 계획이 있는 것처럼 보이면 그들이 하는 대로 따라 하지 않을 수 없다.

그것이 돈이나 투자 이야기가 되면 더욱더 그러하다. 점점 더 많은 사람이 주식에 손을 대게 됨에 따라 그들은 갈수록 이해하기 어려운 상황에 처하게 되고, 여러 가지 모순된 조언을 받는 경우도 많아진다. 그렇게 되면 다른 모든 이가 하는 것을 따르는 것은 불합리한 선택이 아닌 다른 특별한 매력이 있는 듯이 여겨진다. 즉, 자신의 결정이 잘못됐다는 것을 알면서도, 자신과 같은 결정을 내린 사람들이 많다고 생각하면(유명인까지 있을지도 모른다) 적어도 마음의 위안이 되는 것이다.

어쨌든 확신이 없으면 없을수록(그리고 위험이 커지면 커질수록) 사람들은 군중이 하는 행동에 휩쓸리기 쉽다. 성인보다 10대들이 또래의 압력에 굴복하는 경우가 많은 것도 바로 이런 이유 때문이다. 다른 사람들을 따라야 할지 말아야 할지를 판단할 때 이들에게는 의지가 될 만한 경험이 적기 때문에 위험성도 커진다. 따라서 스스로 길을 선택한다는 것은 37세보다는 17세에게 더 큰 결과를 가져다준다.

그러나 돈과 관련된 문제가 되면 그것은 성인에게도 큰 모험이 된다. 실제로 투자자는 주위의 영향을 쉽게 받는 정신적 상태에 빠져 있다. 조언을 갈구하고 있기 때문에 누구의 의견이라도 대부분 따르게 된다.

이렇듯 다른 사람의 행동에 대한 과민증은 일시적인 흐름, 대세 그리고 군중 행동에 관한 최근의 이론과 잘 맞아떨어진다. 1992년 《저널 오브 폴리티컬 이코노미(Journal of Political Economy)》 잡지에 실린 논문에서 캘리포니아 대학교 로스앤젤

레스 캠퍼스의 서실 비크챈대니(Sushil Bikhchandani), 데이비드 허쉬라이퍼(David Hirshleifer), 이보 웰치(Ibo Welch)는 '인포메이션 캐스케이드•(information cascade)'라고 하는 현상에 대해 논했다. 이 연구는 금융과 경제학의 거대한 수수께끼(왜 투자자는 주변의 동향에 꼭 과잉 반응을 보이며, 나중에 가격이 내려가는 유가증권에 돈을 쏟아붓는 것일까? 또, 왜 가치 있는 주식에는 좀처럼 투자하지 않는 것일까?)에 빛을 보여주는 것이었다.

이들의 이론은 다음과 같은 가정에 기초해 있다. "대세 또는 일시적 유행이 일어나는 순간은 자신이 보유한 정보를 무시하고 다른 사람의 행동에(그것이 자기의 지식이나 직감과 모순된다 하더라도) 주의를 기울일 때다."

차로 꽉 막힌 고속도로를 떠올려보아라. 아무도 가지 않는 방향으로 불시에 방향을 바꾸는 차가 있다고 한다면, 그것이 설령 시간을 단축시켜 줄지는 아무도 모르지만 따라가고 싶은 충동이 일지는 않는가? 몇몇 소수에 의해 촉발된 행동을 다른 사람들이 따르게 되면, 그 다음에는 훨씬 더 많은 사람들이 그것을 따르게 되며, 그 같은 현상이 연달아 계속된다.

이들의 이론에서 특히 흥미로운 점은 '새로운 정보가 극히

• 정보가 폭포처럼 쏟아져 나오면서 원하는 정보를 찾기가 점점 어려워짐에 따라 개인들이 다른 사람들의 결정을 참고해 자신의 의사를 결정하는 현상(출처:네이버 지식백과)

작은 것이라 하더라도 사람들의 행동을 대규모로 급격히 변화시킬 수 있다'라는 것이다. 그들은 이렇게 기록하고 있다.

"다른 행동을 취하는 것이 최선이라는 새로운 정보가 조금만 주어져도, 혹은 기본적인 상황이 변하지는 않을까 하는 의심이 사람들에게 조금만 퍼지기 시작해도(실제로 그렇든 그렇지 않든) 사회적인 균형은 급격히 변화한다." 달리 말하면, 환경이 극적으로 변화하는 데 거대한 힘 따위는 필요하지 않다는 것이다.

이 같은 견해는 새로운 정보가 봇물 터지듯 밀려드는 금융시장에서는 특히 잘 들어맞는다. 닷컴 버블이나 의료 개혁이 좋은 사례가 된다. 양사의 재무 내용은 신문이나 텔레비전에 의해 엄격히 감시되며, 새로운 정보도 정기적으로 보도되었다(중요한 것과 중요치 않은 것들 모두). 시시각각 주가의 동향에 좌지우지되는 사람들은 그것을 보고 행동했다. 그러면 그러한 행동들을 보고 더욱 많은 투자자들이 그 뒤를 따랐다. 이는 초기 투자자들의 행동이 현명한 선택이었다는 믿음을 더욱 단단해지게 하는 결과를 낳고, 그렇게 그들은 그 행위를 반복하게 된다.

즉, 이 같은 식이다. 당신이 주식을 팔면(또는 사면) 그로 인해 주가는 내려간다(또는 올라간다). 그것을 본 다른 투자자들이 주식을 팔기(또는 사기) 때문에 주가는 더욱 내려간다(또는 올라간다). 그러면 당신도 같은 행동을 반복한다.

이렇게 주가 폭락은(반대는 폭등) 시작된다. 하지만 여기서 중요한 것은 이 모든 내용을 이해하는 것이다. 즉, 시장과 주가를 움직이는 힘은 적어도 단기간의 경우 회사의 진정한 가치와는 직접적인 관계가 없다는 것이다. 강력한 인포메이션 캐스케이드로 인해 사람들은 단지 '다른 사람들이 그렇게 했다'라는 이유만으로 주식을 사고팔기 때문이다.

상기해주기 바란다. 현대 경제학의 기본 원리 중 하나는 '시장은 효율적'이라는 것이다. 즉, 주가는 투자자의 지식이나 경험을 모두 반영하고 있으며, 시장은 당신보다도 훨씬 더 많은 것을 알고 있기 때문에 주식을 아무리 잘 골라내려고 한들 그것은 헛수고에 불과하다는 것이다. 주식을 골라낸다 하더라도 신문의 주식란에 다트를 던져 고르는 것과 크게 다르지 않다는 것이다.

이는 어느 정도의 기간을 생각하느냐에 따라 맞기도 하지만 그렇지 않기도 한다. 하지만 많은 연구에 의해 적어도 1일 단위 또는 1년 단위라도 단기간에 회사의 가치를 평가할 때는 투자자들의 겨냥은 빗나가게 마련이라는 것이 밝혀졌다. 인포메이션 캐스케이드로 인해 (사람들이 우르르 주변에 휩쓸리는 경향이 있기 때문에) 투자자들은 좋은 뉴스건 나쁜 뉴스건 과잉 반응을 보이는 경우가 많다. 인기 있는 회사의 주가를 지나치게 높이 평가하고, 평판이 좋지 않은 회사의 주식은 지나치게 낮게 평가한다.

팟! 하고 터지는 버블

한데 뭉친 거품 덩어리는 빨리 팽창할수록 파열되기 쉽다. 최근 펜실베이니아 대학교 와튼스쿨의 요나 버거(Jonah Berger)와 게일 르 멘스(Gael Le mens)는 미국의 부모가 자녀에게 붙여주는 첫 번째 이름을 분석했다. 그들이 발견한 사실은 전반적인 이름의 인기도(가령 '제임스'라는 이름은 '안톤'이라는 이름보다 항상 더 흔하다)를 조정하면 새로 유행하는 이름이 더 빨리 인기를 얻을수록 더 빨리 매력을 잃는다는 것이다. '매디슨'이 '브리트니'보다 더 빠르게 인기를 얻었다면 '매디슨'이라는 이름의 인기는 오래 지속되지 않을 가능성이 있다. 어떤 유행이 빠르게 전개될수록 사람들은 그것을 일시적 유행이나 거품이라고 의심하고 그것에서 빠져나오려고 한다.

차라리 뉴스에 둔감해져라

신문이나 텔레비전에 나오는 주식에 관한 뉴스는 신경 쓰지 않는 편이 좋다. 시시한 재무 보고에 온갖 신경을 곤두세우는 투자자는 뉴스에 무심한 사람들보다 오히려 실적이 좋지 않다. 이는 그대로 믿어도 된다. 사실 개리도 14년 동안 그러한 뉴스를 제공하면서 먹고살긴 했지만 말이다.

하버드 대학교의 심리학자였던 폴 앤드리어센(Paul B. Andreassn)은 모의 투자자 그룹 4개를 비교해서 이를 실증했다. 2개 그룹은 실험 진행 중 그다지 주가 변동이 없었던 비교적 안정된 주식을 대상으로 실제 회사의 주가와 뉴스를 이용해 투자 시뮬레이션을 했다. 단, 한쪽 그룹은 회사에 관한 뉴스를 끊임없이 받아들인 데 반해, 나머지 그룹은 뉴스에 전혀 신경을 쓰지 않았다. 다른 2개 그룹에서도 마찬가지의 실험이 이루어졌는데, 이때는 가격 변동이 극심한 주식을 이용했다.

결과적으로, 뉴스를 전혀 신경 쓰지 않았던 투자자들은 좋건 나쁘건 끊임없이 정보를 받아들인 투자자들보다 좋은 실적을 올렸다. 실제로 변동이 심한 주식을 매매했던 두 그룹에서는 아무런 정보도 없었던 투자자들이 매스컴의 영향을 받은 투자자들보다 '2배의 이익'을 올렸다.

1985년 《저널 오브 파이낸스(Journal of Finance)》 잡지에 발표된 한 연구에서 이 같은 현상에 대한 좋은 사례가 소개되었다. 집필자는 증권 가격 변동에 대한 연구로 널리 알려져 있는 시카고 대학교의 리차드 탈러와 위스콘신 대학교의 워너 드 본드(Warner De Bondt)였다. 두 사람은 뉴욕증권거래소(NYSE)에 상장되어 있는 주식 중 평균적인 가격 변동을 넘어 상승하거나 하락한 주식의 동향을 분석했다.

이들은 6년과 10년을 하나의 단위로 하고 그것을 다시 반으로 나누었다. 각 기간의 전반부('형성 기간'이라고 명명함) 수익에 의해 상승주(평균보다 올라간 주식)와 하락주(평균보다 내려간 주식)로 나눈 후, 마지막으로 상승주와 하락주가 후반부(두 사람의 명칭으로는 '보유 기간')에는 어떠한 움직임을 보였는지를 조사했다.

결과는 다음과 같았다. "뉴욕증권거래소에서 평균을 크게 넘는 움직임을 보인 주식은 그 후 역방향으로 크게 움직였다는 것이 밝혀졌다. 10년을 기준으로 보면, 하락주는 5년의 보유 기간(후반부) 동안 상승주보다 평균 30퍼센트 많은 수익을 올렸다. 6년을 기준으로 보면, 3년의 보유 기간(후반부)에 하락주가 올린 주식은 상승주보다 25퍼센트 가까이 많았다.

간단히 정리해보자. 탈러와 드 본드의 연구 결과는, 말하자면 투자자들이 극단적으로 반응하면, 그 반응은 시간과 함께 반대로 흘러가는 경향을 보인다는 것이다(두 사람이 주목한 것은 뉴욕증권거래소의 전형적인 주가의 동향을 넘어서 위아래로 크게 움직였던 주株였다는 것을 상기해주기 바란다). 아직 인포메이션 캐스케이드라는 용어가 사용되지는 않았지만, 탈러와 드 본드는 그와 같은 과잉 반응으로 돈을 버는 절호의 기회가 어떻게 찾아오는지를 알기 쉽게 예증했다.

투자자들이 의료 개혁의 가능성에 과잉 반응을 보여 존슨앤드존슨의 주가가 하락했을 때와 마찬가지라고 할 수 있다. 어떤 회사의 주식이 비관적인 투자자들에 의해 급락하고 나면, 그 후에는 반대로 상승한다. 반대로 어떤 회사의 주가가 과도하게 낙관적인 매수세로 인해 급등하게 되면, 그 후에는 반대로 급락하게 되는 것이다.

다시 말해, '평균으로의 회귀(너무 지나치면 다시 평균점으로 되돌아오려는 경향이 있다는 개념)'의 예시라고도 할 수 있다. 이것은 군중이 쉽게 잘못을 저지른다는 사실을 상기시켜 주는 것이기도 하다.

군중의 수는 생각하는 것보다 적다

최근 주가가 급락했을 때(며칠 사이 수십억 달러의 손실이 났다고 보도되었을 때) 한 친구가 이렇게 말했다. "그 돈이 어디 갔는지를 알기만 한다면 많은 돈을 벌 수 있을 텐데……." 시장에서 거둬들인 돈은 어딘가 다른 장소에 투자되었을 것이라는 게 그의 논리였다. 이 같은 흔한 오해는 주가가 어떻게 해서 형성되는지, 또 비교적 소수의 투자자의 움직임만으로 시장 전체가 엄청나게 변동한 것처럼 보이는 이유는 무엇인지를 많은 사람이 이해하지 못하고 있다는 데 기인한다.

간단히 말하면, 주가는 주주가 보유하고 있는 주식을 얼마에 팔 수 있는지에 따라 결정된다. '벨스키 앤 길로비치(Belsky & Gilovich)'의 100달러짜리 주식을 100명의 사람이 가지고 있다면, 이 회사의 시가 총액은 1만 달러(100달러×100명)다. 그런데 개리의 어머니가 자신의 주식을 팔려고 하는데, 100달러에는 사려는 사람이 없어 톰의 아내에게 90달러에 팔았다고 하자. 다음날 신문에 "B&G의 주가는 90달러(최신 거래 가격)"라고 기재된다. 그러면 그 회사의 시가 총액은 이제 9,000달러(90달러×100명)가 된다. 전날에 비교해 10퍼센트의 대대적인 급락이다. 얼마의 돈이 '시장에서 사라졌다(개리의 어머니는 90달러를 손에 넣었다)'고는 하지만, 그것은 날아가 버린 시가 총액 1,000달러보다는 훨씬 적다.

그렇다고 우리가 지금 인기 없는 주식(또는 채권)을 찾아보고 투자처를 결정하라고 제안하는 것은 아니다. 또한, 평균으로의 회귀를 생각하면서 손해 보지 않도록 값이 오르고 있는 주식을 팔고, 떨어지고 있는 주식을 붙들고 있으라고 권유하는 것도 아니다. 그러한 전략은 시장이 제대로 작동하고 있는 한 큰 실패의 씨앗이 된다. 경영진의 사기극이 확실하건 아니건, 결국 엔론의 주식은 폭락했다. 하지만 그것이 이 회사의 주식을 사는 이유가 될 수는 없는 것이다.

그럼에도 불구하고 투자의 전체적인 개념은 다음과 같은 전제에 기초해 있다. 즉, 단기적으로는 시장이 잘못된 방향으로 흘러가는 경우가 곧잘 있지만, 장기적으로는 진정 가치 있는 주식이 오른다는 것이다. 이러한 개념('가치 투자'라고 불린다)이 적용되는 사람 중에는 역사상 가장 유명한 투자자들이 몇 명 있다. 벤자민 그레이엄, 워런 버핏, 존 네프(John Neff) 등이 그들이다. 이들은 몇십 년 동안 투자자 및 교수로서(그레이엄은 컬럼비아 대학교의 전설적인 금융학 교수였다) 몇 가지 이유에서 다른 투자자들에게는 인기가 없는 회사를 골라 투자하는 초인적인 솜씨를 보여주었다. 다른 투자자들에게 인기가 없는 이유는 대부분 이들 위대한 투자자들에게는 핵심적인 사항이 아니었다. 오랜 시간을 두고, 이 투자자들(여기에는 그 유명한 펀드매니저 데이비드 드레만David Dreman도 해당한다)은 엄청난 수익을 올려왔다.

하지만 독자 여러분이 석탄 더미에서 다이아몬드를 발견해 낼 자신이 없더라도(또는 그렇게 할 수 있다고 생각할 정도로 우둔하지 않더라도), 이번 장의 교훈은 변함이 없다.

"군중에 휩쓸려 함께 행동하는 것은 결국 도축장으로 가는 지름길이다."

무소식이 희소식이다

조언에 앞서 군중에 관해 마지막 한마디를 하겠다. 우리는 이 장과 책의 다른 부분에 있는 것처럼 결정이 어려운 상황을 해결할 때 다른 이들의 의견에 편승하는 것이 지극히 타당하다는 것을 강조하고 싶다. 그러나 우리는 종종 우리가 어떤 의견에 편승하는지, 그리고 일반적으로 그들이 무엇을 하는지 알지 못한 채 다른 이들에 동조하고는 한다. 특히 투자 영역에서 더욱 그렇다. 최근 연구에서 책 앞부분에 등장하는 테렌스 오딘과 브래드 바버는 투자자가 복잡한 투자 결정을 어떻게 해결해나가는지에 대해 조사했다.

요컨대, 오딘과 바버는 전형적인 투자자가 의식적으로든 아니든 간에 그들이 '핵심적인' 선택이라 부르는 것에 초점을 맞추어 전체 프로세스를 단순화한다는 것을 보여주었다. 즉, 수

많은 주식 종목 중에 눈에 띄는 것은 일반적으로 전날 예외적으로 강세를 보였거나 거래량이 특징적으로 많았거나, 뉴스에 많이 등장한 기업의 주식일 것이다. 이해가 되는가? 소화할 정보가 너무 많아서 특정 사실이나 흐름에만 집중하는 경향을 보이는 것이다(이는 간단하기 때문에 더욱 현혹되기 쉽다). 불행히도, 투자에 관해서 역시 오해의 소지가 있다. 보통 '핵심적인' 정보는 이와 밀접한 관계가 없다. 우리는 뉴스에 무관심한 투자자보다 재무 보고를 깊게 신경 쓰는 투자자에 대한 깊은 신뢰를 가지고 있지만 말이다. 심리학자 폴 앤드리어센은 1980년대 모의 투자자 네 그룹의 성과를 비교하여 이를 입증했다. 실제 회사의 주가와 실제 뉴스 보도를 사용한 이 실험에서 네 그룹 중 두 그룹은 상대적으로 안정적인 주식에 모의 투자를 결정했다. 그리고 주가는 실험하는 기간 내내 큰 변동이 없었다. 반면 한 그룹은 회사에 대한 지속적인 뉴스 보도를 접했으며, 나머지 한 그룹은 아무런 뉴스도 접하지 못했다. 두 그룹을 대상으로 유사한 테스트를 했으나, 다른 회사의 소식을 접한 그룹의 주식이 그렇지 않은 그룹의 주식보다 더 큰 변동을 겪었다. 결과적으로, 뉴스를 받지 않은 투자자는 좋든 나쁘든 지속적인 정보를 접한 투자자보다 더 좋은 실적을 보인 것이다. 사실 더 큰 변동을 보이는 주식을 거래하는 투자자들 사이에서 어둠 속에 묻혀 아무런 정보도 알지 못하는 사람들은 언론의 영향을 받은 사람보다 두 배나 많은 돈을 벌었다.

부자의 생각법, 부자의 행동 방식

7
일곱 번째 조언

체크 포인트

다음과 같은 증상이 있으면, 당신은 군중의 뒤꽁무니만 쫓아다니는 경향이 있을지도 모른다.

- 빈번히 투자 결정을 내린다.
- 인기주 또는 급등주에 투자한다.
- 주식을 파는 것은 갑자기 인기가 떨어졌기 때문이지, 그 주식에 대한 본인의 생각이 변해서 그런 것은 아니다.
- 주가가 오를 때 사고, 내려갈 때 파는 경우가 많다.
- 돈을 쓰는 방법이나 투자처를 결정할 때는 친구·동료·재무 컨설턴트 등의 의견에 따른다.
- 무엇을 살지, 어느 레스토랑에 들어갈지, 어디로 여행을

> 갈지를 결정할 때 그곳이 '인기가 있는지 없는지'에 크게 좌우된다.

　모든 투자의 경향이나 유행을 무시하라고 조언할 수 있다면 인생은 매우 단순해질 테지만 그 또한 잘못 알고 있다. 때때로 군중이 가장 잘 알고 있는 경우도 있기 때문이다. 과거 10년 남짓 동안 수백만 명의 미국인들이 주식 시장에 몰려들었다. 이들을 따른 것은 옳은 일이었다. 그들을 따라 수많은 사람이 수많은 돈을 벌었으므로.
　하지만 유감스럽게도 무작정 따를 것이 아니라, 더욱 합리적이고 분명한 투자 전략을 취했더라면 훨씬 더 많은 돈을 수중에 넣을 수 있었을지도 모른다. 주식 시장의 통념이 언제 적중하고, 언제 빗나가는지 아는 건 쉽지 않다. 하지만 다음의 제안은 안전하고 견실한 자신만의 계획을 세우는 데 도움이 될 것으로 생각한다.

빨리 가서 다음을 기다린다

　상태가 좋은 투자 대상에 앞뒤 가리지 않고 뛰어들고 싶다면, 그전에 먼저 '시장의 흐름은 버스와 같다'라는 것을 상기해보라. 그 뒤만 쫓아가서는 아무런 소용이 없다. 다음 버스가 근처까지 와있을 것은 분명하다. 우리는 항상 '참는 것이 최고'라는 말을 입버릇처럼 강조해왔다. 어떤 대규모 투자를 할 때든 시간과 노력을 들인 철저한 연구가 필요하다.

분명 좋은 시기를 놓칠 가능성도 있다. 하지만 이미 같은 정도의 기회 역시 분명 존재한다.

믿을 수 없다면 포커의 제1법칙을 떠올려보기 바란다. 테이블을 둘러보고 누가 풋내기인지 찾아보자. 모르겠는가? 바로 당신이다.

어쨌든 유용한 투자 아이디어는 오랜 수명을 가지고 있다. 1980년대 주가가 급등하자 그 전에 은행에 돈을 두고 주식투자를 망설이던 사람들은 기회를 놓쳤다고 안타까워했다. 그러나 약 10년 후 1990년 초반에 시장에 첫발을 들인 사람들은 다시 거금을 벌 수 있었다.

'일시적인 인기주'는 피한다

이는 특히 뮤추얼펀드에 해당하는 이야기다. 투자회사들은 투자자들을 끌어모으기 위해 자사의 최신 실적을 집요하게 선전해댄다. 하지만 그 이익은 몇 개월에서 일 년이라는 짧은 기간 동안 단숨에 올라간 경우가 많다. 당신이 사인할 때는 이미 실적이 호조를 보인 기간은 끝나고 있을지도 모른다. 우리가 인덱스펀드에 투자할 것을 권유하는 이유도 여기에 있다.

그래도 적극적인 매매를 반복하여 뮤추얼펀드에 투자하고 싶다면, 트렌드와는 그다지 관계가 없는 포트폴리오에 주목하라. 실적이 일관성 있게 뛰어난 것을 고르고, 최근 급격히 좋은 성적을 올리고 있는 것은 가급적 피하라.

투자 대상과는 '데이트' 하는 것이 아니라 '결혼' 하는 것이다

이미 설명한 것처럼 하락하는 주식을 파는 것을 힘들어하는 사람들이 있다. 그렇다고는 하지만 너무나 많은 투자자가 그와는 반대의 문제를 가지고 있기도 하다. 즉, 주식이나 채권 또는 뮤추얼펀드와 자신과의 관계를 라스베이거스에서 종종 일어나는 가벼운 데이트 같이 생각하는 것이다. 인기주들만 여기저기 쫓아다니며 시장에 금방 뛰어들거나, 휙 빠져 나오기를 반복한다. 6종목에서 12종목 정도의 우량 투자 대상(채권에 투자한다면 좀 더 적고, 개별 주식을 산다면 좀 더 많다)으로 포트폴리오를 구성하고, 장기간(적어도 5년, 가능하다면 보다 길게)에 그것을 지속적으로 보유하는 것은 매우 중요한 일이다.

최신 투자 경향은 어디까지나 참고 수준에서 받아들이는 것이 좋다.

'잡음'에는 귀를 닫아라

개리가 《머니》지에서 일하기 시작했을 무렵, 그 잡지는 정기적으로 설문 조사를 실시하고 있었다. 미국인이 투자에 대해 어느 정도로 알고 있는지를 조사하기 위한 것이었다. 질문 중에 몇 개의 숫자 중 다우존스 공업 평균 주가의 최근 수치에 가장 근접한 것을 고르라는 것이 있었다. 하지만 기자와 편집자는 행동경제학에 대한 이해가 깊어짐에 따라, 다우 평균을 모르는 것은 투자에 무지한 것인 동시에, 투자에 정통한 것이기도 하다는 사실을 깨닫게 되었다. 아주 뛰어난 투자자는 중요한 금융 뉴스라며 떠들썩거리는 것들을 완전히 무시하는 경우가 많기 때문이다.

독자 여러분도 그렇게 하는 것이 좋다. 곧바로 돈이 필요하지 않다면 (필요한 경우에는 MMF에 현금을 넣어두는 편이 좋을 것이다) 대부분의 금융 뉴스는 무시하는 편이 좋다.

버크셔 해서웨이 회장이자 현역 중 가장 뛰어난 투자자 중의 한 사람인 워런 버핏이 1993년 자사의 연차 보고서에서 이 같은 태도에 대해 설명한 것이 있다.

버핏은 다음과 같이 기록하고 있다. "주식을 산 후 1년이나

2년 동안은 시장이 침체되더라도 신경 쓰지 않는다. 주식을 100퍼센트 보유하고 있는 시즈(See's)나 H.H. 브라운(H.H. Brown: 버크셔 해서웨이가 소유하고 있는 회사) 등의 거래 가격을 매일 확인할 필요는 없다. 하물며 코카콜라의 7퍼센트의 지분에 대해서는 언급할 필요조차 없다."

주가의 변화를 포함한 대부분의 금융 뉴스를 무시하는 것은 언뜻 무모하게 여겨질지 모른다. 하지만 그렇지 않다. 장기간에 걸쳐 투자를 지속하는 사람들은 어제의 마감 가격이나 내일 발표가 되는 분기의 수익 보고를 염려할 필요가 없는 것이다. 어쨌든 1990년에 존슨앤드존슨의 주식을 사서 최근까지 고스란히 보유하고 있는 투자자들은 현재의 주가에 대단히 만족하고 있을 것이며, 의료 개혁에 관한 온갖 추측들을 무시했다고 해서 그 어떤 피해도 없었을 것이다.

너무 단순한 사례들인가? 그렇다. 하지만 '사실'이라는 것만은 분명하다.

규칙을 따라라

우리는 이것을 재차 언급해왔으며, 이 책의 마지막 결론에서 다시 말할 것이다. 가장 값비싼 편견을 길들이기 위한 좋은 방법은 문제가 발생하기 전에 해결하는 것이며, 이를 위해서는 특정 상황에 직면하기 전에 행동 규칙을 세울 필요가 있다. 친구와 함께 여행할 때, 지출 비용에 대해 미리 규칙을 정해두면 불필요한 충돌을 피할 수 있다. 또한, 주식 시장이 급등 혹은 폭락할 때도 대응법에 대한 규칙을 세움으로써 너무 늦게 매수하거나 너무 빠르게 매도하는 일을 피할 수 있다. 엄격한 규칙을 좋아하는 사람은 별로 없지만, 많은 이들이 결정의 딜레마에 직면했을 때 이러한 규칙들은 분명 도움을 줄 수 있을 것이다. 지금이라도 몇 가지를 정하여 기록해두라.

마지막으로, '이단자(Contrarian: 역투자자)'가 될 기회를 찾아라

다시 한번 말하지만, 우리는 값이 떨어지고 있는 모든 주식에 무턱대고 투자하라고 제안하는 것은 아니다. 그것은 어리석은 짓이고 대부분의 돈을 인덱스펀드에 투자해야 한다는 우리의 신념과도 어긋난다. 우리가 말하려는 것은 너무 적극적인 투자 활동을 하려다 보면, 쓰디쓴 결과를 맛보게 되는 것을 피할 수 없게 될지도 모른다는 것이다. 그보다는 일반 대중이 등을 돌리고 있는 것에서 적절한 투자 대상을 찾아보는 것이 좋다. 이미 언급한 바와 같이 역사상 가장 성공한 투자자들은 대부분 이와 같은 방법을 따랐다. 이 책은 분명 '투자의 길라잡이'와 같은 종류의 책은 아니지만, 주식을 평가하는(독자가 그렇게 하고자 생각한다면) 가장 현명한 방법 중의 한 가지를 언급하고자 한다. 바로 주가 수익률, 즉 P/E(Price-to-Earnings)가 평균 이하인 주식에 눈을 돌리라는 것이다. P/E란 한 주당 주가와 이익의 비율을 말한다. 이를 이용하면 모든 회사를 규모나 사업 내용에 관계없이 같은 기준으로 비교할 수 있다.

콘솔리데이티드 스틸(Consolidated Steel)의 주가가 10달러이고 한 주당 이익이 1달러라고 한다면, 그 주식의 P/E는 10대 1이 된다. 마찬가지로 어맬거메이티드 스틸(Amalgamated Steel)의 주가가 100달러고 한 주당 이익이 20달러라고 한다면, 그 주식의 P/E는 5 대 1이 된다. 두 철강회사의 한쪽 주가는 10달러, 다른 한쪽은 100달러다. 하지만 실제로는 100달러인 주식 쪽이 저렴하고 사는 측으로서도 득이 된다. 즉, 어맬거메이티드 스틸의 주식에서는 1달러의 이익을 얻으려면 5달러를 지불하면 되지만, 콜솔리데이티드 스틸의 경우는 1달러의 이익을 얻는 데 10달러가 드는 것이다.

P/E가 낮은 주식에 투자하는 것은 이단자(Contarian: 특히 경제 문제에서 다수 의견에 반대 의견을 갖는 사람)적 접근이라고 생각할 수 있다. 그 이유는 다음과 같다. P/E는 '시장'이 어떤 회사의 주식을 소유하는 데 어느 정도의 프리미엄을 지불할 생각

이 있는지를 반영하는 것이다. P/E가 높으면 높을수록 프리미엄도 높아진다. 따라서 그 주식은 그만큼 인기가 있다는 이야기다. 한편, P/E가 낮으면 투자자의 열기가 식었다는 것을 나타낸다. 예를 들면, 의료 개혁에 대한 불안으로 존슨앤드존슨이 투자자들의 인기를 잃기 전, 이 회사의 1991년 P/E의 평균은 20.5였다. 그러다가 1994년 P/E는 평균 14.8로 떨어졌다. 이 경우에는 투자자가 잘못된 판단을 한 것이다.

한편, 인기 있는 주식보다 P/E가 낮은 비인기 주식을 사는 편이 훨씬 유리하다. 인기주의 가격은 너무 높아 당장이라도 하락할지 모르기 때문이다. 물론 P/E는 낮으면서도 가치 있는 주식과 대부분의 투자자로부터 무시되어 저평가 상태인 주식을 구분하기는 쉽지 않다. 그와 같이 비인기 회사를 가려내는 최선의 방법 중 하나는 견실한 대차대조표를 가진(바꿔 말하면, 채무가 너무 많지 않고, 은행에 다량의 현금이 있으며, 영업이익이 흑자인) 회사에만 투자하는 것이라고 할 수 있을 것이다.

그러나 솔직히 말해, 그것은 모두 헛수고다. 투자에 대한 진정한 이단자적 접근이란 대차대조표, 주식 보고서, 경제 상황, 산업 동향, 그밖에 주가에 영향을 미치는 다른 12가지 요소들을 이해할 수 있다고 믿는 당신의 본능에 반항하는 것이다.

이 책의 에필로그에서 다시 한번 논하겠지만, 많은 돈을 벌고 싶으면 몇 개의 뮤추얼펀드와 운명을 함께한다고 생각하고, 다른 모든 것은 잊어버리는 것이 좋다. 그 뮤추얼펀드에 10년, 20년, 30년 정기적으로 투자하는 것을 제외하고는 말이다.

제8장

감정의 부담

Behavioral Economics

잠시 고등학교 시절로 돌아갔다고 상상해보라. 특히 다른 학생들로부터 소외당한 기분이 들었을 때를 최대한 생생하게 떠올려보자. 당신이 축구부였는지 체스 클럽의 일원이었는지, 퀸카였는지 혹은 병풍 같은 존재였는지는 중요하지 않다. 당신이 친하다고 생각했던 친구들 모두가 당신만 쏙 빼놓고 뭉쳐 있던 상황을 기억해보자. 시간이 좀 걸릴 수 있으니 기다리겠다. 뭔가를 생각해냈는가? 좋다. 그 기억을 잠시 떠올려보자. 이제 당신이 앉아 있는 방 안의 온도를 예측해 보아라.

앞의 내용을 통해, 우리는 이 책이 저명한 심리학자 대니얼 카너먼과 아모스 트버스키가 탐구했던 행동경제학의 근본 원칙인 손실 회피에 관한 하나의 긴 소론이라 해도 과언이 아니라는 점을 깨달았다. 우리는 여러모로 감정이 일반적인 의사결정, 특히 금전적인 선택에 어떤 영향을 미치는지 살펴볼 것이며, 이 장의 주제에 관한 동일한 관측을 하게 될 것이다. 각기 다른 형태와 모습으로 나타나겠지만, 어쨌든 거의 동일한 결론에 도달할 것이고, 비슷한 조언을 하게 될 것이다.

그 이유는 감정이 여태껏 우리가 논의해 왔던 의사결정의 과정과 밀접한 관계에 있기 때문이다. 인간의 뇌는 이 세계를 더 빠르고 쉽게 이해하고 선택하기 위한 경험 법칙에서 일종의 선동자 및 조력자 역할을 하는 셈이다. 자신의 결정을 후회하며, "내가 '그러한 감정 상태'가 아니었다면 달라졌을 텐데!" 같은 말을 해본 적이 단 한 번도 없는 독자가 있다면, 우리가 기꺼이 이 책의 가격을 환불해 주겠다.

우리가 논의해온 의사결정 및 판단에 대한 편견과 마찬가지로, 감정은 종종 보이지 않는 곳에서 영향력을 행사한다. 우리는 기분 혹은 관점이 특정한 방식으로 우리의 행동 방식에 영향을 미친다고 예상하지만, 이따금 다른 분야에서 우리의 행동을 결정하는 방식에도 영향을 미친다는 사실은 간과하기 쉽다. 한 예로, 날씨가 주식 시장에 미치는 영향을 보라. 비와 옥수수 생산량, 그리고 그것이 켈로그사(Kellogg, 시리얼 제조 회사)의 주가를 어떻게 움직이는지는 굳이 언급할 필요도 없을 것이다.

대신, 날씨가 기분에 미치는 영향, 그리고 기분이 투자 결정에 미치는 영향에 대해 생각해본 적 있는가? 15년 동안 26개국의 주식 시장을 조사한 결과, 일조량과 주식 시장 실적 사이에는 양적 상관관계가 있음이 밝혀졌고, 이는 학계에서 주장하던 바와 같았다. 즉, 주식 시장은 화창한 날에 더 상승하는 경향이 있고 좋지 않은 날씨에는 하락할 가능성이 더 크다는 것이다. 연구자이자 금융학 교수인 데이비드 허쉬라이퍼와 타일러 셤웨이(Tyler Shumway)는 투자자들이 화창한 날씨에 따른 긍정적인 기분을 경제 상황에 잘못 적용한 것이라고 이를 설명했다.

이 연구는 여러 해 동안의 특정 주가가 투자자의 기분에 따라 달라진다고 주장하려는 것이 아니라(결국, 그러한 양상은 회사의 근본적인 가치에 아무런 영향을 미치지 못하므로), 우리의 기분에 따라 그날의 행동이 바뀐다는 사실에 의미를 두고 있다. 주식 시장은 단기적으로 볼 때 인기도를 측정하는 투표 집계기와도 같지만, 장기적으로는 실체를 측정하는 저울과도 같다고 말한 전설적인 금융학 교수 벤자민 그레이엄의 말을 떠올려 봐라. 투표 결과는 우리가 투표소에 갔을 당시의 기분에 좌우되기도 한다. 마찬가지로, 우리가 어떻게 소비하고, 저축하며, 돈을 빌리는지는 개인의 성향과 연관이 있다. 이에 관해서는 의사결정에 감정이 꽤 많은 영향을 끼치지만 때로는 역효과를 초래할 수도 있다는 내용으로 다음 몇 페이지에 다루면서 이 장의 초입부에 언급했던 주제를 되돌아볼 것이다.

이 주제는 캐나다의 심리학자인 첸보중(Chen-Bo Zhong)과 제프리 레오나르델리(Geoffrey Leonardelli)가 실시한 조사에서 비롯된 것이다. 그 실험은 각 30명으로 이루어진 두 집단에 사회적으로 소외되었던 경험과 환영받았던 경험을 각각 떠올리게 했다. 그 직후, 연구자들은 냉난방 유지 보수 문제 해결을 돕기 위해서라는 핑계로 참여자들에게 현재 앉아 있는 방 안의 온도를 맞춰 보라고 요청했다. 흥미롭게도, 소외되었던 경험을 떠올린 그룹의 예측 온도가 평균적으로 3도 낮았다. 이 실험 결과는 소외당하는 느낌이 스웨터를 살 가능성을 높일 수 있다는 것을 보여주려는 것이 아니다. 여기서 강조하는 것은 당신의 감정이 당신의 생각에 영향을 미칠 수 있다는 점이다. 이 개념은 생각과 감정 자체의 차이가 그러하듯, 뚜렷하고 명확한 동시에 헤아릴 수 없을 정도로 불가사의하다.

생각하기, 느끼기 그리고 그 사이의 모든 것

이 주제에 대해 잠시 생각해보자. 아마도 우리의 뇌가 정신적 소외감을 육체적으로 추운 느낌과 동일시하도록 진화한 데에는 타당한 이유가 있을 것이다. 인류의 역사를 거슬러 올라가 보면, 부족이나 집단에서 추방당하는 경우 학교 모임에서 소외당하는 것보다 훨씬 심각한 결과를 맞이하게 된다. 후자는 함께 공부하거나 놀 친구가 없을 것이다. 하지만 전자의 경우, 적대적인 환경에서 혼자 동떨어져, 의식주는 물론 동료도 없고, 포식자 등의 위험 요소에 그대로 노출되게 된다. 벌써 차가운 기운이 느껴지지 않는가? 조금 더 협조적으로 사람들을 대해야겠다는 생각이 절로 들 것이다. 우리는 배제가 아닌 소속의 이득을 깨달은 이들의 후손이기 때문에 이는 당연한 생각이다.

지금이야말로 우리가 책을 쓰기 시작한 이후로 꾸준히 논의되었던 감정과 의사결정의 상관관계에 관한 연구 분야를 논의하기 좋은 타이밍이다. 사고방식이 금전적 의사결정에 미치는 영향을 연구하는 분야가 행동경제학이라면, 일반적으로 '신경경제학'으로 불리는 이 학문 분야는 뇌의 구조와 기능이 금전적 혹은 기타 의사결정에 미치는 영향을 탐구한다.

신경경제학은 선택의 과정에서 감정의 역할에 관한 연구와 행동경제학을 정의할 수 있는 휴리스틱의 광범위한 작용 사이의 중간다리 역할을 한다. 복잡하게 들릴 수도 있지만, 사실 그리 어려운 개념은 아니다. 뇌가 정보를 처리하고 의사결정을 하는 두 가지 기본 방식, 즉 우리 두개골 안에 자리하고 있는 회색 물체의 물리 구조적 기능과 발현의 이중성만 이해하면 된다.

뇌가 두 가지의 다른 방식으로 작동한다는 개념은 대부분의 독자들이 이미 알고 있는 사실일 것이다. 감성적이고 창의적인 '좌뇌형' 사람과 분석적이고 논리적인 '우뇌형' 사람의 과장된 이미지가 대중에게 이미 널리 알려져 있으니 말이다. 하지만 금융 기자 제이슨 츠바이크가 그의 훌륭한 저서《머니 앤드 브레인(Your Money and Your Brain)》에서 한 말을 잠시 빌려 설명하면, '좌우 구분은 상하 구분보다 더 의미 없는 일이다'. 기본적으로 우리 뇌는 분석적이라고 생각하는 부분 아래에 감성적이고 본능적인 부분이 자리하고 있는 구조로 설계되어 있다. 우리의 연구에서는 위치보다도 특징 자체가 중요하지만, 뇌의 각 부분이 그 자리에 있는 이유는 먼저 생겨난 순서대로 위치하기 때문이다. 한마디로 우리의 뇌는 (신경 생리학자들에겐 미안한 말이지만) 층층이 쌓여 만들어진 것이다.

이는 우리 조상들이 기능적으로 더욱 진화하려면 우선 생존해야만 했고, 그렇게 살아남은 사람들은 번개같이 빠른 반사 신경과 사고 과정을 이용해 희소자원으로의 접근 기회를 최대화하고 위기 상황에 대한 취약성은 최소화할 수 있었던 사람들이었기 때문이다. 종종 '반사 신경'이라고 불리는 것을 구성하는 뇌의 영역에서 눈앞의 위험에 대처하도록 도와주는 공포와 혐오, 그리고 가치 있는 재료를 획득할 기회를 잡게 해주는 욕심과 같은 감정들이 솟아 나온다. 원초적 감정이라고도 불리는 이 감정들은 무의식 세계의 밑바닥에서, 호흡하는 것처럼 자동으로 일어나는 과정을 통제하는 기능보다 약간 위에 위치한다. 우리가 이러한 감정이나 과정을 떠올릴 때, '머리카락이 곤두선다', '간이 콩알만 해진다' 등과 같이 신체에 관한 은유적 표현을 쓰는 것도 바로 이 때문이다. 이러한 감정은 비밀스럽게 일어나며 빠르고 강력하다.

그리고 이 '반사 신경'을 둘러싸고 있는 뇌의 영역에서는 더욱 이성적인 생각이 일어난다. 이 영역 덕분에 우리는 글쓰기와 복잡한 계산을 할 수 있고, 협상과 분석을 할 수 있다. 조용하지만 은밀하지는 않고, 빠르지만 신중하며 무엇보다도 지구상에서 인간을 우점종(군집의 성격을 결정하고 대표하는 종—옮긴이)으로 만들어 준 것도 바로 이 영역이다.

두말할 필요 없이, 두 시스템과 각각의 기능은 훌륭히 작동하고 있으며, 때로는 복잡하게, 때로는 독립적으로, 때로는 불필요하게 반복적으로, 또 때로는 일사불란하게 운영된다. 대부분의 구조와 작동과정은 이미 우리에게 알려진 것들이다. 바로 이 지점에서 신경경제학이 모습을 드러낸다. 기능자기공명영상법 같은 기술의 발전으로 연구자들은 우리가 다양한 금전적 문제에 대해 고민하거나 어떤 결정을 내릴 때 뇌의 어떤 부분이 활성화되는지 확인할 수 있게 되었다. 우리가 이 장에서 이와 관련한 주제를 다루기로 한 것도 수년간 행동경제학 연구의 대부분이 의식 세계, 이성적 판단, 그리고 의사결정과 같은 반사 신경에 집중한 것으로 보이기 때문이다. 여기서 '보인다'라고 하는 이유는, 이 연구 분야의 주도적 양상이 결코 뇌의 이중성을 무시하지 않으면서도 나중에 등장하게 되는 감정이나 반사 작용의 주제를 예측하기 때문이다. 대니얼 카너먼은 노벨상 수상 소감에서 초창기 아모스 트버스키와 공동으로 진행했던 연구를 언급하며, "사람들이 그 용어를 받아들이게 된 것은 훨씬 나중의 일이지만 우리는 뚜렷한 직관과 이성, 두 가지 체계를 구분하는 관점을 취했었다"라고 말했다.

어쨌든 감정이란 주제는 최근 몇 년간 행동경제학을 연구하는 사람들로부터 엄청난 관심을 받게 된 영역이다. 그래서 이 책의 마지막 부분인 이 장에서는 이성보다 본능에, 숙고보다는 반사 작용에 중점을 둘 것이다. 우리가 지금껏 적어 온 내용을 부분적으로라도 인지하고 이해했다면, 그리고 그 정보를 통해 인생과 재정에 성취감을 누리고 싶다면, 무의식이 판단 능력과 의사결정에 미치는 영향을 이해해야 한다고 믿기 때문이다. 그리고 투자자들이 날씨에 의해 좌지우지되듯이, 당신도 생각보다 무지할 가능성이 매우 크다. 물론, 이 주제로 책 한 권을 쓸 수도 있고 실제로 그러기도 한다. 그 대신 우리는 뻔한 생각들은 피하고 당신을 놀라게 할 수 있는 몇 가지 핵심 아이디어에 중점을 두겠다.

우선 현재의 감정 상태가 금전적 의사결정에 미치는 영향과 그 인과관계를 이해하는 것이 왜 그토록 어려운지 함께 살펴보겠다. 그런 다음, 우리가 미래에 어떻게 느낄 것인지에 대한 예측을 기반으로 하는 의사결정 방식과 그러한 예상이 어떻게 종종 빗나가게 되는지 살펴볼 것이다.

간접적 감정

반사 신경이 금전적 결정에 영향을 미칠 수 있다는 생각이 대중문화에 얼마나 널리 퍼져 있는지는 드라마 〈섹스 앤드 더 시티(Sex And The City)〉를 한 편만 봐도 알 수 있다.

사실 자신을 돌아보기만 해도 알 수 있다. 우울감에 사로잡혀 충동 구매한 옷이라든지 가구, 혹은 전자기기 하나쯤은 누구나 있지 않은가? 주위에서 누군가가 갑작스럽게 사망하여 유가족이 궁핍해졌다는 소식을 듣고 생명보험에 가입한 적은? 비슷한 예로, 차를 대여할 때 혹시라도 사고가 나서 엄청난 금액의 손해를 볼 상황이 오지 않을까 하는 염려 때문에 보험을 추가한 경험이 있지는 않은가?

이는 반사 신경이 작용한다는 증거다. 반사 신경이 완전히 통제되어 감정을 제어하고 있는 상황에서는 나타나지 않았을 수도 있는 결과로 우리를 이끄는 직감이 나타난 것이다. 그렇다고 해도, 인생은 감정의 기복이 심하다는 사실을 이성적 마음이 깨닫고 있는지는 중요하지 않은 순간들로 가득하다. 고소공포증이 있는 사람들이 옥상에서 떨어질 가능성이 실제로는 희박하다는 사실을 이해하고 있으면서도 고층 아파트의 테라스 난간 앞에 쉽사리 다가가지 않는 것처럼 말이다.

물론 이런 상황에서 추가적인 보험에 가입한다거나 슬럼프에서 벗어나기 위해 새로운 안락의자를 구매하는 것을 논리적이라고 생각할 수도 있다. 반사 작용에서 나온 행동이지만, 이러한 행동은 감정과 꽤 논리적인 연관성이 있기 때문이다. 이는 어찌 보면 당연하다. 여기서 더 중요한 문제는 현재의 감정 상태가 의사결정에 비논리적이고 예측 불가능한 방식으로 감정과 의사결정의 연결고리가 없을 때도 영향을 미칠 수 있다는 사실이다. 아모스 트버스키와 에릭 존슨(Eric Johnson)은 1983년에 출간된 매우 독창적인 논문에서 이 주제를 논했다. 두 연구자는 특히 '간접적으로 영향을 받는 상태'에 있을 때 위험에 대한 평가가 어떻게 변하는지를 집중적으로 관찰했다. 달리 말해, 평소보다 긴장하거나 두려운 상태라면, 그 긴장과 공포의 원인과는 무관하게 위에서 든 예와 같이 추가 보험을 드는 등의 행동을 하는지 알아보고자 했다. 트버스키와 존슨은 연구 대상에게 긴장감이 들거나, 우울하거나, 희망이 드는 소식, 혹은 중립적인 내용이 담긴 뉴스를 읽고 콘텐츠의 품질을 평가하도록 했다. 그리고 같은 대상에게 매년 교통사고, 백혈병, 그리고 살인 등으로 목숨을 잃는 사람의 수를 짐작해 보라고 했다. 그 결과, 긴장감 혹은 우울감을 조성하는 뉴스를 읽은 사람들은 중립적이거나 희망적인 이야기를 읽은 사람들에 비해 눈에 띄게 높은 숫자를 답했다.

이 연구를 비롯해 유사한 연구들이 암시하는 바는 심오하다. (위에서 언급한 일조량과 주식의 예를 떠올려보라) 대부분의 사람들은 어떤 문제 혹은 결정과 연관된 감정이 우리의 생각과 선택에 영향을 준다는 것을 본능적으로 이해한다. 하지만 그들 중 좋아하는 스포츠팀 때문에 보험 혹은 신용카드, 또는 투자 등과 관련한 결정이 바뀔 수도 있다는 사실을 깊게 인지하는 사람들은 소수에 불과하다. 이는 뜬구름 잡듯이 정한 주제가 아니다. 금융학 교수인 알렉스 에드먼스(Alex Edmans), 디에고 가르시아(Diego Garcia), 그리고 오이빈드 노를리(Oyvind Norli)가 행한 연구에서 국가 대표 축구팀이 월드컵 경기 등 중요한 경기에서 졌을 때 주식 수익률이 떨어지며, 크리켓, 럭비, 그리고 농구 등 다른 인기 종목에서도 이와 비슷한 경향이 나타난다는 것을 밝혀냈다. 반사 신경이 이렇게까지 영향력이 있는 것이다. 우리가 어떤 것에 대해 기분이 나쁘거나 긴장했을 때, 두려울 때, 우울할 때, 그것이 중요한 것이든 아니든, 그 순간 우리의 전반적인 관점은 감정의 영향을 받을 수 있다.

물론 단순히 기분이 나쁘고 좋은 것이 감정의 전부는 아니다. 특히 분노와 같은 일부 감정은 반드시 둘 중 하나라고 정의를 내리기 어렵다. 타당한 이유로 분노를 느껴 만족뿐 아니라 생산적인 결과까지 얻어낼 수 있기 때문이다. 악명 높은 버나드 매도프(Bernard Madoff, 다단계 피라미드 방식으로 500억 달러 규모의 폰지사기를 친 미국의 금융 사기범-옮긴이)에게 사기를 당한 투자자들을 예로 들자면, 이들은 금융 시장에서의 전체적 성과와 무관하게 꾸준히 거대한 수익을 약속하는 자산관리사들을 의심하는 일에 건전하게 분노를 소비했다. 하지만 분노는 종종 이보다 위험하게, 확실성의 감정을 동반하여 나타난다. 이것은 직관적으로 타당한 이야기다. 감정이 생존 도구로 진화하기 위해, 우리 조상들에게는 불확실성을 동반한 두려움이라는 감정보다는 확실하게 보증된 분노의 감정이 더욱 쓸모 있었을 것이다.

이러한 연관 관계는 많은 연구에서 밝혀진 바 있다. 그중 한 연구에서, 자신의 인생에서 분노를 느꼈던 순간(이론적으로 확실성이 높은 조건)을 떠올린 참여자들은 두려웠던 순간(확실성이 낮은 조건)을 떠올린 참여자들에 비해 자신이 심각한 질병에 걸릴 확률을 낮게 예측했다.

이 연구 결과의 연장 선상에서 미국 9.11 테러가 일어나고 2개월 뒤, 미국 전역에서 실험 대상을 뽑아 설문 조사를 했다. 일부 대상에게는 공포를 조성하는 요소에, 다른 이들에겐 분노를 조성하는 요소에 초점을 맞추도록 했다. 분노 쪽 대상들은 미래의 테러를 비롯한 다른 위험의 발생 가능성을 낮게 예측했다. 하지만 분노의 감정과 이를 동반하는 확실성은 단지 위험 감지에만 영향을 주지 않는다. 다른 연구들에서는 분노 감정으로 유도된 참여자들이 걱정 혹은 놀란 감정을 느낀 참여자들에 비해 의사소통의 설득력을 평가할 때 내용보다 그 근원지를 더 중시한다는 결과가 나타났다.

즉, 분노와 연관된 확실성이란 감정은 사람들에게 상황 통제가 더 잘 되고 있다는 느낌을 주고, 이로 인해 누가 메시지를 전달하고 있는지 등 상대적으로 피상적인 신호에 의존하게 만드는 것이다. 이것은 반사 신경과 사고 능력이 공존할 수 있고, 행동경제학의 근본 원칙이 감정 연구의 핵심 원칙과도 상호작용할 수 있다는 예를 보여준다. 분노를 동반하는 확실성의 감각은 우리가 6장에서 자세히 설명한 바와 같이, 사람들에게 과잉 확신 편향을 심어줄 수도 있다.

참고로 확실성과 연관된 감정에 분노만 있는 것을 알아두는 것도 도움이 될 것이다. 만족감이라는 감정 또한 이에 속한다. 이는 감정을 생존 도구로 생각한다면 당연하다. 주위 환경에 만족한다는 것은 곧 시간과 돈, 그리고 자원을 소모하지 않고 쉬어도 되기 때문에, 결국 현 상태에 만족하여 아무것도 하지 않을 것이라는 결정을 내릴 가능성이 크단 뜻이다. 그러나 분노와 마찬가지로, 오늘날 이런 만족감 혹은 즐거움으로부터 나오는 확실성은 의사결정에 있어서 긍정적인 감정들을 강화하는 피상적인 정보에 의지하려는 위험한 습관으로 발전하기도 한다. 그렇기 때문에 투자자들은 재치 있고 유행을 따르는 이름으로 변경한 회사의 주식에 본능적으로 긍정적인 반응을 하는 것이다. 츠바이크는 그의 저서 《머니 앤드 브레인》에서 몇 년 전 '컴퓨터 리터러시' 주식회사가 사명을 '팻브레인

(fatbrain) 닷컴'으로 변경했을 때 하루 만에 주가가 33퍼센트 증가한 것을 그 예로 든다. 이와 비슷하게, 투자자들이 무의미한 근거를 토대로 적극적으로 행동하는 모습은 증권 거래소에 새로 상장한 기업의 이름과 실적 간의 관계를 조사한 연구에서도 엿볼 수 있다.

벨덴(Belden, 세계적인 케이블 제조업체)이나 액센츄어(Accenture, 글로벌 경영 컨설팅 전문기업)와 같이 발음하기 쉬운 회사의 주식은 마그야 타브코즐레시(Magyar Tavkozlesi) 혹은 인스팻 인터내셔널(Inspat International)처럼 발음이 어려운 이름을 가진 회사에 비해 이름을 올린 지 하루 만에, 그리고 일주일 뒤에 더 높은 성과를 냈다. 하지만 초기에 발음이 쉬운 회사의 명칭에 혹한 사람들은 6개월 뒤 그 회사의 주식이 올라가지 않자 괴로워하게 되었다. 결국, 중요한 것은 성과와 수익성이지 회사의 이름은 아니다.

현재의 감정 상태가 아무 관련도 없는 결정에 영향을 미치는 애매한 상황에 대한 다른 사례들도 있다. 사실 셀 수 없이 많다. 하지만 기분의 영향에 대한 연구가 행동경제학의 근본 원칙인 소유 효과를 간단히 언급하므로, 여기에선 두 가지만 더 소개하겠다. 이는 우리가 소유한 것들에게 그렇지 않은 것에 비해 높은 가치를 매기는 경향임을 기억할 것이다. 이는 몇 년 전, 행동경제학자 제니퍼 러너(Jennifer S. Lerner), 데보라 스몰(Deborah A. Small), 그리고 조지 로웬스타인이 실시한 흥미로운 연구의 주제였다. 〈심금과 돈줄: 경제적 결정에 대한 감정의 이월 효과〉라는 재치 있는 제목을 붙인 그들의 논문을 보면, 혐오와 슬픔이라는 두 가지 원초적 감정이 관련 없는 경제적 판단에 미치는 영향에 관해 서술하고 있다. 연구자들은 참가자들이 혐오와 슬픔, 중립의 감정을 느낄 수 있도록 세 편의 영화에서 발췌한 짧은 영상을 보여줬는데, 영화 〈챔프(The Champ)〉 중 주인공 소년의 멘토가 죽는 슬픈 장면, 영화 〈트레인스포팅(Trainspotting)〉의 적나라하게 더러운 화장실 장면, 그리고 감정에 거의 영향을 주지 않을 산호초가 나오는 〈내셔널 지오그래픽(National Geographic)〉 영상이 그것이었다.

조촐한 영화 상영회가 끝난 후, 연구 참가자들은 경매에 입회했다. 그들 중 절반은 형광펜에 가격을 매겨 파는 역할을, 그리고 나머지 반은 그 형광펜에 입찰하는 역할을 맡게 됐다. 연구자들은 역겨운 장면을 본 사람들은 역겨운 장면이 주는 거부감 때문에 가격을 낮게 부를 것으로 예측했다. 그리고 실제로도 그러한 결과가 나왔다. 판매가와 입찰가 모두 중립의 감정을 상기시키는 영상을 본 사람들보다 현저히 낮았다. 역겨운 감정을 느낀 것이 전혀 상관없는 상황이었음에도, 참여자들이 물건의 가치를 판단하는 일에 영향을 주었다. 슬픈 감정과 마찬가지로, 연구자들이 '반전 소유 효과(reverse endowment effect)'라고 불리는 결과가 나타난 것이다. 러너, 스몰, 그리고 로웬스타인은 슬픔은 변화를 갈망하는 감정으로 이어진다는 점을 발전시켜, 슬픈 영상을 본 판매자들이 잠재적인 고객에게 물건을 팔 때는 가격을 낮춰줄 것이고, 누군가에게 물건을 살 때는 지불 금액을 높일 것이라 예상했다. 그리고 이 예상은 또 한 번 들어맞았다.

구직 면접에서 떨어졌다는 사실을 알게 된 직후 백화점에 간다거나, 승진 기회에서 밀려난 후 온라인몰에 접속할 일이 생긴다면 이를 떠올려보라. 자기도 모르게 소비 및 대출의 문턱이 일시적으로 바뀔 가능성이 클 것이다.

유혹에 저항하기

주사위를 굴려서 숫자 6이 나오면 10달러의 벌금을 내야 한다고 가정해보자. 6이 나올 가능성이 얼마나 크다고 생각되는가? 다음으로는 총알이 한 발 들어있는 6연발 권총으로 러시안룰렛을 진행한다고 생각해보자. 이 게임이 재앙으로 이어질 가능성은 얼마나 된다고 생각되는가?

위의 두 상황에서 나쁜 결과가 나올 가능성은 똑같다는 사실을 대부분 알고 있지만 후자의 경우 거부감이 더 클 것이다.

우편물을 정리하면서 버린 여러 모금 요청 편지 중에서 질병 관련 연구의 기금 마련 편지를 다시 수거한 적 있는가? 기부하겠다고 마음을 바꿔먹고 말이다. 주사위나 러시안룰렛 실험과 자선모금에 대한 가설 모두 감정이 확률을 평가하는 데 영향을 미칠 수 있음을 보여준다. 즉, 가능한 결과에 대한 우리의 감정이 그 일이 실제로 발생할 가능성에 대한 판단을 바꿀 수도 있는 것이다. 루게릭병의 치료제를 위한 기금 마련과 이런 병에 걸리지 않길 바라는 마음이 충돌한다. 물론 기부를 하는 데에는 자신이 병에 걸릴 것이란 걱정 외에도 다른 더 좋은 이유가 있지만 말이다.

흥미로운 점은, 질병 기금 모금 광고를 보기 전에 누군가 이러한 병에 걸릴 가능성에 대해 얼마나 걱정을 하는지 묻는다면, "난 그런 걱정 전혀 하지 않아."라고 대답할 확률이 높다는 것이다. 하지만 이런 가능성을 두고 선택할 수 있는 상황에서는 우리 뇌가 반사 작용을 하여, '운명을 도발하는' 행동은 현명하지 않다고 판단하게 된다. 이러한 경험 법칙은 우리가 원인을 제공했다는 생각이 들면 결과가 훨씬 부정적으로 나타날 것을 알기에 나온 것이다. 이러한 감정은 우리가 3장에서 다루었던 후회 회피라는 주제와 여러모로 일맥상통한다. 비를 맞는 것 자체도 기분이 나쁘지만, 우산을 가져가지 않기로 결정을 내린 후에 비를 맞게 되면 왠지 피할 수도 있던 상황을 초래한 듯한 기분이 들기 마련이다. 톰과 박사과정 학생이었던 제인 리센(Jane Risen)은 쉽게 시도할 수 있는 운을 시험하는 행동에 따르는 부정적인 상상의 결과가 특히 발생할 가능성이 큰 것처럼 보이게 만드는 것이 바로 그 부정성이라는 점을 보여주는 실험을 했다.

2008년 이스라엘의 한 과학자 집단이 이와 관련된 현상을 다룬 〈엘리트 축구 골키퍼들의 편견: 페널티 킥에 관한 연구〉라는 양질의 논문을 발표했다. 경영학 교수 마이클 바엘리(Michael Bar-Eli)가 이끄는 연구진은 286개의 페널티 킥을 분석했는데, 그 결과 전체의 94%가 중앙에 되도록 오래 서 있는 것이 공을 막을 가능성이 제일 큼에도 불구하고 골키퍼가 빠르게 왼쪽 혹은 오른쪽으로 몸을 날린 것을 알아냈다. 보통 어려운 문제를 마주하면 사람들은 아무것도 하지 않는 것을 택한다고 생각해왔기 때문에, 이는 의외의 결과였다. 연구자들은 이를 알아내기 위해 골키퍼가 궁지에 몰린 상황에서 무언가를 하는 것처럼 보여야 한다는 의지를 느낀 것에 초점을 맞추었다. 다시 말해, 아무것도 하지 않은 것처럼 보이기 싫어한다는 뜻이다. 또한, 이런 사고방식은 금융 위기에서도 작용할 수 있다는 이론을 제시했다. CEO부터 주주까지, 모두가 이런 위기 상황에서, 배가 가라앉을 때 가만히 있는 대신 구명을 막고, 물을 빼내고, 구명보트를 준비해야 하듯, 무언가를 해야 한다고 느끼는 것이다.

오늘은 있지만, 내일은 사라진다

둘 중 어떤 선택을 하더라도 골이 먹혀 골키퍼가 느낄 감정을 생각하면, 중앙에 그대로 서 있는 대신 옆으로 몸을 날리려고 결정한 것이 단순히 예측에 의한 행동한 것이라 여길 수도 있다. 기본적으로 대부분의 골키퍼는 무의식적으로라도 자기 자신에게, '가만있다가 골이 먹히면 기분도 나쁘고 보기에도 좋지 않을 테니 두 배로 나쁘겠군' 같은 말을 한다. 이러한 사고의 흐름이 많은 이들에게 논리적으로 들릴 것이다. 결국 '가만히 서 있지 말고 뭐라도 좀 해'와 같은 관용어구는 우리 머릿속에 수도 없이 각인된 이러한 생각으로부터 나온 것이다.

그러한 접근법이 잘못된 것은 아니다. 여태껏 우리에게 도움이 되었고, 특히 위기나 긴급 상황일 때 더욱 그러했다. '싸우거나 도망치는 것' 중 하나를 선택해야 하는 상황에서는 어떤 선택을 하더라도 결국 행동을 하게 된다. 문제는 우리가 미래의 감정을 예측하며 행동을 할 때 발생한다. 간혹 우리는 놀라울 정도로 우리가 미래에 어떤 기분을 느낄지 예상하는 것에 서툴기 때문이다. 이것은 대니얼 카너먼과 데이비드 샤케이드(David Schkade)가 1998년에 발표한 〈캘리포니아의 잔디는 언제나 더 푸르게 보인다. 실제로는 그렇지 않지만〉이라는 논문에서 명백히 드러난다. (실제로 이 논문에는 '캘리포니아에서의 삶이 사람들을 더 행복하게 해줄까? 삶의 만족도에 대한 판단의 착각을 중심으로'라는 제목이 붙었다.)

이 두 심리학자는 연구 결과, 미국 중서부의 대학생들은 캘리포니아에 있으면 더 행복할 것으로 생각했음을 밝혀냈고, 캘리포니아의 대학생들은 중서부에 살면 덜 행복할 것으로 믿는다는 점을 발견했다. 하지만 사실상 자기 자신의 행복을 평가하는 수치는 두 지역 모두에서 차이가 없었다.

문제는 미래를 내다볼 때, 우리를 행복하거나 불행하게 만드는 것이 무엇인지에 대한 판단이 흐려진다는 것이다. 몸무게나 수입 등 다양한 주제를 놓고 연구한 결과, 사람들은 미래의 변화가 실제로 일어나는 것보다 더 크게 행복에 영향을 준다고 믿는다는 사실이 나타났다. 심리학자 다니엘 길버트(Daniel Gilbert)는 1998년 설득력 있는 연구를 통해 〈면역 방치: 효과적인 예측 지속성 편향의 근원〉이라는 논문을 발표했다. 이 제목에 모든 것이 들어있다고 해도 과언이 아니다. '효과적 예측'은 미래의 기분을 예상한다는 뜻이고, '지속성 편향(durability bias)'은 우리의 기분(특히 부정적인 감정)이 실제보다 오래 지속된다고 추정하는 경향을 나타낸다. 또한, '면역 무시(immune neglect)'는 지속성 편향의 주된 원인으로, 불쾌한 일에 적응하고 '면역'이 되는 우리의 능력을 깎아내리거나 무시하는 경향을 일컫는다. 이 연구에서 참여자들은 여섯 가지 부정적 사건—연인과의 결별, 아이의 죽음, 거주권 박탈, 지지하는 입후보자의 패배, 성격에 대한 기분 나쁜 지적, 그리고 구직 실패—과 연관 지어 자신의 불행이 지속되는 기간을 추측했다. 나쁜 일이 일어나거나 일어날 것을 예상할 때, 우리는 이러한 불행이 실제보다 더 긴 기간 지속될 것이라고 상상할 수밖에 없다.

지속성 편향 말고도 우리가 미래를 예측할 때 잘못 작용하는 것이 존재한다는 사실을 짚고 넘어가야 한다. 이는 '초점주의(focalism)'라고 불리는데, 흥미롭게도 금전적 의사결정과 관련되어 있다. 초점주의는 아이의 죽음이 부모가 예상하는 것보다 장기적으로 덜 절망적인 이유를 이해하는 데 도움이 된다. 이런 상황이나 그 결과물을 상상할 때 사람들은 특정 사건에 집중하여 인생에 펼쳐질 그 밖의 일들은 생각하지 않는 경향이 있다. 즉, 아이가 죽었다는 상황을 상상할 때엔 그 아이가 없는 인생만을 떠올리게 되는 것이다. 우리의 직업, 친구, 배우자, 다른 아이들, 그리고 취미, 여행 등 우리의 주의를 돌릴 다른 요소들은 떠올리지 못한다. 이해 가능한 일이지만, 우리는 끔찍한 사건에 너무 중점을 두어 실제로 어떻게 극복해 나갈지는 상상하지 못한다.

금전적 의사결정을 내릴 때도 마찬가지다. 보수적인 투자자들은 실패할 두려움만 생각하고 시도해서 얻을 수 있는 이익은 생각하지 못해서 적절한 투자 기회를 놓치기도 한다. 같은 맥락으로, 유행에 민감한 사람이라면 모임에 새로운 옷을 입고 가지 못한 아쉬움에만 초점을 맞출 것이다. 가지고 있던 옷들의 '새로운' 조합을 만들어냈을 때의 재미와 돈을 아꼈다는 만족감을 느끼진 못한 채 말이다.

부자의 생각법, 부자의 행동 방식

여덟 번째 조언

체크 포인트

다음과 같은 증상이 있으면 금전적 결정에 있어 본능적으로 생각할 가능성이 크다.

- 충동적으로 소비한다.
- 우울한 기분이 들 때 쇼핑을 한다.
- 혹시 모를 경우를 대비해 연장된 품질 보증서를 구매하거나 추가로 보험에 가입하는 경향이 있다.
- 투자한 돈이 당장 필요하지 않음에도 주가가 하락하면 매우 민감하게 반응한다.
- 한 번 성공한 투자는 가치가 있다고 생각하여 원하는 가격을 넘어서까지 보유하는 경향이 있다.

- 상품이나 서비스에 계획한 것보다 더 자주 큰돈을 지출하는 경향이 있다.

위에 나열된 경고 신호들을 다시 한번 살펴보라.

솔직한 사람이라면 아마 위의 사항 대부분을 인정하거나 살면서 그러한 순간들이 있었다고 대답할 것이다. 어찌 보면 이는 우리가 모두 감정적 사고를 하는 사람들이기 때문이다. 때때로 인터넷 쇼핑이 우울감을 해소하는 방법이 될 수 있고, 이따금 소중한 사람의 미래를 위해 금전적 도움을 주면서 얻는 안정감이 지금 절실히 필요한 정서적 평화에 맞먹기도 한다.

하지만 우리가 평소 내리지 못할 결정을 반사 신경이 가능케 할 정도라면, 이러한 과정들이 우리를 어떻게 통제하고 반대로 우리는 그 과정들을 어떻게 제어해야 하는지를 이해하는 것이 중요하다. 이번 장의 초입부에서 언급했듯이, 이제 이 책의 결말을 향해 가고 있으므로, 마지막 단계의 조언은 감정적 사고와 연관된 일반적인 원칙들에 중점을 두도록 하겠다. 그리고 이 책 다른 장들의 내용과 마찬가지로, 이 조언 또한 여러분의 전반적인 삶에 쉽게 적용할 수 있을 것이다.

우리의 조언은 때때로 불교적인 관점으로 들릴 수 있을 것이다. 이는 불교와 같은 동양의 종교가 근본적으로 신에 대한 것이 아니라 우리 뇌의 반사적인 측면과 감정 같은 본능의 영역을 길들이는 것에 더 중점을 두고 있기 때문이다.

반사 신경의 힘이 이성적 사고방식보다 강하다는 것을 설명하기 위한 최고의 방법 하나는 섹스에 대해 이야기하는 것이다. 댄 애리얼리와 조지 로웬스타인이 수행한 연구를 예로 들어보겠다. 그들은 실험을 위해 준비된 노트북을 이용해 참여자들이 많은 질문에 답하게 했다. 일부 참여자들은 평소와 다름없는 상태로 질문에 임했다. 반면, 다른 참여자들은 야한 동영상을 보며 자위를 한 후 질문에 응해야 했다.

성적으로 흥분한 참여자들은 성관계를 하면서 콘돔을 쓸 가능성이 적고, 성관계를 하기 위해 거짓말을 할 가능성이 크며, 가학적·피학적 관계, 항문 성교, 그리고 더 넓은 연령대의 파트너들과 관계할 가능성도 더 크다고 대답했다. 하지만 이 참여자들도 흥분하지 않은 참여자들과 마찬가지로 성에 관해 무지하지는 않았다. '질 내 사정을 하지 않아도 임신이 될 수 있다'라는 문장에 동의하는 등의 모습을 보였기 때문이다. 단지 상상력의 열기에 휩싸여 평소라면 쉽게 일어나기 어려운 확률의 가능성을 높게 본 것이다. 다시 말해, 이는 우리가 떨어지는 주식을 팔거나, 폐업 할인을 할 때 카메라를 사는 것이 충동적이라는 것을 잘 알고 있으면서도 멈추기 어려운 것과 마찬가지이다.

결론은 간단하다. 때때로 지식은 본능적이거나 감정적인 사고를 극복하기에는 충분치 않다. 때로는 우리 뇌가 밀고 당기는 것을 올바르게 안내해줄 든든한 시스템이 필요하다. 그래서 우리는 다년간의 경험을 바탕으로 도움이 될 만한 몇 가지 아이디어들을 정리해 보았다. 물론 각자의 상황과 의사결정 방식에 따라 도움이 되는 정도는 다를 수 있다.

소리 내어 말하라

25년도 더 전에 진행된 심리학자 노버트 슈와르츠(Norbert Schwartz)의 실험에서, 타지인이라고 밝힌 누군가가 미국 중서부 대학교 학생들에게 전화를 걸어 그들의 마음 상태에 관한 질문을 했다. 다만, 맑은 날과 흐린 날을 따로 나누어 실험을 진행했다. 이 장을 읽었으니 예상하겠지만, 맑은 날 전화를 받은 대상들의 대다수는 훨씬 행복하고 삶에 만족한다고 대답했다. 하지만 그들의 답이 날씨에 의해 바뀌는 것을 방지하는 딱한 가지 방법이 있었다. 바로 날씨에 대해 묻는 것이었다. 절반의 참여자들에게는 인생에 관한 질문을 하기 전에 "그곳 날씨는 어떠한가요?"라고 물었고, 이를 통해 날씨가 대답에 끼치는 영향을 무력화시킬 수 있었다. 마치 원자력 발전소에서 핵반응을 억제하기 위해 물에 담가두는 붕소 막대와 같은 역할인 셈이다. 날씨에 대한 질문이 참여자들의 기분에 영향을 주진 않았다는 것은 거의 확실했지만, 그들의 기분이 삶을 평가하는 데에 영향을 미친다는 것을 이해하게 해주었다. 이 질문을 받지 못했던 참여 대상들은 현재의 기분이 전반적인 행복 수치를 대신한다고 생각했지만, 질문을 받은 참여자들은 그렇지 않았던 것이다.

이 실험의 논점은 우리가 때때로 직감적 반응과 말하기와 같은 이성적 과정을 구분할 줄 알아야 한다는 것이다. 개리의 컴퓨터에는 '큰 소리로 말하라'라는 포스트잇이 붙어 있다. 그는 간혹 이 메시지를 무시하기도 하지만, 종종 자신이 충동적으로 느끼는 욕망이나 생각을 표현하기 위한 힌트로 사용할 것이다. 그렇게 함으로써 반사 신경을 깨우고 반사적 본능을 무력화하는 것이다.

체크리스트를 활용하라

버크셔 해서웨이의 연간 보고서를 보면, 워런 버핏 회장이 회사를 사들일 때 사용하는 여섯 가지 기준을 적어놓은 것이 있다. 버핏이 실제로 이 리스트를 매번 사용하는지는 알 수 없지만, 그렇다고 하더라도 놀랍지는 않을 것이다. 그 명단의 기준들이 대단해서가 아니라, 버핏의 동업자 찰스 멍거(Charles Munger)가 행동경제학의 오랜 팬이기 때문이다(그는 이 책의 초안을 검토하기도 했다). 그리고 이 두 사람은 금전적인 의사결정을 위해 규칙을 구조화시키고 이를 통해 감정의 불안정한 효과를 제거하는 것이 얼마나 중요한 일인지 잘 알고 있다. 구매나 투자 전 검토해 볼 수 있는 규칙이나 기준, 혹은 질문 목록이 있다면, 그 금액이 500달러든 1000달러든 간에, 반사적 충동을 억제하는 계기가 되어 줄 것이다.

한 가지 덧붙이자면, 체크리스트는 간결하고 합리적으로 정리하는 것이 좋다. 복잡할 것 없다. 인생은 살기 위한 것이고, 기회는 잡아야 하고, 돈은 항상 움직이는 것이다. 시간이 오래 걸리거나 번거로운 체크리스트를 작성한다면 곧 그것들을 '잊어버리는' 습관이 생기게 될 것이라는 점을 명심하기 바란다.

의사결정을 체스 게임처럼 하라

경제 활동에 대한 반사적 반응의 대부분은 '놀람 반사(startle reflex, 강한 자극에 빠르게 반응하는 것—옮긴이)'라고 불리는 것에서 비롯되는데, 이는 우리 신체조직의 경험 법칙 중 가장 본능적인 것이다. 결과적으로 이 경험 법칙은 우리가 빠르게, 그리고 약간은 긴박한 느낌으로 인식과 방어의 수준을 끌어올리게 해주어서, 다양한 종류의 공격으로부터 우리를 보호해준다. 이는 가치 있는 특성이기는 하나, 이성적 사고방식에 걸림돌이 될 수도 있다. 이로 미루어보아 금전적 의사결정에 있어 충동적 혹은 감정적 대응을 피하는 가장 좋은 방법은 최악의 경우를 예상하는 것이다. 우리는 이를 '의사결정 체스(decision chess)'라고 부르는데, 이는 다양한 상황이 벌어질 가능성에 대비하여 게임을 풀어가는 것을 말한다. 예를 들어, 증권 중개인이나 자동차 판매원, 보험 판매원, 혹은 부동산 중개인과 만나기 전, 당연히 가장 먼저 목표와 한계를 생각해야 하겠지만 예상을 빗나가는 제의를 받았을 때 어떻게 행동할지를 미리 생각해두는 것 역시 중요하다. 이것이 어려운 일임을 우리도 잘 알고 있다. 하지만 체스 게임에서도 다음 몇 수를 생각해내는 것이 어려워도 그걸 예측해야 좋은 플레이어가 될 수 있다. 그래서 금전적 결정을 내릴 때 앞을 내다보는 습관과 대안을 생각해 놓는 연습을 하는 것이 중요하다. 이런 식으로 다가올 모든 상황을 예측할 수 있는 것은 아니지만, 예상치도 못한 일부 상황을 대비하는 데에는 도움이 되고 당황스러운 순간을 준비하다 보면, 간혹 그 효과가 완화되어 더욱 합리적으로 판단을 내릴 수도 있을 것이다.

자신의 장·단점을 유념하라

다른 제안들과 마찬가지로, 이 조언에는 두 가지 목적이 있다. 가장 중요한 목적은 잠시 후 다룰 것이고, 부수적인 목표는 우리의 모든 조언과 같다. 바로 시간이 걸린다는 점이다. 그리고 시간은 감정과 이성의 싸움에서 가장 친한 친구가 되어줄 것이다(아래를 참고하라).

이 사실에 주목한 것은 우리가 처음이 아니다. 사실 200년도 더 전에, 많은 이에게 사랑받는 사상가 한 사람이 어려운 결정을 앞둔 친구에게 조언해주는 방법을 언급한 적이 있다. 그가 바로 벤자민 프랭클린(Benjamin Franklin)이다. 그가 친구에게 조언할 때 사용한 방법은 당시로는 매우 세련된 도구인 장단점 리스트다. 이미 알고 있는 내용이라고 건너뛰기 전에, 프랭클린이 친구에게 종이를 반으로 나눠 각 칸의 위에 '장점'과 '단점'이라고 적게 한 뒤 해준 조언을 한번 생각해보라. "그런 다음 3~4일간 고민하면서 생각날 때마다 각각의 칸에 간단하게 적기 시작했다. 한눈에 보이게 적고 나서 각각의 중요성을 생각해보고 양쪽에서 비슷한 가치가 있는 것들을 발견하면 그것들을 지워 나갔다." 프랭클린은 그의 '도덕적 혹은 신중한 계산법'이 완벽하지는 않지만, 그 장점에 대해선 효과적이라고 말했다. 우리는 이에 동의한다. 하지만 이 과정에는 시간이 많이 소요될 것이다. 그리고 진지하게 임한다면, 이 방법은 다양한 시나리오를 예측하여 그에 대해 숙고하는 것을 필요로 한다. 마지막으로, 목록을 지워 나가는 것은 의사결정 과정을 단순화하는 데 도움이 된다. 동등한 가치를 지닌 장단점 목록이 제거되고 나면, 이러한 점들에 너무 얽매이지 않은 상태로 생각할 수 있게 될 것이다. 무엇보다 좋은 점은, 이런 체계를 활용하는 데서 게임과 같은 재미를 느낄 수 있고 게임이 끝날 때쯤이면 정돈된 마음의 상태도 덤으로 얻을 수 있다.

뭔가를 그냥 하지 말고 그냥 그 자리에 있어라

이 장의 마지막 조언에 '24시간 규칙'이라는 이름을 붙일 수도 있었다. 우리가 이전에 말한 '서둘러서 기다려라'라는 제안과 본질적으로 정반대인 이 조언은 우리가 위기 상황에 있을 때 서둘러 행동하고자 하는 반사적 충동을 의미하기 때문이다. 하지만 정보가 넘쳐흐르는 것이 정상인 오늘날에는 위기로 보이는 것이 실제 위기 상황보다 많다. 주가는 물론 집값도 하락하고, 옷이나 신발, 컴퓨터, 그리고 휴대전화는 싼값에 팔린다. 이는 침체와 흐름을 반복하는 경제의 일반적인 모습일 것이다. 하지만 대다수의 사람들은 이러한 일들에 대해 가장 근본적인 본능에서 나오는 반사적 행동으로 대응한다. 욕심 또한 그러한 감정이기 때문에 매장과 인터넷에서는 우리에게 자꾸만 파격적인 가격을 제시하는 것이다. 우리의 무의식 세계가 이런 신호를 받아 낮은 가격으로 배를 채우려 한다는 사실을 그들은 알고 있다.

이처럼 하락하는 가격과 하락하는 주가에 대한 신호에는 저항하기가 힘들고, 어쩌면 저항해서는 안 되는 기회일 수 있다. 그렇지만 그것이 진정 의미 있고 필요한 것이라면, 내일도 마찬가지로 그 자리에 있을 것이고, 이에 큰 소비를 하거나 금전적 변화가 있기 전에는 기다리는 기간이 중요하다는 것이다. 이와 비슷하게 '그냥 생긴 돈'을 은행에 넣고 몇 주 동안 기다려서 진정 내 돈으로 만든 다음, 그 후 주식을 구매하거나 물건을 사면 반사 작용을 극복할 수 있다. 개리의 컴퓨터에는 '내일 하자'라는 또 한 장의 메모가 붙어 있다. 일을 미루라는 뜻이 아니라, 한숨 돌리고 생각해보라고 상기시키는 것이다. 가끔 개리는 이 메모를 무시하면서도 자주 인터넷 주문이나 주식 거래를 다음 날로 미뤄 긴박감을 덜어내곤 한다. 모든 것이 그러하듯, 결국 시간이 약이다.

에필로그

부자 되기: 그래서 이제 어떻게 하란 말인가?

이 책에서 제시한 여러 가지 개념들을 예컨대 '10가지 재테크 비결' 또는 '현명하게 돈 쓰는 사람들의 7가지 습관' 등으로 단순명료하게 정리할 수 있다면 얼마나 좋을까? 하지만 유감스럽게도 우리가 언급한 문제 대부분에는 간단한 해결책이 없다. 무언가를 바꾸는 데는 엄청난 노력이 필요하다.

'다이어트 교실'의 수강생 대부분이 다양한 체중 감량 방법을 시도해왔던 데에는 그만한 이유가 있기 때문이다. 실제로 금전적인 결정을 내릴 때 직면하는 문제를 '다이어트 교실'에 비유하는 것은 매우 적절한 표현인 듯싶다. 식사 습관을 바꾸고자 할 때의 난제 중 하나는 (예컨대, 흡연의 경우와 달리) 완전히 그만둘 수 없다는 것이다. 무언가를 먹긴 해야 하니까. 마찬가지로 돈과 관련된 습관을 고치는 동안에도 무언가를 구입하고, 투자하고, 저금하는 행위를 중단할 수 없다. 즉, 비행을 하면서 진로를 변경하지 않으면 안 되는 것이다.

이 책에서 논해온 대부분의 행동경제학적인 습관도 간단히 바꿀 수 있는 것은 아니다. 그것은 낭비의 원인이 되는 한편, 다른 측면으로는 커다란 이익을 가져오는 심리적 경향을 반영한 것이기 때문이다. 이러한 습관들은 대부분 이익을 가져오는 측면을 가지고 있기 때문에 그만큼 뿌리 깊게 몸에 배어 있다.

앞서 논했던 것처럼 가령 이익보다 손실을 중시하는 경향이 종합적으로 보면 유리한 특성이라는 것은 분명하다. 손에 들어올지 모르는 이익에만 정신을 빼앗겨 자칫 입게 될지 모르는 손실을 돌아보지 않는 생물은 생존을 위협받을 만한 커다란 피해를 입게 될지도 모르기 때문이다.

마찬가지로 '매몰 비용 효과'도 이익을 가져오는 경향과 결부되어있다. 이는 "낭비하지 말라, 탐하지 말라"라는 말로도 잘 표현되고 있다. 이전의 지출에 지나치게 무심한 사람은 다른 것에 대해서도 무심하기 때문에 쉽게 낭비를 하고 말 우려가 있다.

앞서 논했듯이 '마음의 회계장부'를 만드는 경향과 군중에 휩쓸리는 경향은 모두 유용한 면을 가지고 있다. '마음의 회계'

사이에 벽이 있는 덕분에 자제심을 발휘하게 될 수도 있고, 군중을 따름으로써 다른 사람이 가지고 있는 올바른 정보를 이용할 수도 있다.

이처럼 이득이 되는 부분은 모두 손에 넣고, 그 단점으로 인한 피해는 전혀 입지 않는다면 더는 바랄 게 없겠지만 엄청난 노력 없이는 그렇게 되지 않는다. 우리가 독자에게 요구하는 것은 이러한 일반적인 경향에서 낭비의 원인이 되는 부분을 제거하는 것이다. 하지만 이때 다른 측면에서는 이익을 가져오는 경우도 많기 때문에 중시해야 할 습관과 싸울 필요가 있다는 것을 잊어서는 안 된다.

이 책의 생각을 요약하는 것이 어려운 이유는 프롤로그에서 언급했던 것과 같이 많은 행동경제학적 원리들이 서로 모순되는 것처럼 보이는 데다, 그 모순이 단지 외형적인 것만이 아니라는 점에 있다. 사람들은 마음속 깊이 자신의 능력이나 지식을 과대평가한다. 하지만 사람들은 또 다른 사람들의 행동을 맹목적으로 따르는 것을 진지하게 고려한다. 그러면 어떻게 해야 좋을까? 무리에서 떨어져 항상 자신의 직감에만 의지해야 하는가? 아니면, 스스로를 생각보다 훨씬 무지하다고 인정하며, 신념을 버리고 금전적인 결정을 다른 사람의 손에 맡겨야 하는가? 놀랄 일도 아니겠지만, 답은 그 중간에 있다.

이러한 난점을 마음에 새기고 마지막으로 아래의 각 절에서는 이 책에서 다루어온 여러 개념을 두 가지 각도에서 바라보았다.

첫째, 안에서 밖을 보는 시각이다. 즉, 행동경제학의 이론을 특징짓는 가장 중요한 사고와 그것이 매일 또는 평생 금전적인 결정에 어떤 영향을 미치는지 검토한다. 제목을 '부자가 되는 조건'이라고 하자.

둘째, 밖에서 안을 보는 시각이다. 즉, 지금 할 수 있는 것과 그것이 가능하지 않은 이유에 대해 행동경제학적으로 논한다. 이 부분의 제목은 '부자가 되기 위해 취해야 할 수단'이라고 하자. 이러한 방법이 그다지 독창적이지 않다는 것은 인정하지만, 정확히 정곡을 찌르고 있다(우리는 그러기를 바란다). 실제로 우리는 이 부분을 '톰과 개리의 도서 환불 계획'이라는 제목으로 할까 고민했을 정도다. 독자 여러분이 이 조언에 따르는 것만으로도 이 책을 구입하기 위해 지불했던 돈의 몇 배를 벌 수 있기 때문이다.

부자가 되는 14가지 원칙

1. 모든 돈을 똑같이 사용하라

'마음의 회계(mental accounting)'라는 말은 돈의 출처가 어디인지, 어디에 저축되어 있는지, 또는 어떻게 쓰이는지에 따라 사람들이 돈을 다르게 다루는 경향을 나타낸다. 물론 이 같은 습관이 유용한 경우도 있다. 대학 입학이나 퇴직에 대비한 저축을 소중히 여기며 쓰지 않는 경우가 그러하다. 하지만 이것 역시 위험한 태도다. 예를 들어, 선물이나 보너스, 세금 환급 등으로 생긴 돈은 비교적 쉽게 써버리고 마는 것이다. 반면, 유산이나 주택, 교육, 퇴직 등에 대비한 장기저축을 너무 소중히 여겨서 지나치게 신중한 투자 전략을 취하는 경우가 있다. 그렇게 함으로써 주식 시장의 성쇠는 피할 수 있겠으나, 인플레이션으로 인한 피해에는 무방비 상태가 되어 버린다.

어찌 되었든 각기 다른 '마음의 회계'를 어떻게 분류하고 다루는지에 따라 뜻깊은 저축을 하는 경우가 있는가 하면, 돈이 가장 필요한 때 은행 계좌에 예금이 충분치 못한 것을 깨닫게 되는 경우도 있는 것이다.

모든 돈(급여, 선물, 저금, 복권 당첨금까지도)을 똑같이 취급하는 것이 중요한 이유도 바로 이 때문이다. 그러기 위해서는 공돈을 무엇에 쓸 것인지를 정하기 전에 일단 저금이나 투자로 돌려보도록 한다. 돈을 '저금'으로, 혹은 '이만큼을 벌려면 어느 정도가 걸릴까?'라고 생각하는 시간이 길어지면 길어질수록 그 돈을 무턱대고 충동적으로 써버릴 가능성은 낮아진다. 반대로 '비자금'을 만들 필요가 있다면, 저금의 극히 일부(예컨대, 5퍼센트)를 투기나 도박, 또는 사치스러운 물건을 구입하기 위한 특별계좌에 넣어두는 방법을 생각할 수도 있다. 맹수를 죽일 수 없다면 길들이는 것이다.

2. 손실로 인한 실망은 이익을 얻는 기쁨보다 크다

'전망 이론(행동경제학의 기본 원리)'의 중심적 원리 중 하나는 '사람들은 손실을 기피한다'라는 것이다. 100달러를 잃은 아픔은 같은 금액을 손에 넣는 기쁨보다 훨씬 크다. 이를 통해, 위험을 무릅쓸 때의 행동에 일관성이 없다는 이유를 쉽게 설명할 수 있다.

예를 들어, 같은 사람이 이익을 지킬 때는 보수적으로 행동한다(보유하고 있는 주식이 올라가면, 이익을 놓치고 싶지 않아 팔아버린다). 한편, 손실을 피하고자 할 때는 보다 과감해진다(내려가고 있는 주식이 언젠가는 올라갈 것이라 기대하고 계속 쥐고 있다).

'손실 회피'로 인해 시장이 어수선하게 혼란한 시기에 모든 주식을 팔아버리는 투자자도 있다. 단기적으로는 마음이 편할지 모르겠지만, 장기적으로 볼 때 시장의 타이밍을 노리겠다는 그 같은 노력이 열매를 맺는 경우는 없다.

손실과 이익의 이 같은 '불균형'이 유리하게 작용하는 경우도 있다. 급여 공제를 이용하여 돈을 투자하면 저금하는 고통이 비교적 작아진다. 급여가 줄어드는 것은 확실한 손해를 본 것(현금으로 예금계좌에서 빠져나가는 것)이 아니라, 이익이 줄어든 것(더 많아야 마땅한 급여를 받지 못한 것)이라고 느껴지기 때문이다.

3. 이미 써버린 돈에는 아무 의미가 없다

'매몰 비용 오류(행동경제학적 잘못 중 가장 흔한 것 중의 하나)'로 인해, 이전의 투자나 지출에 기초해 금전적인 결단을 내리는 경우가 있다. 이 같은 경향이 해로운 이유는 간단하다. 즉,

과거에 실패했다고 해서 미래에도 실패할 것이라 볼 수는 없는 것이다.

과거는 과거다. 문제는 앞으로 무엇이 일어날지가 된다. 따라서 주택의 가격이 원래의 구입가보다 낮다고 해서 매매 의뢰를 거절하는 사람은 하나의 실패(처음에 비싸게 구입하고 만)에 또 하나의 실패(상황이 안 좋아지기 전에 처분하지 않은)를 반복하고 있는 것인지도 모른다.

물론 '매몰 비용 오류'도 때로는 유익한 경우가 있다. 예컨대, 높은 연회비를 헛되이 하지 않기 위해 헬스클럽에 지속적으로 다니는 경우가 그러하다. 하지만 유해한 측면도 있다. 사람들이 불만 있는 직장을 계속 떠나지 못한다든지, 개인(혹은 정부)이 불필요한 사업에 돈을 쏟아붓거나 하는 사례 등이 그것이다. 일단 사용해버린 돈은 없어져 버린다는 것을 명심하라. 써버린 돈이 의미가 있는 때는 오직 환급금을 청구할 때뿐이다.

4. 어떻게 생각하느냐에 따라 모든 것이 결정된다

행동경제학 이론의 또 한 가지 기본 원리는 '어떠한 과정을 통해 결정에 이르는가(특히 손실과 이익을 어떻게 '코드화'하는가)'에 따라 결정에 커다란 영향을 받는다는 것이다. 어떤 문제를 결정하는 데 있어 그것을 '거절'의 문제로 보는지, '선택'의 문제로 보는지, 또는 '이익'을 지키고자 하는 것인지, '손실'을 피하고자 하는 것인지에 따라 선택지의 범위가 같다 하더라도 그 선택은 달라질 수 있다. 따라서 의사결정을 할 때는 '득(得)'과 '실(失)'을 떠나 마음속의 결정 과정까지 포함한 모든 측면에서 고려하는 것이 현명하다. 결정하는 것이 힘든 사람들에게 이 방법은 특히 유용하다. 문제를 바라보는 방법을 역전시킴으로써 장해를 제거할 수 있는 경우가 많기 때문이다.

예컨대, 퇴직금을 설계할 때 몇 가지 투자 선택지 중 무엇을 선택하면 좋을지 모르는 사람들은 이렇게 한번 생각해보자. '이 선택지에서 내가 이미 소유한 것은 무엇인가?' 그러면 이 때의 결정은 '선택'이 아닌 '소거'의 문제가 된다('나는 어떤 투자 대상을 갖고 싶지 않은 것일까?'). 그러고 나면 그간 깨닫지 못했던 요점들이 더 뚜렷해질 것이다.

5. 너무 많은 선택지는 선택을 어렵게 만든다

비록 우리는 완벽한 선택을 하기 위해 수많은 선택지를 보는 것에 적응해왔지만, 사실 과다한 선택지는 우리를 불안하게, 또는 결정하기 어렵게 만든다. 즉, '선택 갈등'과 '결정 마비'는 금전적인 과실의 결정적인 원인인 것이다. 그러나 이러한 도전과도 같은 결정은 와인이나 셔츠를 고르거나, 배우자를 선택하는 등 삶의 거의 모든 면에 널리 퍼져 있다. 이 때문에 쉬워 보이는 선택을 솎아내 좋은 선택을 할 수 있도록 하는 것이 중요하다. 이를 위한 한 가지 현명한 방법은 당신이 의지하고 믿을 수 있는 '신뢰할 수 있는 보증인'을 찾아 도움을 받는 것이다. 독립적인 등급 평가 시스템이나 〈컨슈머 리포츠(Consumer Reports)〉와 같은 미디어 집단은 종종 이러한 우리를 위해 제품이나 서비스의 상위 3개 항목을 선별하기도 한다. 이를 이용하면, 결정 마비를 줄이는 동시에 선택지를 선별하여 양질의 선택을 할 수 있다. 또 다른 대안으로는 당신이 고민 중인 선택지를 관리하거나 추려줄 수 있는 직장 동료, 친구, 친척들에게 질문하는 것이 있다.

6. 계산하는 것이 번거롭더라도 모든 숫자를 소중히 여겨라

이 책을 통해 우리는 거듭되는 작은 손실이 결국에는 커다란 손실을 불러일으킨다는 것을 설명해왔다. 예컨대, 작은 숫자를 하찮게 여기며 무시하거나 경시하는 경향(소위 '큰 것만 눈에 보이는 성향')으로 인해, 중개 수수료나 뮤추얼펀드 수수료에 필요 이상의 돈이 새어나가는 경우가 있다. 그리고 이는 시간이 지남에 따라 투자 수익에 무시할 수 없는 영향을 미치게 된다. 이와 유사하게, 큰 것만 눈에 보이는 경향이나 마음의 회계는 사람들이 큰 지출에 가려 작은 지출을 대수롭지 않게 여기도록 만들며, '화폐착각'으로 인해 인플레이션의 해로운 면을 외면하는 것을 예로 들 수 있다. 시간이 흐르면, 그 작은 숫자의 차이가 점차 벌어지게 된다. 뛰어오르는 가격으로 인해 돈에 있어 자유로운 사람과 그때그때 겨우 돈을 구해서 쓰는 사람의 차이가 생겨나는 것이다.

7. 사소한 것에 인생을 걸지 말라

몇 가지 행동경제학적 원리를 통해 특정 사실이나 숫자, 사건들을 지나치게 중시하는(그것들을 지나치게 신뢰하는) 경향 역시 설명할 수 있다. 예컨대, '앵커링'으로 인해 특정 금액에 집착하고 그것을 기반으로 잘못된 결정을 내리거나 특별히 기억에 남거나는 유별난 사건들을 지나치게 중시하는 경향이 있다. 그러한 기억이나 사건들은 스스로 생각하는 것보다 훨씬 실현 가능성이 적음을 깨닫지 못하고 있는 것이다.

예를 들어, 많은 사람들이 1987년 10월의 주가 대폭락을 기억하고 있다. 하지만 이제까지 주식이야말로 가장 안정된 투자 수익을 올려왔다는 사실(실제로 1987년 전체적으로 주가는 조금 상승했다)은 잊고 있다. 또 무리해서 분수에 맞지 않는 큰 집을 구입하는 바람에 곤경에 빠진 사람들도 많다. 주택 가격은 평균적인 투자 대상보다 수익성이 높다는 잘못된 가정을 믿고 있기 때문이다. 실제로 주택 가격은 1970년대 말 짧은 기간 동안 폭등했었지만, 미국 내 대부분의 지역에서 대략 20세기의 인플레이션과 보조를 맞추며 상승해왔다. 단지 그것뿐이다.

이와는 별도로 생활 속에서 '운'의 역할을 충분히 이해하지 못함으로써 단기간의 성공이나 우연 또는 이례적인 사건들에 지나치게 집착하기도 한다. 많은 투자자들이 최근 좋은 성적을 올리고 있는 뮤추얼펀드에 돈을 쏟아붓는 것도 이 때문이다. 종종 그 같은 성공에는 커다란 행운 이외에 무언가 다른 이유가 있을 것이라는 잘못된 신념을 가지고 있는 것이다.

8. 당신의 자신감은 착각일 수 있다

모든 사람이 종종 자신의 지식이나 능력을 과대평가하는 오류를 범한다. 이러한 오만을 인정하기란 매우 어렵지만, 비일비재한 일이기도 하다. 이 때문에 사람들은 모든 종류의 금전적인 실수를 저지른다. 가장 심각한 경우는 약간의 지식이나 조사로 평균 이상의 업적을 올리는 투자처를 고를 수 있다고 자신하는 것이다. 사람들이 (아무리 한정된 것이라 하더라도) 특별한 정보나 개인적 경험을 가지고 있을 때는 특히 '자기 과신'

의 함정에 빠지기 쉽다. 자신의 투자 전략은 특별한 식견으로 뒷받침되어 있다고 생각하기 때문이다. 하지만 실상 가장 뛰어난 기술을 가진 투자자들조차 길에서 마주치는 낯선 이들보다 뛰어난 주식(또는 뮤추얼펀드)을 고를 수 있다고 믿을만한 이유는 거의 없다. 제이슨 츠바이크는 《머니 앤드 브레인》에서 '실수를 받아들이는' 전략을 권장한다. 과거의 투자 실패나 어리석은 지출을 잊으려고 하지 말고 이를 검토하고 적어두는 과정을 통해 손닿는 곳에 두라는 것이다. 이를 나쁘게 받아들이지 말고 스스로를 겸손하게 재정비시키는 동력으로 삼아야 한다.

9. 실패를 인정하는 것은 어렵다

이는 기본적인 것처럼 생각되지만, 우리가 말하고자 하는 것은 자존심이 아니라, 이미 알고 있거나 믿고 싶은 것을 과거로 돌아가 인정하는 잠재 의식적 경향이다. 이 '확증 편향'은 사고와 행동의 패턴을 깨기 어렵게 만드는데, 아주 의심스러운 개념이나 방침에 대해서도 이를 지지하는 증거를 찾아내 버리기 때문이다. 또 관련 정보를 공정하게 평가할 수 없으므로 돈을 적절히 사용하거나 투자하는 능력이 약해진다. 그러므로 금전적으로 중요한 결정을 내릴 때는 '자기 과신'에 빠지지 않기 위해 다른 사람의 의견을 듣는 것이 필요하다. 이때는 구체적인 조언을 요구하는 것뿐만 아니라, 의사결정 '과정'에 대한 비평도 들어야 한다.

10. 대세는 당신의 편이 아니다.

다른 사람에게 조언을 구하는 것이 자신의 직감, 상식, 이성을 완전히 떨쳐버린다는 의미는 아니다. 소위 '부화뇌동 매매'는 다른 사람의 결정에 맹목적으로 따라가는 사례라고 할 수 있다. 장기적으로 보면 평범한 지혜가 정답인 경우가 많다. 과거 25년 동안 확정 이율형 투자에서 주식형으로 흐름이 옮겨 온 것이 그 예다. 그러나 단기적으로는 군중의 변덕스러운 움직임(특히 기호와 행동을 시시때때로 변화시키는 '인포메이션 캐스케이드')에 의해 과잉 반응이 일어나면, 좋은 시기를 놓쳐버리게 되는 경우가 곧잘 있다. 가장 성공한 투자자들이 항상 일시적인 유행이나 흐름에 회의와 경계의 눈길을 떼지 않는 것도 바로 이런 이유 때문이다.

11. 너무 많이 아는 것도 죄다

지식은 힘이다. 하지만 사람을 현혹시키는 너무나 많은 정보는 파멸을 불러일으키기도 한다. 연구에 따르면, 금융 뉴스의 대부분을 무시하는 투자자가 끝없는 정보의 홍수(대부분은 무의미한)에 뛰어든 투자자들보다 더 좋은 성적을 내고 있다고 한다. 그 한 가지 이유는 뉴스를 무시하는 투자자는 '인포메이션 캐스케이드'나 그 외의 소위 '부화뇌동 매매'와 같은 경향에 휩쓸리기 어렵다는 데 있다. 마찬가지로 투자 대상을 점검하는 횟수가 줄면 줄수록 증권시장의 자연스러운 상하 이동에 감정적으로 반응하는 경우 역시 줄어든다. 대부분의 경우, 포트폴리오의 재검토는 일 년에 한 번으로 충분하다.

12. 당신의 결정은 사실 감정의 노예다.

감정에 관한 연구의 발전과 더불어 '신경경제학'이라는 새로운 분야가 꽃피우면서 우리의 가장 원초적인 본능이 합리적인 사고 과정에 어떠한 영향을 미치는지에 대한 고찰 역시 유의미한 성과를 보이고 있다. 날씨나 특정 감정을 유발하는 영화처럼 결정과는 무관한 요소들이 우리의 금전적인 사고에 영향을 미칠 수 있다. 결과적으로, 우리는 종종 장기적인 목표의 이익이나 진정한 만족에 부합하지 않는 지출과 투자 결정을 내리는 것이다. 이는 너무 많은 시간과 노력을 들이지 않고 참고할 수 있는 몇 가지 돈에 관한 규칙들을 통해 방지할 수 있다. 규칙이 난무하는 책은 책장에 꽂혀 방치되기 쉽기 때문에 간결함이 무엇보다 중요하다. 간단명료한 가이드라인은 기억해내기 쉬울 뿐 아니라 실질적인 적용으로 연결되기 쉽다. 유용하게 쓰일 수 있는 가이드라인의 예시는 이러하다. 중요한 금전적인 결정을 내리기 전에 24시간의 유예 시간을 두어 감정을 가라앉히고 신중히 생각할 수 있도록 한다. 혹은 당신의 생각과 의도를 소리 내어 말한다. 아니면 자신의 결정에 대한 세 가지 질문을 함으로써 스스로 논쟁을 펼치고 더욱 현명한 답을 찾을 수도 있다. 당신의 가이드라인이 무엇이든, 중요한 결정을 대비해 일련의 준비를 하는 것은 꼭 필요하다. 잠시 후 설명하겠지만, 우리는 종종 왜 목표를 달성하기 어려운지, 금전적 상황이나 행동, 혹은 그 밖의 상황을 컨트롤할 수 없는지 잘못된 해석을 하기 때문이다.

13. 스스로 미래를 예측하는 것은 어렵다.

여러 연구에 따르면 사람들은 여러모로 미래의 만족도나 기쁨, 실망의 정도를 예측하는 데에 서툴다. 이러한 '효과적 예측'의 오류는 위에 언급한 것처럼 우리를 기쁘거나 혹은 슬프게 하는 것이 무엇인지 부분적으로 알지 못하기 때문에 일어나는 것이다. 또한, 우리는 삶의 도전이나 어려움에 적응하는 능력을 과소평가하는 반면 기분이나 만족도의 상승을 과대평가한다. 결과적으로, 우리는 두려움이나 탐욕이 우리가 필요로 하는 안정적인 것보다 적은 돈을 남길 때까지 금전적인 결정에 영향력을 행사한다. 이를 극복할 수 있는 한 가지 방법은, 결과의 범위를 예상하고 이에 어떻게 대처할 것인지 스스로 묻는 것이다. 순진할 정도로 낙관적이거나 조심스러울 정도로 비관적이거나 그 대답 자체는 과정에 비하면 그다지 중요하지 않다. 물론 충동적인 행동을 하기로 마음먹었다면, 망설일 것 없다. 그러나 연구 결과에 따르면 놀랍거나 불쾌한 결과를 미리 생각하는 것만으로, 적어도 일부 결과에 대해 과잉 반응할 가능성이 줄어든다고 한다. 마찬가지로, 장기적인 금전적 결정을 내릴 때 루틴을 만드는 것이 도움이 될 수 있다. 그렇게 해서 집을 매매하고, 사업을 시작하고, 친구나 가족에게 돈을 빌려주고, 대학원을 결정하고, 보험을 평가하는 등의 일들에 적용할 수 있다. 루틴에 대한 몇 가지 아이디어는 위에 언급했겠지만, 이미 문제를 겪었거나 결정을 내려본 사람에게 조언을 구하는 것은 미래를 예측하는 문제에 특히 도움이 될 수 있다.

우리는 '미래로 돌아가는' 관점이라 부르는 것의 가치를 강조할 수 밖에 없다. 일부 문화에서는 나이가 많거나 경험이 풍부한 친구 혹은 친척의 도움을 받아 의사결정 습관을 들이는 지혜를 당연시한다. 그러나 여러 문화 혹은 사회에서 새로운 것과 젊음에 과도한 가치를 부여하다 보니 세월의 지혜라고 여겨지는 것들을 무시하는 경향이 보이기도 한다. 경험보다 뛰어난 선생님은 없기에 이러한 양상은 매우 부끄러운 일이다. 같은 실수를 동반한 경험이 여기저기서 되풀이될 것이기 때문이다.

1934년 발매된 콜 포터(Cole Porter)의 〈Anything Goes〉가사를 검색해보라. TV에 대해 말하기 좋아하는 개리의 친구는 "태양 아래 완전히 새로운 것은 없다. '캔디드 카메라(Candid Camera, 몰래카메라 형식의 미국 리얼리티 프로그램—옮긴이)'의 리메이크나 '왈가닥 루시(I Love Lucy, 1950년대 방영된 미국 드라마—옮긴이)' 에피소드가 전부다."라고 말했다. 이렇게 생각해보자. 경험이 많은 상담자를 보유한 개인 상담 센터는 신입생인 당신이 화학 시험에 선배를 데리고 들어가는 것과 같다. 그들은 이미 해답을 알고 있다.

14. 작은 변화가 큰 결과를 부른다.

감정적 혹은 인지적 편견을 극복하는 것이 쉽지는 않지만, 사소한 변화를 도입하는 것만으로도 큰 변화를 일으킬 수 있다. 선구적인 심리학자 컬트 레빈(Kurt Lewin)이 '경로 요인'이라 부른 이것은 1965년 예일 대학교 연구원들에 의해 자세히 실험되었다. 대학의 재학생들에게 파상풍 주사를 맞도록 유도하기 위해, 한 무리의 학생들에게 파상풍의 위험성과 그것에 대한 예방 접종의 중요성에 대해 교육하는 강의를 수강하게 했다. 강의 이후, 대다수의 학생이 예방 주사를 맞을 계획이라고 밝혔으나 실제로 예방 접종에 임한 것은 3퍼센트 뿐이었다. 그러나 한편, 다른 그룹 학생들은 28퍼센트의 접종률을 보였다. 이 두 그룹의 차이점은 무엇일까? 두 번째 그룹에는 캠퍼스 지도를 주면서 보건소까지 가는 경로를 계획하여 방문할 날짜와 시간을 정해달라고 부탁했다.

보다시피, 때때로 동기부여는 우리의 문제가 아닐 수 있다. 그보다는 후회, 피로, 과신, 두려움의 단 4가지로 규명되는 일상적인 정신적 장해물을 인지하고 우리 자신을 조절하는 전략으로 활용해야 한다. 몇몇 정부는 이러한 사소한 변화의 힘을 잘 알고 있다. 장기 기증을 떠올려보라. 장기 기증은 널리 활용되면 전 세계의 수백만 생명을 구할 수 있는 제도다. 이에 어떠한 나라에서는 시민들이 죽을 때 장기 기증을 하고 싶어 하지 않는다고 여기지 않고 그 반대로 생각한다. 이러한 나라의 시민은 일정 양식을 작성하거나 항목에 체크하는 것으로 기부하지 않는 것을 선택할 수 있는데, 아무것도 하지 않으면 기부자로 간주 되는 것이다. 그 결과는 매우 인상적이다. 예를 들어, 스페인의 장기 기증률은 미국보다 40퍼센트 더 높다. 스페인 사람들이 미국인보다 시민의식이 뛰어나다거나 이타적이기 때문일까? 그건 잘 모르겠다. 확실한 것은 스페인 정부가 공공 정책에 사소한 변화를 도입함으로써 장기 기증을 더욱 쉽게 할 수 있도록 만들었다는 것이다.

금전적인 결정에서 '경로 요인'은 저축이나 투자 계좌에 자동이체를 설정하는 것만큼이나 간단한 것에도 해당될 수 있다. 돈을 자동으로 장기저축에 넣음으로써, 당신이 다른 사소한 일에 사용했을 수도 있는 현금이 의식적으로 계좌에 계속해서 쌓이는 것이다. 물론 적금에 들어간 돈은 탕진될 가능성 또한 적어진다. 대부분의 펀드 회사와 은행이 자동 인출이나 송금을 적극적으로 권장할 것이다. 마찬가지로, 대출 한도를 지키는 것에 어려움을 겪는 쇼핑객들은 가게에 갈 때 신용카드와 현금 인출 카드를 집에 두고 가면 도움이 된다. 이 방법은 가장 단순하지만, 최악의 방식으로 돈을 탕진하고 싶은 충동을 막아준다. 결국, 야식을 끊는 가장 좋은 방법은 집에 간식을 두지 않는 것이란 점을 생각해보라.

부를 쌓기 위해 취해야 할 8가지 행동

1. 보험 공제 금액을 올린다

사람들은 인상 깊은 사건을 지나치게 중시하는 경향을 가질 뿐만 아니라, 위험이 큰 사건이 실제로 일어날 확률에 대해서도 제대로 이해하지 못하고 있다. 이 때문에 생명보험, 건강보험, 자동차보험 등에서 보험금을 타게 될 가능성을 과대평가하고 만다. 결과적으로 공제 금액이 필요 이상으로 낮은 보험에 가입하여 너무 높은 보험료를 내게 되는 것이다. 예컨대, 100달러나 250달러의 공제 금액을 500달러나 1,000달러로 끌어올리면, 보험료를 10~25퍼센트 이상 줄일 수 있다. 만일 보험금을 청구할 수밖에 없게 되어 여분의 비용을 지불하게 된다고 해도, 충분히 남는 장사인 것이다.

2. 작은 손실에는 자가보험을 든다

사람들은 손실에 민감하기 때문에 필요하지도 않고 자신에게 득이 되지도 않는 보험에 가입하기 쉽다. 대개 보험은 소비자에게 불리한 도박과도 같다. 보험회사는 대리인이나 감정인에게 보수를 지급하고, 많은 직원을 고용해야 한다. 게다가 주주에게는 고액의 배당금을 내놓지 않으면 안 된다. 따라서 보험회사가 청구하는 보험료 총액은 가입자가 받는 보험금보다 훨씬 많아진다. 또한, 보험회사는 훨씬 많은 보험금을 청구할 가능성이 큰 집단의 사람들을 주의해야 한다. 그만큼 당신의 보험료도 뛰어오르기 때문이다.

자신이 감당할 수 없는 피해를 처리해줄 만큼의 보험에만 가입해두자. 예컨대, 대출로 자동차를 샀다면 피해에 대비하여 충돌사고보험과 종합보험에 꼭 들어둔다. 하지만 현금으로 구입한 경우라면 책임보험에 가입하는 것만으로도 족하다. 사고를 당했다면 수리를 맡기거나, 현금(그만큼의 여유가 있다면)으로든 자동차 대출로든 차 한 대를 더 사면 그만인 것이다. 결국에는 득을 보게 되어있다. 즉, 가능하다면 언제나(즉, 스스로 손실을 막을 수 있을 때는) 자기 자신이 보험회사가 되는 것이다. 그리고 보험회사가 당신에게 떠넘기는 모든 일반 비용은 호주머니 속에 챙겨둔다.

3. 비상용 자금으로 신용카드 빚을 모두 갚는다

이는 무모하게 들릴지도 모르지만, 그렇지 않다. 이렇게 하면 큰돈을 절약할 수 있다. 그렇게 말하는 이유는 다음과 같다. 많은 사람이 만일에 대비해 돈을 모은다. 하지만 건드리면 안 되는 돈이라고 생각하기 때문에 가장 안전한 은행 계좌나 단기예금계좌에 맡긴다. 이 같은 저축의 연간 수익률은 고작 5퍼센트에 불과하다. 즉 1,000달러 투자당 50달러의 수익인 것이다.

그러나 이들 중 많은 사람은 수천 달러의 신용카드 리볼빙(미지불금)이 있다. 그 금리는 연간 약 16퍼센트, 즉 1,000달러당 160달러에 달한다. 비상자금으로 그 부채를 모두 갚는 것만으로도 1,000달러의 대출금당 110달러를 절약할 수 있다. 만일의 경우 돈이 없을 것을 염려할 필요는 없다. 당신이 병들어 눕거나 해고당하거나, 또는 단지 편한 잠을 위해 새로운 침대가 필요해졌다고 한다면 신용카드 회사는 기꺼이 돈을 빌려줄 것이다.

4. 인덱스펀드로 바꾼다

이것은 이 책에서 가장 중요한 조언 중 하나다. 주식 시장에서 평균을 웃도는 수익을 올릴 수 있는 확률은 매우 낮다는 것을 이해하지 못하기 때문에(또는 자신이라면 그것이 가능하다고 하는 '자기 과신'에 빠져 있기 때문에) 많은 투자자가 개별 주 혹은 '넣었다 뺐다'를 활발히 반복하는 뮤추얼펀드를 선택한다.

실제로 대부분의 사람에게 가장 현명한 방법은 자신의 운명을 주가 평균에 맞추는 것이다. 그러기 위해서는 인덱스펀드에 투자하는 것이 이상적이다. 인덱스펀드는 여러 종류의 주식을 편입하여 만든 지수의 추세를 반영하는 것을 목적으로 설계된 포트폴리오다. 이 개념은 적어도 평균적인 투자자에게는 뒤처지지 않도록 하려는 것이다.

하지만 실제로는 인덱스펀드가 '평균의 법칙'을 뛰어넘을 수 있다고 생각하는 용감무쌍한 사람들보다도 더 좋은 성적을 올리는 경우가 많다. 잘못된 심리와 '평균의 법칙'이 더해져 활발한 매매를 하는 포트폴리오에는 필요 이상으로 높은 비용이 들기 때문이다. 인덱스펀드에 투자하면 불필요한 감정이 개입될 여지가 없어진다. 그럼에도 불구하고 종목 선정에 아주 적극적으로 뛰어들고 싶다면, 약한 마음으로 인해 막대한 손해를 보지 않도록 자산의 25퍼센트 이상은 투자하지 않도록 한다.

5. 투자를 분산한다

직업이 있는 대부분의 투자자는 자산 대부분을 주식 시장에 투자해야 한다. 역사적으로 주식은 최고의 수익을 안겨주었기 때문이다. 이미 퇴직한 사람이라도 향후 10년이나 그 이상 동안 필요로 하는 돈은 주식에 투자해야 한다. 다만, 당장 생활에 필요한 돈은 예컨대 단기국채와 같은 좀 더 안전한 유가증권에 투자하는 편이 좋다. 하지만 포트폴리오 배분의 주력이 무엇이든, 적어도 일부를 주식(주식형 인덱스펀드가 이상적), 채권(공사채 인덱스펀드), MMF, 부동산(부동산 투자신탁) 등에 분산하는 데는 다음의 장점이 있다.

먼저, 하나의 자산 가치가 떨어진다 하더라도 다른 자산 가치가 상승하여 서로 상쇄된다는 것이다. 더 중요한 것은 전체로서의 포트폴리오의 가치가 착실히 상승해 어지럽게 들쭉날쭉하지 않는다는 것이다. 그러므로 투자자는 주식이 폭락했다고 해서 시장에서 돈을 빼낼 필요가 없으며, 장기간 시장에 머무를 수 있다. 즉, '손실 회피'나 기타 충동적이고 극단적인 행동을 할 가능성에 사로잡히지 않을 수 있다.

6. 자산을 재검토한다

투자의 분산이 제대로 이루어지려면 포트폴리오의 개별 요소가 전체자산에서 어떤 위치를 차지하는지에 대한 이해가 선행되어야 한다. 이를 위해서는 자신의 재산이 어느 정도인지 확인해둘 필요가 있다. 모든 자산(퇴직금 설계, 부동산, 은행예금, 미술품, 그 외의 수집 가치가 있는 것 등)을 총 점검하는 일이 중요한 것도 이 때문이다. 자신의 재산을 1센트 단위까지 알 필요는 없으며, 이 작업을 3개월에 한 번 이상은 행하지 않는 편이 좋다. 하지만 투자 대상과 그 밖의 소유 재산의 균형은 이루어져 있는지, 또는 불필요한 부분이 있는지와 같은 문제에는 지속적인 관심을 기울여야 한다.

7. 퇴직연금 제도를 최대한 이용한다

연간 수백만 명의 미국인들이 직장연금제도에 한도액까지 납부금을 내지 않거나, 전혀 내지 않는다. 연금제도에 한도액까지 넣지 않는다는 것은 손안에 있는 것(현재의 급료)에 지나친 가치를 두어, 앞으로 손에 들어올 것을 지나치게 경시하는 것이라고 할 수 있다. 즉, 회사가 내주는 보조금이나 수십 년간의 투자 이익(이들은 모두 과세가 유예되어 있다)을 놓쳐버리는 것이다. 가능한 한 많은 돈을 직장의 퇴직연금에 넣어두도록 하자. 이것이 그다지 내키지 않는다면, 내일을 위한 저축을 오늘의 손실이라고 보는 것은 아닌지 생각해봐야 한다. 이를 극복하기 위한 한 가지 현명한 전략은 향후 얻게 될 이익 일부를 은퇴 계획에 적용하는 것이다. 아직 손에 넣지 못한 돈으로 인한 정신적 괴리감을 상쇄시켜줄 것이다.

8. 돈 쓰는 버릇을 추적한다

당신이 예산에 맞추어 행동할 줄 아는 행복한 사람이라면 그것으로 충분하다. 그러나 그렇지 않다면 돈에 대한 사고방식과 사용 방법에 영향을 미치는 자기만의 행동경제학적 요인을 알아야 한다. 그러려면 자신의 돈 쓰는 방식을 추적해보는 것이 가장 좋은 방법이다. 성가신 일처럼 여겨질지 모른다. 물론 그렇다. 따라서 단 1개월만 이 방법을 해보기를 권한다. 액수의 크고 작음에 상관없이 돈을 쓸 때마다 금액을 종이에 적어보거나 함으로써, 자신의 소비 습관을 이해할 수 있게 될 것이다. 그러다 보면 왜 생각대로 돈을 관리하지 못하는지 그 이유를 알게 된다. 이는 자신의 돈을 지배하기 위한 첫걸음이다.

후기에 덧붙여

마음의 수입

이 책의 집필을 결심하게 된 데는 여러 가지 이유가 있다. 특히 이 책에서 논한 행동경제학적 경향을 염두에 둔 현명한 투자를 통해 우리 스스로의 노력으로 금전적인 성과를 얻고 싶었다. 하지만 동시에 우리는 이 책의 토대가 되는 개념(행동경제학과 결정 과학의 이론)이 다양한 유형의 독자들에게도 읽을 만한 가치가 있는 것이라고 믿었다.

그리고 많은 경제학자와 심리학자—특히 행동경제학의 진정한 선구자 아모스 트버스키와 대니얼 카너먼—에게 경의를 표하고자 한다. 이들의 창조적이고 지적인 업적이 일반 대중들 사이에서는 특별히 알려지지 않았지만, 우리는 이들의 통찰력이 이 책에 매우 유용하다고 생각했다. 이 책에서 소개한 이들의 생각과 조언은 독자들에게 큰 도움이 되리라 믿는다.

이 책에서 다룬 내용은 인생에서 가장 복잡하고도 매우 중요한 영역의 하나인, 바로 돈의 사용법과 관련된 것이다. 돈을 저축하는 것 자체를 목적으로 하는 사람들이 있는 것은 분명하다. 하지만 우리는 사람들 대부분이 돈을 도구로, 즉 목표를 달성하고, 의미 있고 유쾌한 인생을 보내기 위한 수단으로 생각하고 있다고 믿고 있다.

물론 여기에는 모순이 있다. 돈은 종종 불안과 실망의 최대 요인이 되기도 하기 때문이다. 이상주의적인 꿈이 비천한 현실과 부딪히는 데는 돈이 원인인 경우가 많다. 이에 이 책을 매듭짓는 데 있어 우리는 두 가지 조언, 즉 두 가지 개념을 언급하고자 한다.

첫 번째는 '투쟁'을 선택하는 것이다. 당신이 이 책에서 탐구해온 것을 충분히 이해했다 하더라도(자신의 금전적 실패의 원인과 그 교정 방법을 이해하고 있다고 믿는다고 해도) 여전히 성가신 문제들이 남아 있다. 게다가 항상 싸울 가치가 있다고 할 수도 없다. 금전적 결정을 내릴 때마다 마지막 10센트짜리 동전까지도 하나하나 헤아리다 보면, 심각한 사회적·정신적 비용을 지불하게 될 것이다. 알다시피 돈에 사로잡혀 있는 인간을 좋아하는 사람은 없기 때문이다. 설령 모두가 그렇다 하더라도, 금전적인 결정을 내려야 할 때마다 항상 최선책만을 고집한다면 극도의 불안과 걱정에 시달리게 될 것이다.

저녁 식사를 하고 있는데 핸드폰 요금제를 바꾸라고 하는 귀찮은 전화가 왔다고 생각해보자. 그 강매를 끝까지 들음으로써 전화 요금이 약간 더 저렴해질 수 있을지도 모른다. 그렇지만 정말로 그렇게 하고 싶은가? 그 전화가 마지막까지 들을 만한 가치가 있는 것일까? 반드시 그렇다고는 할 수 없을 것이다.

우리는 이제까지 서술해온 몇 가지의 행동경제학적 원리를 깨달음으로써 나쁜 습관을 버리고 좋은 습관을 받아들여 여러분의 재정적 미래가 크게 나아지기를 간절히 바란다. 이를 마음에 새겨둔다면, 다음과 같이 하는 것이 비교적 간단하다는 것(혹은 보상이 있다는 것)을 깨닫게 될 것이다. 다시 말해, 배운 모든 것을 매일매일 의사결정에 활용하고자 하는 것이 아니라, 변화를 일으키고 싶고 또 처음으로 입문할 영역 몇 가지를 선택하는 것이다. 우리가 제시해온 조언을 모두 채택한다면 더 바랄 것이 없겠다. 특히 앞 장에서 언급한 여러 가지 대책을 잘 읽어주기 바란다. 하지만 보다 현실적인 접근은 거액의 낭비로 이어지거나 가장 마음에 걸리는 행동에 대해 잘 생각하고, 그에 대한 대책을 세우는 데 에너지를 집중하는 것인지도 모른다.

두 번째는 스스로 즐겁게 행동에 옮기는 것이다. 우리가 제시해온 정보나 조언을 어떻게 이용하든 성공과 실패의 양방향에 대한 대비를 게을리해서는 안 된다. 어느 쪽이 어느 정도의 확률로 일어난다고 확언할 수는 없다. 성공할 수도 실패할 수도 있기 때문이다. 하지만 낙관과 인내를 어느 정도 가질 수 있는지(또 행동과 태도에 큰 변화를 일으키는 것이 얼마나 어렵고 힘든 일인지를 얼마나 이해하고 있느냐)에 따라, 도중에 포기하지 않고 진정한 변화를 경험할 수 있을 것이다.

기적을 기대하면 안 된다. 대신 자기 자신에 대해 무언가를 배우는 것이라고 기대하라. 일반적인 결정, 특히 금전적 문제와 관련된 결정 방법에 대해 무언가를 배운다고 기대하라.

모든 지식과 마찬가지로, 자기 자신에 대해 깨달으면 진정한 지혜를 얻을 수 있다. 그리고 운이 좋다면 부도 따라올 수 있다.

행동경제학 콘서트
소비와 투자의 심리학 이야기

초판 발행 2021년 2월 8일 | **1판 1쇄** 2021년 2월 19일

발행처 프로제 | **발행인** 김영두 | **지은이** 개리 벨스키, 토마스 길로비치 | **옮긴이** 미래경제연구소 |
편집 황정란 | **디자인** 장상호 | **주소** 부산시 수영구 광남로 160-1 |
팩스 070-8224-4322 | **이메일** proje@doowonart.com

ISBN 979-11-86220-50-4

WHY SMART PEOPLE MAKE BIG MONEY MISTAKES
AND HOW TO CORRECT THEM
Lessons from the New Science of Behavioral Economics

Copyright © 1999, 2009 by Gary Belsky and Thomas Gilovich All rights reserved
Korean translation copyright © 2021 by PROJE
Korean translation rights arranged with Dystel, Goderich & Bourret LLC
through EYA (Eric Yang Agency)

이 책의 한국어판 저작권은 EYA를 통한 Dystel, Goderich & Bourret LLC 사와
독점 계약한 '프로제'가 소유합니다. 저작권법에 의하여 한국 내에서 보호를 받는 저작물이므로
무단전재와 복제를 금합니다.